내가 너를 안아 주리라

(갈급하기만 한 이 세상...위로와 격려가 필요한 당신에게
하나님께서 부르십니다. 내가 너를 안아 주리라)

모든 인간은 하나님의 형상을 닮은 존엄한 존재입니다. 전 세계의 모든 사람들은 인종, 민족, 피부색, 문화, 언어에 관계없이 존귀합니다. 예영커뮤니케이션은 이러한 정신에 근거해 모든 인간이 존귀한 삶을 사는 데 필요한 지식과 문화를 예수 그리스도의 사랑으로 보급함으로써 우리가 속한 사회에 기여하고자 합니다.

내가 너를 안아주리라

초판 1쇄 찍은 날 · 2013년 10월 15일   초판 1쇄 펴낸 날 · 2013년 10월 20일
지은이 · 김승연 | 펴낸이 · 김승태

등록번호 · 제2-1349호(1992. 3. 31.) | **펴낸 곳** · 예영커뮤니케이션
주소 · (136-825) 서울 성북구 성북1동 179-56번지 | **홈페이지** www.jeyoung.com
출판사업부 · T. (02)766-8931 F. (02)766-8934 e-mail: edit1@jeyoung.com
출판유통사업부 · T. (02)766-7912 F. (02)766-8934 e-mail: sales@jeyoung.com

copyright ⓒ 2013, 김승연

ISBN 978-89-8350-482-1 (03230)

값 13,000 원

내가 너를 안아주리라

김승연 지음

예영커뮤니케이션

감사의 글

영적스승이자 아버지이신 송영준 목사님,
지금까지 지도해 주시고 인해해 주신 김홍근 교수님,
저를 길러주신 부모님 그리고 장인어른, 장모님께 감사드립니다.

그리고 소중한 가족들
언제나 내 곁에서 나를 위해 기도하는
영원한 나의 동반자 아내에게 감사합니다.
여보 사랑해요.
글을 쓰기 시작했을 때 시온이는 10개월, 신우는 아직 세상에 없었
는데... 시온아 신우야 아빠가 사랑한다.
너희들을 영원히 축복할 거야.

하나님께 이 모든 영광을 올립니다.

들어가며

부흥은 영어로 '리바이벌' (revival)입니다. '리바이벌' 은 우리말로는 '재생산', '새롭게 되다' 는 뜻을 가지고 있습니다. 진정한 부흥은 새로움을 품고 영적으로 재생산 되는 것입니다.

그동안 한국교회는 부흥이라는 단어를 통해 엄청난 교회성장을 이루어 냈습니다. 하지만 하나님께서는 이제는 양적인 성장에만 그치지 않고 내면의 성장을 함께 하시기를 원하고 계십니다.

기독교의 영성은 혼자 깨달음을 얻는 영성이 아닙니다. 관계를 통해서 존재의 새로움을 만드는 영성입니다. 이웃들과의 관계, 내 자신과의 관계 그리고 하나님과의 관계가 서로 유기적으로 새로워져야 하는 것입니다. 즉 하나님과의 관계가 온전해 지려면 자신을 둘러싼 사람들과의 관계 또한 온전해져야 하는 것입니다.

구약의 영혼을 뜻하는 '루하흐' 는 정신적 건강함을 의미하고 있습니다. 영혼의 건강은 곧 정신의 건강이며, 그 기저에는 육체의 건강함까지 포함하고 있습니다. 이렇듯 영·혼·육은 따로 따로 분리 되어서 이해할 수 있는 것이 아닙니다. 영·혼·육의 건강은 결국 관계의 즐거움을 통해 개인의 온전함까지 가져다 주는 것입니다.

십계명은 하나님의 사랑을 의미합니다. 십계명 중 1계명에서부터 5계명은 하나님과 인간의 관계 안에서의 사랑을 의미하는 것이며 6계명에서부터 10계명은 인간과 인간관계 안에서의 사랑을 의미하고 있습니다. 결국 하나님은 계명의 핵심으로 관계를 상정하고 이를 중심으로 하나님의 은혜를 말씀하고 있습니다.

하지만 관계로 받은 많은 상처 때문에 관계 자체를 거부하는 사람들이 많아지고 있습니다. 그 중에도 특히 혼자 신앙생활을 하는 사람들이 늘어나고 있습니다. 자신도 하나님으로부터 사랑 받고 싶어서 교회는 나왔지만 정작 다른 사람들과는 관계하지 않습니다.

저는 사복음서를 통해서 깨달은 것이 있습니다. 예수님께서는 사람을 만나셨을 때 그들의 아픔을 먼저 고쳐 주시고 하나님의 일을 허락하셨다는 것이었습니다.

예수님께서 사람을 고쳐주셨던 방법은 오직 사랑이셨습니다. 배고픔 때문에 외로운 사람들, 육체적인 질병 때문에 외로운 사람들, 관계로 인해 마음에 상처 받은 사람들 모두 예수님의 사랑으로 고침 받았습니다. 예수님은 그들을 율법적인 내용의 강해를 통해 고치신 것이 아니셨습니다. 무엇보다 중요한 것은 그들을 예수님과의 만남 안으로 포용하면서 새로운 관계의 경험을 전해주신 것이었습니다.

그들은 예수님 안에서 천국의 따뜻하고 수용적인 사랑을 경험한 것입니다.

예수님의 사랑은 지금도 동일하게 주어지고 있습니다. 하지만 예수님께서는 더는 우리 눈에 보이는 분으로 존재하지 않으십니다. 예수님께서는 이제 교회를 통해 주님의 사랑이 증거되고 모든 사람들이 치료 받아 회복된 삶을 살기 원하고 계십니다. 믿음의 사람들과 믿음의 교제를 통해서 하나님을 만나기를 원하시고 계시는 것입니다. 즉 공동체를 통해 건강하게 영성이 성장하기를 원하시는 것입니다.

뿐만 아니라 사람은 누구나 성공할 수 있는 가능성을 가지고 태어났습니다. 그 가능성의 기저에는 충만한 관계의 경험이 있습니다. 이같은 관계의 경험은 어릴 적 양육자와 나와의 관계에서부터 시작됩니다. 하지만 모든 사람이 인간관계 안에서 긍정적 경험만을 하지는 않습니다. 분명 사랑 받기 위해서 태어났지만 온전하지 못한 사랑의 경험으로 인해 하나님의 축복을 누리지 못하고 살아가는 경우가 많습니다.

이 책을 통해서 나를 향한 하나님의 사랑이 온전히 누려지기를 원합니다. 그러기 위해서는 나에 대해서 먼저 아는 것이 필요합니다. 나에 대해서 정확히 알면 세상을 향한 나의 관계를 새로이 정립할 수 있습니다. 그래서 자신을 파악하고 관계의 회복을 이끌어 내기 위해 심리학을 도구로 사용했습니다. 특히 대상관계 이론가인 '도날드 위니캇'의 이론을 주로 이용하였습니다.

심리적인 것과 신앙적인 것은 따로 분리되어 있는 것이 아닙니다. 상호적으로 긴밀히 연결된 것입니다. 내가 성장했던 환경이 내게 어떻게 영향을 주었는지 알게 되면 나를 이해하는데 큰 도움이 됩니다. 나에 대해서 깊이 알게 되면 나를 사랑하시는 하나님을 깊이 경험 할 수 있습니다.

저는 목회자입니다. 간혹 어떤 분들은 왜 목회자가 심리학적인 이야기를 하고 있는지 의문을 품기도 합니다. 하지만 중요한 것은 심리학을 이해하는 관점입니다.

저는 하나님의 절대적인 은혜 아래에서 심리학을 이용하고 있습니다. 하나님의 은혜가 기저에 없는 심리학은 인간에 대해서 분석은 가능해도 내가 누구이며, 무엇을 해야 하는 존재인지에 대한 답을 하지 못합니다.

사람들은 행복을 추구합니다. 이 때 진정한 행복은 예수님께서 내 삶에 구심축이 됨으로서 이루어질 수 있습니다. 내 마음의 중심에 예수님이 중심이 되어서 원심력이 강하게 작용해야 합니다. 그런 가운데 참된 평안을 경험 할 수 있는 것입니다.

종교라는 뜻을 갖고 있는 'Religion' 는 관계라는 뜻에서 파생된 단어입니다. 관계를 떠나서는 건강한 삶뿐만 아니라 온전한 신앙조차 누릴 수 없는 것입니다. 왜냐하면 인간의 삶 자체가 관계지향적인 본질을 지니기 때문입니다.

'나와 하나님과의 관계', '내 자신과의 관계', '나와 이웃과의 관계' 를 온전하게 해야만 건강하고 행복한 삶을 누릴 수 있습니다.

이 책을 통해서 나를 알아가고 타인과의 온전한 대인관계를 통해서 하나님을 깊이 경험하는 하나님의 영광이 있기를 바랍니다.

차 례

따뜻한 사랑이
나를 새롭게 합니다

다슬 2013.8

따뜻한 사랑이 나를 새롭게 합니다

1. 안아주는 환경

'후안 맨' 이라는 청년이 시드니 공항에 내렸습니다. 오랜만에 영국에서 고향으로 돌아 왔지만 자신을 마중 나온 가족은 아무도 없었습니다.

청년은 쓸쓸한 마음이 들었습니다.

"나를 사랑해 주는 사람은 없는 건가?"

잠시 생각에 빠진 그는 시드니에서 가장 번화한 곳을 찾아 가서는 가방을 내려놓고 두 손에 'Free Hug' 라고 쓰인 팻말을 들었습니다. 누구든지 대가없이 안아주겠다는 뜻이었습니다.

사람들은 그를 이상하게 쳐다 보았습니다 한동안 아무도 그를 찾아오는 사람이 없었습니다.

15분쯤 지난 후 어느 할머니가 청년에게 다가와 청년의 어깨를 두들기며 이렇게 말씀하셨습니다.

"내 딸이 1년 전에 세상을 떠났다네. 마음이 쓸쓸하고 외로워 강아지를 키우며 위로를 받았었는데 그 강아지가 오늘 아침에 죽고 말았다네. 이런 나를 안아 줄 수 있겠나?"

그 말을 들은 청년은 할머니를 아무 말도 하지 않고 꼭 안아 주었습니다.

잠시 후 그 할머니는 가던 길을 계속 갔습니다. 할머니의 얼굴은 무언가 알 수 없는 용기를 얻은 표정으로 가득 차 있었습니다.

심리학자 위니캇은 어머니의 헌신된 사랑은 '안아주는 환경' 을 제공한다고 말합니다. 어머니 품에 안긴 아이는 '나는 무엇이든지 할 수 있다는 자신감' 을 가지게 됩니다. 유아에게 이것은 '환각의 순간' 이라고 합니다.

엄마가 배고픈 아이에게 사랑으로 먹을 것을 제공해 주고, 아이는 엄마로부터 기본적 욕구를 충족 받을 때 비로소 건강하게 성장할 수 있습니다.

아이가 배고플 때 배고픔을 호소하는 방법은 우는 방법밖에 없습니다. 우는 아이를 보면서 엄마는 아이의 배고픔을 알아 차리고 젖을 먹게 됩니다. 아이는 엄마의 젖을 먹으면서 내가 울면 필요한 것을 얻게 된다는 것을 깨닫습니다. 아이는 이러한 경험을 통해서 자신과 엄마가 하나라고 생각하고 안도하며 성장하는 것입니다. 사실 아이가 젖을 먹기 위해서만 우는 것이 아닙니다. 배고픔을 채우는 것은 이차적인 문제입니다. 일차적으로 아이가 원하는 것은 엄마와의 친밀한 관계입니다.

아이는 자신을 안아주는 엄마와의 관계를 통해 포만감과는 비교할 수도 없는 행복감을 느끼게 되는 것입니다. 따라서 아이를 구박하면서 차가운 눈초리로 주는 젖은 안주느니만 못한 것이 됩니다.

안아주는 환경은 나에게 사랑으로 따뜻하게 공감해 주고 반응해 주는 대상이 있는 환경을 말합니다.

저는 목회 사역을 하고 있습니다. 매일 새벽예배를 드려야 하기 때문에 제가 집에서 나가는 시간은 늘 새벽입니다. 제게는 세 살 된 시온이라는 딸이 있습니다. 제가 출근할 때 시온이는 깊은 꿈나라에 있습니다. 자고 있는 시온이의 모습은 지극히 안정된 곳에서 편안한 마음으로 자고 있는 모습입니다. 왜냐하면 자기에게 사랑을 주는 엄마 아빠가 있는 집이 시온이에게는 편안한 잠을 잘 수 있는 안아주는 환경이기 때문입니다.

만약 시온이가 궁궐 같은 집에서 자고 있더라도 자신에게 따뜻하게 공감해 주는 엄마 아빠가 없다면 편안한 잠을 이룰 수 없을 것입니다. 자기를 안아주는 사람이 있는 곳에서 우리는 영혼의 휴식을 얻을 수 있습니다.

40대 초반인 B라는 여성과 교회에서 상담을 하게 되었습니다. B여성은 시작도 하기 전에 이미 눈가에 눈물이 고여 있었습니다. 종교가 없는 여성이라 목회자인 나에게 마음을 쉽게 열어주지 않을 거라고 생각했지만, 상담이 시작되자 그녀는 의외로 담담한 목소리로 자신의 어릴 적 이야기를 꺼내기 시작했습니다.

"제가 세 살 때 부모님은 이혼 하셨어요. 어머니를 본적이 없었죠. 아버지는 월남전에 참전하셨어요. 전쟁 후유증 때문에 밤이면 술을 드시지 않은 적이 없었어요."

"그럼 누가 길러 주셨나요?"

"할머니가 길러 주셨어요"

"할머니는 어떤 분이셨나요?"

"할머니는 항상 화를 많이 내셨어요 어린 저에게 일만 시키셨어요 어쩌다 그릇을 깨면 욕하시고 화내면서 아무 쓸모없는 년이라고 하셨어요"

"예, 그러셨군요. 사랑과 관심을 받아야 될 시기에 힘든 일만 하셔서 어린 시절 기억이 좋지 않으시겠군요"

"살던 집도 큰 아버지 집이였어요. 큰 어머니와 큰아버지는 늘 부부싸움을 하셨어요. 온 가족이 너무 무서워서 누구에게 정을 붙여야 할지 몰랐어요. 저는 늘 외롭고 무서웠어요. 한 번은 큰 어머니와 할머니가 심한 말다툼을 하셨어요. 그런데 갑자기 큰 어머니가 저를 나가라고 하는 것이었어요. 그날 전 대문 밖에서 아무 말도 못하고 울기만 했어요"

"그런 일이 있으셨군요."

"너무 서러웠어요. 내가 도대체 무슨 잘못을 해서 이런 삶을 살아야 하는지 억울했어요. 지금 생각해도 그 집에서의 삶은 너무 불행했어요."

그 말을 한 후 약속이나 한 듯 잠깐 정적이 흘렀습니다. 그리고 이내 그 정적을 깨며 B여성은 제게 물었습니다.

"하나님은 저 같은 사람도 사랑하시나요?"

B여성이 자란 집은 그녀를 안아주는 환경이 아니었습니다. 어느덧 40대에 접어 들었지만 나도 사랑 받고 싶다는 마음을 고백하였습니다. 자신을 안아주는 사람은 할머니였습니다. 그렇지만 할머니의 안음은 B여성에게 온전한 신뢰감과 안정감을 주지 못했습니다. 이처럼 온전한 사랑의 관계 안에서 세상과 나를 향한 신뢰감을 만들어 낼 수 있는 것입니다.

따뜻한 안김의 경험은 성인이 되어서 건강한 사회생활을 할 수 있는 기반이 됩니다. 자신을 사랑해 주는 사람으로부터 안김을 받았던 따뜻한 관계의 경험들이 다른 사람과도 따뜻하게 지낼 수 있는 내면의 원동력이 되기 때문입니다.

하지만 B여성 처럼 그 반대의 경험을 하게 되는 사람들도 많습니다. 자신이 경험한 안김의 경험이 부정적이었기 때문에 타인을 신뢰하지 못합니다. 조금만 좋지 않은 소리를 들으면 버럭 화를 내 버리는 경우도 많습니다. 부모와의 신뢰관계는 세상으로 가는 모든 도약의 교량이 되는 것입니다.

인간 사이에서 이루어지는 관계의 경험은 나아가 하나님과의 관계까지 영향을 줍니다. 부모님으로부터 따뜻하게 안겨본 경험이 없는 사람은 하나님도 따뜻하게 안아주지 않는 분이라고 생각하기 때문입니다.

다윗은 사울 왕으로부터 도망 다니는 처지로 전연 내일을 기대할 수 없었던 상황에 처해 있었습니다. 왜냐하면 사울 왕이 자기를 죽이겠다고 모든 군대를 동원하여 자신을 쫓고 있었기 때문입니다. 만약에 한 나라의 왕이 자기 한 사람을 죽이겠다고 전체 군대를 동원해서 사력을 쏟고 있다고 생각해 보십시오. 이 얼마나 두려운 일입니까?

그 때 다윗은 이런 고백을 합니다.

"여호와는 나의 목자시니 내게 부족함이 없으리로다 그가 나를 푸른 풀밭에 누이시며 쉴 만한 물 가로 인도하시는도다 내 영혼을 소생시키시고 자기 이름을 위하여 의의 길로 인도하시는도다 내가 사망의 음침한 골짜기로 다닐지라도 해를 두려워하지 않을 것은 주께서 나와 함께 하심이라 주의 지팡이와 막대기가 나를 안위하시나이다 주께서 내 원수의 목전에서 내게 상을 차려 주시고 기름을 내 머리에 부으셨으니 내 잔이 넘치나이다 내 평생에 선하심과 인자하심이 반드시 나를 따르리니 내가 여호와의 집에 영원히 살리로다 (시편 23편 1-6절)

다윗이 처한 현실은 생명을 위협받는 두렵기 그지없는 상황이었지만 그런 상황이 다윗을 넘어지게 할 수는 없었습니다. 왜냐하면 다윗은 하나님을 신뢰했기 때문입니다.

하나님께서 지금 나를 지켜주시고 나와 함께 하고 있다는 확신을 통해 다윗은 그 어려운 상황을 초월 할 수 있었습니다.

또한 다윗은 어디에 있든지 어떤 상황이든지 하나님 안에서 내일을 기대하고 준비하는 온전함을 가질 수 있었습니다.

이와 같은 하나님을 향한 온전한 믿음과 확신을 통해 다윗은 삶을 포기하지 않고 절망적인 상황을 헤쳐 나가게 됩니다.

남편과 사별한 어느 집사님이 우울증에 시달렸습니다. 방안에서 나오지도 않으시고 세상과 격리된 상태로 하루하루를 보내셨습니다.

그러던 어느 날 집사님의 내면에 순간적인 충동이 일어났습니다.

"내가 이렇게 살 바에야 차라리 나도 죽자!"

집사님은 자살을 시도하려고 하였고 마침 부엌에 있던 쥐약이 생각이 났습니다. 쥐약을 눈앞에 꺼내자 모든 것이 마지막이라는 생각과 함께 한결 마음이 편해졌습니다.

그렇게 쥐약을 먹으려는 찰나에 전화 한통이 걸려 왔습니다. 집사님께서 출석하고 있는 교회의 어느 권사님 전화였습니다.

"집사님 요즘 많이 힘들죠? 제가 오늘 새벽예배 때 집사님이 생각나더라고요. 제가 기도 많이 할 테니까 용기내세요. 힘내시고요. 사랑하고 축복합니다."

집사님은 누군가 나를 위해 기도해 주는 사람이 있다는 것을 깨닫자 몸에 활력이 돌고 다시 살아야겠다는 용기가 생기기 시작했습니다. 6개월 후 집사님은 다시 교회에 출석하여 자신에게 전화를 해주었던 권사님을 만났습니다. 그리고 이런 고백을 하셨습니다.

"사실 권사님께서 전화하셨던 그날 전 자살을 하려고 했었어요. 그런데 권사님의 전화 한통에 살아야겠다는 용기가 생겼어요. 너무 감사해요."

저는 심리 상담을 하면서 내담자에게 반드시 하는 말이 있습니다.
"이길 수 없는 아픔이 있을 때 꼭 저를 기억해 주세요"
주변에 다른 사람들이 배신하더라도 저는 배신하지 않고 옆에서 편이 되어 드리겠습니다 하는 의미입니다.
사람은 자신이 가지고 있는 것들이 화려하다고 해서 삶의 용기를 얻는 것이 아닙니다. 아무리 좋은 것을 가지고 있다고 해도 내 주변에 사람이 없으면 외로움을 느끼고 삶의 의미를 잃어 버리게 되는 것입니다. 나를 위해 기도해 주는 사람이 있다는 기억을 순간마다 상기하면서 사람은 용기를 얻고 밝은 미래를 준비할 수 있는 것입니다.

학기 초에 학년을 새롭게 올라 갈 때 담임선생님께서 제 이름을 미리 아셔서 다정하게 제 이름을 불러주실 때 마음이 훈훈하게 느껴졌었습니다.
인간과의 관계 안에서도 나를 기억해 준다는 것은 감동이 됩니다. 하나님께서 나를 기억해 준다고 생각해 보십시오. 얼마나 감사합니까? 나의 어떤 형편이든지, 내가 어떤 행위를 했었던지 나를 기억해 주신다는 사실은 위로와 용기를 얻게 되고 궁극적으로 행복한 삶을 누릴 수 있습니다.

창세기 1장 28절의 말씀은 하나님께서 인간에게 최초로 하신 말씀입니다. 이 말씀을 해석하면 '행복하게 살라' 는 말씀입니다.

"하나님이 그들에게 복을 주시며 하나님이 그들에게 이르시되 생육하고 번성하여 땅에 충만하라, 땅을 정복하라, 바다의 물고기와 하늘의 새와 땅에 움직이는 모든 생물을 다스리라 하시니라"

에덴동산으로부터의 추방은 인간이 누릴 수 있는 행복을 상실한 것이기도 합니다. 기쁨을 상실한 삶은 결코 인간을 향한 하나님의 뜻일 수 없습니다.

인간의 존재 이유는 상실한 기쁨을 회복하여 행복을 누리며 사는 것입니다. 즉 인간의 존재 이유는 행복이며 우리가 추구해 가야 할 삶의 궁극적인 목표입니다.

현대 미국의 사회심리학자 데이비드 마이어스가 "무엇만 있으면 행복하리라 생각하십니까?" 라는 질문을 했는데 수많은 사람들이 사랑이라고 대답했습니다.

사랑은 행복의 핵심적 요소입니다. 사랑받는 것을 경험하지 못한 사람은 삶의 열정을 상실할 뿐만 아니라, 사랑의 기쁨을 맛보지 못하게 되고 훗날 성격장애자가 될 가능성이 많습니다. 인간의 삶에 있어서 사랑은 가장 중요하다고 말할 수 있습니다. 그래서 인간에게는 완전한 사랑을 줄 수 있는 분이 필요합니다. 그 분이 바로 예수님이십니다.

> "사랑은 여기 있으니 우리가 하나님을 사랑한 것이 아니요 하나님이 우
> 리를 사랑하사 우리 죄를 속하기 위하여 화목 제물로 그 아들을 보내셨
> 음이라" (요한1서 4장 10절)

예수님의 근본은 사랑이시고 그 사랑 안에서 우리의 외로움을
이기게 해 주십니다. 그리고 그 안에서 잃었던 행복을 회복시켜 주
십니다.

2. 내가 경험했던 관계경험

제가 섬기고 있는 한 권사님은 남편이 어린 아이 같아서 속상하
다는 불평을 많이 하십니다. 남편은 직장생활을 꾸준히 하지 못하
고 매번 다른 사람들과 다투는 것이 반복 되었습니다. 젊었을 때부
터 남편의 이런 모습 때문에 많이 힘들었지만 참고 견뎠다고 했습
니다. 그러다 결국 결혼 35년이 된 지금 그동안 참아왔던 불평이
폭발한 것입니다.

하지만 남편은 이런 자신을 아내가 늘 수용해 주기만을 바라는
것이었습니다. 권사님은 남편이 이해가 되지도 않고 감당도 되지
않았습니다. 권사님의 권유로 권사님의 남편을 따로 만나서 이런
저런 이야기를 많이 나누었습니다.

사실 남편은 5살 때 어머니가 지병으로 돌아가셨습니다. 남편의

마음에는 누군가에게 사랑받고 싶고 칭찬 받고 싶은 마음이 늘 있었습니다. 결혼을 해서도 어머니에게 받지 못했던 어머니 같은 따뜻한 사랑을 아내에게 얻고 싶었습니다.

그분과 이야기를 하다가 인상 깊은 대화가 있습니다.

"제 아내는 저를 한 번도 이해해 주고 제 말을 가만히 들어준 적이 없다"고 말씀하시는 것이었습니다.

가정에서 한 번도 마음이 편한 적이 없다고 말씀하셨습니다. 그분에게는 아내가 안아주는 사람이 아니었습니다.

사람들은 어른이 무슨 안김 받기를 원하는가? 라고 생각하며 그런 모습은 어린 아이들에게나 있는 모습이라고 생각합니다. 하지만 어릴 적에 자신을 따뜻하게 안아준 경험이 부족하게 되면, 성인이 되어서도 어릴 때 부족한 안김의 경험을 다른 무엇인가 혹은 다른 누군가에게 채우려고 합니다. 어른이 되어서도 배우자에게 어린 아이처럼 자기만 봐달라고 조르거나 칭찬해 주지 않는다고 불만을 가지고 있는 사람은 어릴 적에 안김 받은 경험이 부족하지 않았나 하는 생각을 해야 합니다. 어머니 같은 따뜻한 사랑은 누구나 갈망하는 사랑입니다.

배우자와의 관계 안에서도 부모에게 받지 못했던 사랑을 배우자를 통해서 얻으려고 하는 경우가 많습니다. 하나님께서는 우리를 관계가 필요한 존재로 만드셨습니다. 사람은 태어날 때도 어머니의 탯줄에 의존하는 상태에서 태어납니다. 출산 후에도 아이는 어머니에게 도움을 받아야만 성장할 수 있습니다.

인간은 아무도 혼자 힘으로 성장할 수 없습니다. 공동체가 필요하고 관계가 필요한 것이 인간입니다. 내가 자라고 있는 집이 내가 신뢰 할 수 있는 곳이고 집 안에 있는 가족들이 나를 사랑해 주는 사람들이라고 하는 확신이 마음에 있을 때 가족과 집에서 편안함을 경험할 수 있는 것입니다.

이렇게 서로 의존하는 상태에서 건강한 사랑의 충족이 이루어져야만 자동적으로 밖의 세상을 탐험할 수 있고 신뢰할 수 있는 것입니다.

아이가 한 사람의 인간이 되어가는 과정에서 엄마와의 관계는 매우 중요합니다. 엄마와 아이의 관계가 인격 발달을 위해 갖는 중요성은 절대적이라고 할 수 있습니다.

세 살 전에 가지는 엄마와 아이 간 관계의 경험은 아이의 마음속에 흔적으로 남아 있습니다. 초기 이러한 측면을 담당하는 엄마의 역할을 전문적인 용어로 '환경 엄마' 라고 말합니다.

아이를 안아주는 엄마는 안아주고, 먹이고, 입혀주고, 따뜻하게 해 주고 안전하게 해줌으로써 유아에게 신체적이고 정서적인 안정감 있는 환경을 제공해 줍니다. 아이는 엄마의 따뜻한 사랑을 통해서 엄마를 신뢰하는 신뢰감을 형성해 나가기 시작합니다. 아이는 엄마가 주는 사랑의 방법을 선택할 수 없습니다. 일방적으로 엄마의 사랑을 공급 받을 뿐입니다.

아이가 공급 받은 사랑의 관계 경험이 자신을 건강하게 보는 눈을 만들 뿐만 아니라 다른 사람을 신뢰할 수 있는 내적 힘을 만들어 내는 것입니다. 아이의 생애 초기 엄마와의 안정감 있는 관계 경험은 세상을 불안하지 않고 안정감 있게 살게 하는 든든한 디딤돌이 됩니다.

1959년 미국의 할로우 박사는 아기 원숭이를 대상으로 하나의 실험을 진행했습니다. 갓 태어난 아기 원숭이는 엄마와 헤어져 두 대리모에게 165일간 키워졌습니다.

두 대리모 중 하나는 철사로 만들어 졌지만 '밥' 이 나오고, 또 다른 하나는 '밥' 은 나오지 않지만 보송보송한 헝겊으로 만들어 졌습니다.

실험자들은 아기 원숭이가 어느 대리모 원숭이 엄마에게 가는지를 실험을 했습니다. 그 결과, 아기 원숭이는 헝겊엄마 원숭이와 대부분의 시간을 보냈습니다. 심지어 아기 원숭이는 철사 엄마 원숭이에게 밥이 나올 때 조차도 헝겊 원숭이 엄마에게만 붙어 있으려 했습니다.

더 중요한 것은 '위기상황' 때의 행동이었습니다. 아기 원숭이와 두 엄마가 같은 거리에 떨어져 있을 때 갑자기 무서운 물체가 나타나면 아기 원숭이는 헝겊엄마 원숭이에게 달려갔습니다. 아기 원숭이에게는 밥보다도 나를 따뜻하게 안아주는 헝겊 엄마 원숭이를 원했던 것이었습니다.

생명이 있는 모든 존재는 나를 사랑해 주는 또 다른 존재를 원합니다. 인간은 관계 안에서 살고 죽습니다. 그래서 내가 과거에 경험한 관계는 매우 중요합니다. 무조건 많은 관계의 경험이 중요한 것이 아닙니다. 얼마나 질적으로 건강한 사랑을 경험했느냐가 중요한 것입니다.

따뜻한 관계의 경험이 부족한 사람은 성인이 되어서도 나를 따뜻하게 안아주고, 인정해 주는 사람을 찾아다니게 됩니다.

가끔 뉴스에서 유명 연예인이나 기업인들이 자살을 하는 안타까운 소식을 봅니다. 그들에게 부와 명예가 없어서 자살을 하는 것이 아닙니다. 근원적으로 보면 외로워서 죽는 것입니다.

인간의 본성은 먹고 입는 것 이상으로 따뜻한 사랑을 갈구합니다. 이같은 욕구가 따뜻한 관계 안에서 채워질 때 사람은 육체적, 정신적으로 건강해 질 수 있는 것입니다. 인간은 나를 따뜻하게 사랑해 주는 대상이 있을 때 진정으로 삶의 활력을 얻을 수 있는 것입니다. 그렇기 때문에 내게 사랑을 주는 대상이 건강한 사랑을 줄 수 있어야 합니다.

"내 영혼아 네가 어찌하여 낙심하며 어찌하여 내 속에서 불안해 하는가 너는 하나님께 소망을 두라 나는 그가 나타나 도우심으로 말미암아 내 하나님을 여전히 찬송하리로다" (시편 42편 11절)

예수님께서는 우리를 안아주시는 분이십니다. 예수님은 사랑 그 본체이십니다. 예수님께서 나에게 주시는 사랑은 건강하고 긍정적입니다. 내가 어떤 모습과 형편이든 상관없이 조건 없는 사랑으로 나를 따뜻하게 안아주시는 좋으신 하나님이십니다. 그래서 주님께서는 누구와도 상관없이 주님의 집에서 주님의 사람들과 함께 교제하기를 원하십니다.

"내 집은 만민이 기도하는 집이라" (마가복음 11장 17절)

주님의 집에서 믿음의 사람들과 함께 하는 긍정적인 관계의 경험은 나를 새롭게 하기 때문입니다. 그리고 좋은 관계의 경험은 이곳이 내가 쉴 수 있는 곳이구나 하는 안정감을 줄 수 있는 것입니다.

우리 가족은 서울에서 쭉 함께 지내다가 8년 전 부모님들께서 전주로 내려 가셨습니다. 저는 바쁜 생활 때문에 자주 가지는 못합니다. 하지만 전주에 갈 때마다 늘 마음이 설렙니다. 왜냐하면 전주에는 저를 사랑하는 부모님이 계시기 때문입니다.

사실 전 전주에서 살아보지 않았습니다. 그래서 전주에 대해서 아는 것이 별로 없습니다. 하지만 부모님께서 그곳에 계시는 동안은 그곳은 나에게 더 이상 낯선 곳이 아닙니다. 왜냐하면 그곳에 존재하는 나의 환경은 단지 전주시의 환경이 아니라 나를 사랑하는 부모님이 계시는 따뜻한 환경이기 때문입니다.

내가 살고 있는 거주지, 다니고 있는 학교나 직장이 영원한 나의 환경이 아닙니다. 진정한 나의 환경은 공간에 상관없이 나를 사랑해 주시는 하나님이 계시는 곳이 나의 환경인 것입니다. 나를 사랑하는 하나님은 우리가 기억해야 할 진정한 환경입니다.

"네가 물 가운데로 지날 때에 내가 너와 함께 할 것이라 강을 건널 때에 물이 너를 침몰하지 못할 것이며 네가 불 가운데로 지날 때에 타지도 아니할 것이요 불꽃이 너를 사르지도 못하리니" (이사야 43장 2절)

제 딸 시온이가 침대에서 점프를 하고 놀 때가 있습니다. 그럴 때 마다 "시온이 잘 했어요! 시온이가 최고에요!"라고 칭찬해 줍니다.

그때 시온이는 자기 스스로 이렇게 말합니다.

"시온이는 최고에요!"

그런데 어느 날 시온이가 침대보다 더 높은 소파에서 "아빠 시온이 봐요! 야호!" 하며 점프를 하는 것이었습니다. 시온이는 아직 세 살 밖에 되지 않아서 높은 곳에서 점프 할 수 없을 거라 생각했습니다. 그러나 계속된 아빠의 칭찬이 시온이가 점프를 할 수 있는 힘이 되었던 것이었습니다.

삶의 처지가 힘들어도 우리는 세상을 향해 점프 할 수 있습니다. 왜냐하면 하나님이 나와 함께 하시기 때문입니다. 나는 힘이 없어도 나를 사랑해 주시는 하나님의 존재가 힘든 장애물을 헤쳐 나갈 수 있는 힘이 되는 것입니다.

내가 아플 때 약을 살 수 있는 약국이 있다는 사실은 아픈 사람들에게 희망이 될 수 있습니다. 뿐만 아니라, 배가 고플 때 맛있는 밥을 먹을 수 있는 식당이 있다는 것도 희망입니다. 이처럼 내가 힘들고 어려울 때 나의 기도를 들어주시는 하나님의 존재가 있다는 것이 희망입니다.

나와 함께 하시는 하나님! 그 하나님은 나를 안아 주시는 사랑의 하나님입니다. 그 하나님의 존재가 삶을 도전하게 할 수 있는 능력의 시작입니다. 즉 인간이 원하는 사랑은 '관계적인 사랑' 입니다. 왜냐하면 인간은 관계적인 존재이기 때문입니다.

언제나 사랑을 주고받을 수 있는 사랑의 대상이 필요합니다. 하지만 하나님은 관계적인 사랑을 하는 분이 아니라 하나님의 그 자체가 사랑입니다. 이를 가리켜서 '상태로서의 사랑' 이라고 합니다. 존재가 곧 사랑이라는 것입니다.

상태로서의 사랑이란 사랑할 대상이 있어서, 사랑하는 것이 아닙니다. 그런 사랑은 관계적인 사랑입니다. 하지만 상태로서의 사랑은 사랑이라는 상태 그 자체가 되었을 때 자연스럽게 내게 흘려져 나가는 것입니다.

누가 예뻐서 사랑하는 것이 아닙니다. 그저 내가 사랑 그 자체가 되어 사랑하지 않을 수 없는 그 상태에 이르렀음으로 사랑하는 것입니다. 그런 사랑은 누가 사랑하라고 강요해서 사랑하지 않습니다. 가만히 있어도 아름다운 향기를 뿜어내는 백합화 처럼, 그저 그는 사랑의 향기를 뿜어냅니다.

하나님은 사랑이시라는 요한의 통찰은 탁월한 것이었습니다. 그 말은 곧 하나님은 사랑 그 자체가 되신다는 말씀입니다. 하나님은 사랑 그 자체이시므로 사랑하시는 것입니다.

부활 직후 예수님께서는 베드로와 사랑의 대화를 나누었습니다. 그 사랑도 단순하게 생각해 보면 관계적인 사랑입니다. 그러나 예수님께서는 인간을 사랑할 대상이 있어야만 사랑하는 관계적인 사랑의 존재로만 머물기를 원하시지 않으셨습니다.

예수님께서는 베드로에게 세 번씩이나 "네가 나를 사랑하느냐?" 고 물으셨습니다. 그때 사용된 희랍어는 두 번이 agape(상태로서의 사랑)이고 한번이 philia(관계적인 사랑)입니다.

"그들이 조반 먹은 후에 예수께서 시몬 베드로에게 이르시되 요한의 아들 시몬아 네가 이 사람들보다 나를 더 사랑하느냐 하시니 이르되 주님 그러하나이다 내가 주님을 사랑하는 줄 주님께서 아시나이다 이르시되 내 어린 양을 먹이라 하시고 또 두 번째 이르시되 요한의 아들 시몬아 네가 나를 사랑하느냐 하시니 이르되 주님 그러하나이다 내가 주님을 사랑하는 줄 주님께서 아시나이다 이르시되 내 양을 치라 하시고 세 번째 이르시되 요한의 아들 시몬아 네가 나를 사랑하느냐 하시니 주께서 세 번째 네가 나를 사랑하느냐 하시므로 베드로가 근심하여 이르되 주님 모든 것을 아시오매 내가 주님을 사랑하는 줄을 주님께서 아시나이다 예수께서 이르시되 내 양을 먹이라" (요한복음 21장 15-17절)

예수님께서는 베드로에게 두 번의 질문은 agape 사랑 즉, 상태로서의 사랑을 물은 것이었고 마지막 세 번째가 philia 사랑 즉, 관계적인 사랑을 물으셨던 것이었습니다.

예수님과 베드로의 대화를 각색해 보면 이렇습니다.

베드로야, 네가 나를 상태로서의 사랑(agape)으로 사랑하느냐? 이에 베드로는 그 상태로서의 사랑이 무슨 뜻을 의미하는지 몰라서 머뭇거렸습니다. 그리고 이렇게 되물었습니다. "주님, 저는 그 상태로서의 사랑(agape)이란 말이 무엇을 뜻하는지 모릅니다. 저는 그저 관계적 사랑(philia) 밖에 모릅니다. 저는 주님을 그저 관계적 사랑(philia)으로 사랑하겠습니다."

예수님께서는 다시 또 물으셨습니다. 그러나 두 번씩이나 물어도 베드로는 그 뜻이 무엇인지 알 수 없었습니다. 예수께서 민망히 여기사 3년씩이나 그를 따라 다닌 수제자 베드로가 아직도 상태로서의 사랑에 이르지 못한 것을 안타까워 하시면서 이렇게 마무리 하셨습니다.

"그래, 그러면 그냥 관계적 사랑으로 나를 사랑하라. 그러나 언젠가, 네가 그 상태로서의 사랑이 무엇인지 깨닫는 순간이 올 것이다. 그때, 너는 그 관계적 사랑으로부터 자유하게 될 것이다. 그리고 상태로서의 사랑으로 홀로 우뚝 서 내 앞에 서게 되는 날이 올 것이다. 그때 가서 그 상태로서의 사랑으로 나를 사랑하라. 그때까지 너를 지켜 보면서 나는 항상 네 곁에 있겠다. 그것도 영원히 네 곁에 있을 것이다"

찬송가 499장의 〈저 장미꽃 위에 이슬〉에 나오는 주님과의 만남의 경험은 관계적 차원의 사랑으로 머무르는 것이 아니라, 상태로서의 사랑에 가까운 사랑에 관해 표현하고 있습니다.

"주가 나와 동행을 하면서, 나를 친구 삼으셨네, 우리 서로 받은 그 기쁨은 알 사랑이 없도다"

주님과 내가 하나가 되어 세상 그 누구도 빼앗을 자가 없는 궁극적인 기쁨과 행복에 도달하게 될 것입니다.

3. 나의 도움을 받아라

인간의 생명이 허락되어진 순간부터 죽는 그 순간까지 가장 편안함을 경험하는 때는 엄마의 뱃속에 있을 때라고 합니다. 태아는 엄마 뱃속에서 열 달 동안 탯줄에 의존해야만 생존이 가능합니다. 태아가 스스로 선택해서 영양분을 섭취 할 수 없습니다. 엄마로부터 공급된 영양분을 탯줄로 공급받는 것입니다. 태아는 엄마의 탯줄에 절대적으로 의존함을 통해서 건강한 상태를 유지 할 수 있습니다. 태아가 할 수 있는 것이라고는 아무것도 없습니다. 그저 건강하게 탯줄로부터 공급되어지는 영양분을 받기만 하면 되는 것입니다.

아이가 따뜻한 엄마의 뱃속에서 10달을 보내다가 따뜻하고 안전한 자궁을 떠나는 순간 나를 따뜻하게 보호해 줄 사람을 필요로 합니다. 엄마 뱃속에서는 그냥 탯줄에 의존하고만 있으면 건강하게 지낼 수 있습니다. 엄마의 뱃속은 따뜻하고, 안전하게 나를 보호해 주는 장소입니다. 엄마의 뱃속에서만 있으면 아이가 건강하게 자라는데 아무 문제가 없습니다.

사람은 사실 자유롭게 사는 자유를 갈망하는 것 같지만 더 깊은 영적인 내면에는 나를 안전하게 보호 받기를 원하는 안전에 대한 갈망을 하고 삽니다.

하나님 안에 사는 것은 엄마의 뱃속에서 안전하게 사는 것을 말합니다. 나를 안전하게 보호해 주는 곳에서 자유를 경험하고 편안함을 경험하는 것입니다. 하나님의 손을 잡고 사는 것은 엄마의 뱃속에서 엄마의 탯줄에만 의존하는 상태를 말합니다. 탯줄에 절대적으로 의존된 상태에서 태아는 자신의 의지로 성장하는 것이 아니라 탯줄로부터 공급된 영양분으로 성장하는 것입니다.

하나님께서 자유롭게 일하시는 것을 이해하는 것은 탯줄에 의존 상태 그 태아의 모습이 믿음의 삶의 모습입니다. 뱃속에 있는 아이는 수동적으로 성장하는 것 같아 보이지만 그 때 만큼 인간의 전 생애를 통해 가장 편안한 순간이고, 가장 안전한 순간이며, 가장 건강하게 성장하고 있는 가장 행복한 삶이라고 할 수 있습니다. 엄마는 자유롭게 행동하지만 그 안에 있는 태아는 늘 행복합니다.

하나님께서는 인간을 만드셨을 때 혼자 힘으로만 사는 인간을 창조하시지 않으셨습니다. 태아가 뱃속에서 탯줄에 의존하는 것을 보면 인간들 생명의 시작이 의존된 상태에서 시작되는 것을 알 수 있습니다.

첫 단추를 잘 맞추어야 나머지 단추도 잘 맞추어 지는 것처럼 아이가 의존된 상태에서 좋은 정서적인 경험을 많이 해야 안정되게 성장할 수 있는 것입니다.

태아는 엄마의 뱃속에서 수동적인 상태에 있는 것이지만 결국 능동적인 상태라고 말할 수 있습니다. 왜냐하면 탯줄에 의존했을 뿐이지만 이로 인해 나는 행복을 경험하기 때문입니다. 나의 수고가 아닌 엄마로부터 공급되어진 영양분은 태아의 자유를 경험합니다. 결국 행복을 경험할 수 있는 것은 자유입니다.

아이가 좋은 교육을 많이 받는다고 해서 정서적인 상태가 좋아지는 것이 아닙니다. 아이를 가장 영향력 있게 돌보아 주는 사람이 정서적으로 긍정적인 상태인지 부정적인 상태인지가 매우 중요한 것입니다.

그렇기 때문에 아이가 의존하고 있는 사람이 어떤 정서적인 상태를 가지고 있는 지가 매우 중요합니다. 하나님 안에서 나를 위해 자유롭게 일하시는 하나님 품 안에서 참된 행복을 경험하는 것은 결국 자유를 경험하는 것입니다.

인간에게 있어서 가장 중요한 관계는 아마도 가족 관계일 것입니다. 가족은 우리가 자신에 대해 배우는 첫 시발점이며 동시에 부모의 눈을 통해 자신을 규정하는 곳이기도 합니다. 즉 자기 자신에 대해 스스로 생각하는 이미지를 가리켜서 '자기감' (Self-Image)이라고 말합니다. 건강하고 긍정적인 눈으로 자신을 볼 수 있는 시작은 나를 돌보아 주는 사람과의 좋은 경험을 통해서 만들어지게 되는 것입니다.

다시 말해 우리가 자신을 어떻게 여기는가는 우리를 돌봐주는 사람들이 우리를 어떻게 대해 주느냐에 달려 있습니다. 우리가 깊은 상처를 받고 수치심을 느끼는 일은 바로 우리와 깊은 관계를 가진 사람과의 관계에서 일어납니다. 우리를 가장 가깝게 돌봐주는 사람이 정서적으로 안정되지 못하고 불안한 상태로 돌봐준다면 그 돌봄은 결코 좋은 경험으로 남지 않을 것입니다. 그리고 돌봐주는 사람을 신뢰하지 못할 뿐만 아니라 세상을 신뢰하지도 못하게 될 것입니다.

부모는 아이들의 역할 모델이 되는 사람들입니다. 부모가 해야 할 모델 역할에는 남성과 여성의 성역할과 타인과의 관계에서 어떻게 정신적, 육체적 경계를 세울 수 있는지에 대해서, 또한 어떻게 스스로를 다스려 나가면서 직면한 문제에 대처해야 하며, 타인을 어떻게 사랑할 수 있는지에 관한 내용이 포함되어 있습니다.

언젠가 한 권사님이 자기 조카를 구원시켜 달라는 요청을 하셨습니다. 38살 된 조카인데 안타깝게도 간암 말기에 걸리고 말았다는 것이었습니다. 비록 불신자로 평생을 살았지만, 조카가 죽기 전에 회심하여 구원받게 하는 것이 권사님의 소망이라고 말씀하셨습니다. 그 이야기를 듣고 이틀 후에 조카가 입원해 있는 병원을 찾아갔습니다.

"고모가 다니는 교회 목회자님이셔. 기도해 주시러 오셨어."

"안녕하세요? 만나서 반갑습니다. 권사님께 이야기 들었어요."

그런데 조카는 분위기가 어색해서 그랬는지 저를 좀 경계하는 모습이었습니다.

그리고 제게 이렇게 말했습니다.

"안녕하세요. 그런데 오늘 여기는 어쩐 일이시죠? 제게 구원이니 뭐니 이런 말씀하시려면 당장 돌아가세요."

전 그 말을 듣고는 좀 당황했었습니다. 나중에 알고 보니 권사님께서는 조카가 오지 말라고 할까봐 제가 온다는 사실을 미리 말하지 않았던 것이었습니다. 단 둘이 이야기 하는 것이 좋을 것 같아서 권사님을 밖에 나가 계시라고 했습니다.

"미리 말씀드리지 않고 찾아와서 죄송해요"

"아니에요. 전 좀 억울해요"

"왜죠?"

"전 나름대로 지금 최선을 다 하고 있는데 고모는 왜 자꾸 저를 불쌍하게 보냐고요!"

"그러셨군요"

"병원에서는 간암 말기라고 하지만 전 제 힘으로 이길 수 있어요. 지금까지도 그래왔고요"

"그러셨군요. 지금까지 혼자 힘으로 이겨나가야 할 것들이 많으셨나 봐요?"

"어머니, 아버지는 제가 어렸을 때 이혼하셨어요. 이혼 후에 아버지는 돌아가셨어요. 어머니는 지금 어디에 계시는지도 몰라요"

"그랬군요. 힘든 일들이 많으셨군요"

"힘들어도 어쩌겠어요. 제가 쓰러지면 동생들은 어쩌라고요. 전무조건 스스로 이겨야만 했어요"

"그럼, 누군가의 도움을 받아본 경험은 없으셨나요?"

"도움이요? 제 주변엔 아무도 없어요. 제 자신을 신뢰해야만 살 수 있었다고요. 열심히 살아 왔는데 이렇게 간암까지 걸리다니…
아직 결혼도 하지 않았는데…"

"외로운 시간을 많이 보냈겠어요?"

"외로움이 다 뭔가요. 전 예전부터 그랬던 것처럼 혼자 힘으로
잘 하고 있는데 고모는 자꾸 저를 불쌍하다고 하니까 억울하고 화
가 나네요. 그리고 이런 상황이 이해가 되지 않고요. 그러니까 목
회자님이라고 하셨나요? 제가 병을 이길 수 있는 데까지 이겨보다
가 너무 힘이 들면 그때 연락을 드릴게요"

청년의 심리적인 상태는 누군가를 의존할 수 있는 상태가 아니
었습니다. 평생 타인에게 도움을 받아 본 경험이 없어 타인의 도움
을 부담스러운 일로만 느꼈기 때문입니다.

전 제 휴대폰 번호를 주었습니다.

"그래요. 힘들고 어려우면 꼭 연락주세요. 언제든지 연락주세
요"

청년은 아직까지 연락이 없습니다. 그런데 안타까운 것은 사람
은 도움이 필요할 때 도와달라고 해야 하는 존재입니다. 그 청년
같은 경우는 도움이 필요한 상태였지만 도움 받기를 거절하였던
것이었습니다.

하지만 청년을 뭐라 나무랄 수만은 없습니다. 왜냐하면 청년이
자라온 환경이 청년을 그렇게 만들었기 때문입니다.

자신을 공감해 주는 공감적 관계는 신뢰감과 관계가 되어 있습
니다. 가정에서부터 자신을 공감해 주는 경험을 못 해본 청년은 다
른 사람을 신뢰 할 수 없는 정체성을 가지고 있었던 것이었습니다.

그 누구도 타인의 존재 없이 홀로 존재 할 수 없습니다. 인간이 하나님을 부인하는 것은 건강한 인간이라 할 수 없습니다. 인간이 하나님을 부인하는 것은 죄입니다. 이것은 인간과 하나님 사이의 관계의 단절을 의미합니다. 결국, 인간은 하나님과의 만남과 회복된 관계 안에서만 진정한 평안을 얻을 수 있습니다.

성 어거스틴은(St Augustine) "오! 주님, 우리는 주님의 품 안에서만이 평안을 누릴 수 있습니다"라고 고백했습니다.

> "나는 포도나무요 너희는 가지라 그가 내 안에, 내가 그 안에 거하면 사람이 열매를 많이 맺나니 나를 떠나서는 너희가 아무 것도 할 수 없음이라" (요한복음 15장 5절)

나무뿌리는 토양 없이 뿌리를 내리지 못합니다. 뿐만 아니라 토양도 나무뿌리가 없다면 존재할 이유가 없습니다. 나무 없이 가지가 존재 할 수 없고 가지 없는 나무는 쓸모없는 것입니다. 가지와 나무가 같이 있어야 열매를 맺을 수 있습니다. 사람이 아닌 나무 열매도 토양과 나무뿌리가 서로 관계를 할 때 좋은 열매를 맺게 되는데 하나님의 창조물인 인간은 더할 나위가 있겠습니까?

> "아버지여, 아버지께서 내 안에, 내가 아버지 안에 있는 것 같이 그들도 다 하나가 되어 우리 안에 있게 하사 세상으로 아버지께서 나를 보내신 것을 믿게 하옵소서 내게 주신 영광을 내가 그들에게 주었사오니 이는

우리가 하나가 된 것 같이 그들도 하나가 되게 하려 함이니이다" (요한복음 17장 21-22절)

예수님께서는 우리가 건강하게 지내기를 원하십니다. 하지만 혼자 힘으로 건강하게 지내는 것은 불가능합니다. 예수님을 의지하면서 지내기를 원하십니다. 그때 참된 자유를 경험할 수 있습니다.

우리도 예수님이 없으면 삶의 열매를 맺지 못하지만 예수님 입장에서도 연약한 우리가 없으면 존재의 이유가 없는 것입니다. 왜냐하면 하나님께서는 인간을 창조하실 때 관계를 필요로 하는 존재로 만드셨기 때문입니다. 혼자 힘으로 사는 인간을 창조하신 것이 아니셨습니다.

"하나님이 이르시되 우리의 형상을 따라 우리의 모양대로 우리가 사람을 만들고 그들로 바다의 물고기와 하늘의 새와 가축과 온 땅과 땅에 기는 모든 것을 다스리게 하자 하시고 하나님이 자기 형상 곧 하나님의 형상대로 사람을 창조하시되 남자와 여자를 창조하시고 하나님이 그들에게 복을 주시며 하나님이 그들에게 이르시되 생육하고 번성하여 땅에 충만하라, 땅을 정복하라, 바다의 물고기와 하늘의 새와 땅에 움직이는 모든 생물을 다스리라 하시니라 하나님이 이르시되 내가 온 지면의 씨 맺는 모든 채소와 씨 가진 열매 맺는 모든 나무를 너희에게 주노니 너희의 먹을 거리가 되리라 또 땅의 모든 짐승과 하늘의 모든 새와 생명이 있어 땅에 기는 모든 것에게는 내가 모든 푸른 풀을 먹을 거리로 주노라 하시니 그대로 되니라 하나님이 지으신 그 모든 것을 보시니 보시기에 심히 좋았더라 저녁이 되고 아침이 되니 이는 여섯째 날이니라 천지와 만물이

다 이루어지니라 하나님이 그가 하시던 일을 일곱째 날에 마치시니 그가 하시던 모든 일을 그치고 일곱째 날에 안식하시니라 하나님이 그 일곱째 날을 복되게 하사 거룩하게 하셨으니 이는 하나님이 그 창조하시며 만드시던 모든 일을 마치시고 그 날에 안식하셨음이니라"(창세기 1장 26절 - 2장 3절)

하나님께서 천지를 창조하실 때마다 "보시기에 좋았더라"고 말씀하셨습니다. 그리고 하나님께서 만드신 창조물을 인간들이 누리면서 살기를 원하셨습니다. 즉, 인간이 하나님 안에서 하나님과 교제하며 살아가는 모습을 보시기 원하셨던 것이었습니다.

인간이 하나님 안에서 하나님을 의지하면서 살아가는 것이 인간의 근원적인 모습입니다. 하지만 하나님께서는 인간이 서로의 안에서 유익한 관계의 경험을 하기를 원하셨습니다.

그래서 하나님께서는 아담에게 하와를 배필로 허락하셨습니다.

"여호와 하나님이 이르시되 사람이 혼자 사는 것이 좋지 아니하니 내가 그를 위하여 돕는 배필을 지으리라 하시니라 여호와 하나님이 흙으로 각종 들짐승과 공중의 각종 새를 지으시고 아담이 무엇이라고 부르나 보시려고 그것들을 그에게로 이끌어 가시니 아담이 각 생물을 부르는 것이 곧 그 이름이 되었더라 아담이 모든 가축과 공중의 새와 들의 모든 짐승에게 이름을 주나 아담이 돕는 배필이 없으므로 여호와 하나님이 아담을 깊이 잠들게 하시니 잠들매 그가 그 갈빗대 하나를 취하고 살로 대신 채우시고 여호와 하나님이 아담에게서 취하신 그 갈빗대로 여자를 만드시고 그를 아담에게로 이끌어 오시니 아담이 이르되 이는 내 뼈 중의 뼈

요 살 중의 살이라 이것을 남자에게서 취하였은즉 여자라 부르리라 하니라" (창세기 2장 18-23절)

즉 올바른 하나님과의 관계가 회복되기 위해서는 인간 사이에서 이루어지는 관계의 경험을 무시할 수 없습니다.

교회에서는 늘 가족 구원을 위해서 기도하는 분들을 봅니다. 한 번은 새벽에 남편의 문제 때문에 아내가 기도를 하고 있었습니다. 너무 큰 소리로 기도를 해서 자연스럽게 자매님의 기도소리를 듣게 되었습니다. 자매님은 하나님께 기도하시기를 "제발 내 남편을 고쳐 주시옵소서"라고 기도를 하는 것이었습니다. 어찌나 간절하게 기도를 하는지 하나님께서 그 자매님의 기도를 제발 들어 주셨으면 좋겠다는 생각이 들 정도였습니다.

나중에 자매님의 남편분과 교제를 할 수 있는 기회가 있었습니다. 식사를 하면서 남편은 아내로 인한 마음의 문제를 제게 고백하였습니다.

"제 아내는 교회에서는 신실한 것 같은데 집에서는 왜 교회를 다니는지 모를 정도로 말하고 행동해요"

저는 깜짝 놀랐습니다.

"무슨 문제가 있는 건가요?"

"아내는 제 부모님에게 함부로 대해요. 전 그럴 때마다 혼란스러워요. 주변 사람들은 제 아내가 믿음이 좋으니 부럽다고 하는데 전 그럴 때마다 믿음이 좋은 것이 정말 무엇인지 모르겠어요"

"그러시겠군요"

"사실 전 요즘 교회에 나가고 싶지 않아요. 제 아내를 보면 교회를 나가고 싶은 생각이 전혀 들지 않아요"

어떤 율법사가 예수님을 시험하기 위해서 한 가지 질문을 합니다.

"선생님 율법 중에서 어느 계명이 크니이까" (마태복음 22장 36절)

그 질문에 예수님께서는 이렇게 답변을 하십니다.

"예수께서 이르시되 네 마음을 다하고 목숨을 다하고 뜻을 다하여 주 너의 하나님을 사랑하라 하셨으니 이것이 크고 첫째 되는 계명이요 둘째도 그와 같으니 네 이웃을 네 자신 같이 사랑하라 하셨으니 이 두 계명이 온 율법과 선지자의 강령이니라" (마태복음 22장 37-40절)

예수님께서 첫째 계명과 둘째 계명을 나누어서 말씀을 하셨다고 해서 나누어서 이것을 생각하면 안됩니다. 이 말씀은 예수님의 단순한 표현이셨던 것입니다. 하나님을 사랑하는 마음처럼 이웃을 사랑하고 이웃을 사랑하는 마음처럼 하나님을 사랑하라는 의미입니다.

"누구든지 하나님을 사랑하노라 하고 그 형제를 미워하면 이는 거짓말하는 자니 보는바 그 형제를 사랑하지 아니하는 자는 보지 못하는 바 하나님을 사랑할 수 없느니라 우리가 이 계명을 주께 받았나니 하나님을 사랑하는 자는 또한 그 형제를 사랑할지니라" (요한1서 4장 20-21절)

사람들은 하나님과의 관계만을 생각하지 인간 안에서의 관계는 생각하지 않는 경우가 많습니다. 진정한 삶의 변화는 율법을 통해서 일어나는 것이 아닙니다. 따뜻한 사랑이 우리를 변화시킬 수 있는 것입니다.

누군가를 적절하게 의지하는 것은 결코 부끄러운 것이 아닙니다. 하지만 누군가를 의지한다는 것은 의지하는 상대를 신뢰할 수 있을 때 가능합니다. 또한 의지하는 상대가 편안함을 가지고 있어야 가능합니다. 다른 사람을 의심하는 마음이 많다면 건강한 교제를 하지 못할 것입니다. 또한 다른 사람을 의심하기 때문에 혼자 힘으로만 지내게 됩니다. 건강하지 못한 다른 사람과의 관계는 결국 하나님과의 관계까지 흔들어 놓게 됩니다.

결국 나의 변화는 하나님과의 관계 변화까지 이어질 수 있는 것입니다. 하지만 중요한 것은 내가 변화를 하겠다고 스스로 선택해야 합니다. 그 선택에는 인간의 자유가 있습니다.

순종도 선택이고 불순종도 선택입니다. 자유하는 인간 앞에는 언제나 선택이 기다리고 있습니다. 자유는 완전한 자기의 방향과 행동을 결정하는 자기 능력입니다. 그리고 삶의 결과를 결정짓는 무의식적 자신이기도 합니다.

하나님께서는 인간이 삶의 질을 높여 행복하게 살 수 있는 조건

중에 하나인 참된 자유를 경험하기 원하십니다. 우리는 자유를 마치 자기 마음대로 돌아다니는 것으로 생각하기 쉽습니다. 하지만 참된 자유는 어떤 권세로부터 구속 받는 것을 의미하는 것입니다. 즉 하나님의 구속의 행위를 뜻합니다. 마치 뱃속에 아기를 품은 엄마의 활동은 언제나 자유스럽지만 그 엄마의 뱃속에서 탯줄에 의존되어 있는 아이는 늘 자유를 느끼며 건강하게 자라고 있는 것과 같은 이치입니다.

> "그리스도께서 하나님 곧 우리 아버지의 뜻을 따라 이 악한 세대에서 우리를 건지시려고 우리 죄를 대속하기 위하여 자기 몸을 주셨으니" (갈라디아서 1장 4절)

우리가 살고 있는 세상은 이미 죄로 물들어진 곳입니다. 이런 악한 세상에서 자유롭게 살 수 있는 방법은 하나님과 상관이 없는 죄로부터 우리를 구속함을 받는 것입니다.

이런 하나님의 구속의 행동은 하나님께서 누구에게도 간섭받지 않으시고 스스로 자유롭게 일하시는 것입니다. 자유롭게 일하시는 하나님 안에 있는 우리는 언제나 자유를 경험하고 건강하게 성장될 수 있습니다. 이는 곧 하나님의 뜻입니다.

브루스라는 사람은 바울을 '자유로운 심령의 사도'라고 말했습니다. 바울의 자유로움은 유명한 예루살렘 학자 가말리엘 밑에서 받은 랍비 교육의 성과가 아니었습니다. 또한 그가 자유롭게 살 수 있었던 것은 다소 출신의 로마 시민이라는 신분도 아니었습니다.

바울이 자유롭게 살 수 있었던 가장 큰 힘이 되었던 것은 "오직 예수 그리스도와 그를 죽은 자 가운데서 살리신 하나님 아버지로 말미암아" 사도가 되었다고 말하고 있습니다.

> "사람들에게서 난 것도 아니요 사람으로 말미암은 것도 아니요 오직 예수 그리스도와 그를 죽은 자 가운데서 살리신 하나님 아버지로 말미암아 사도 된 바울은" (갈라디아서 1장 1절)

옛날에는 대가족이란 제도에서 가족의 질서를 배우고 어른에 대한 어려움을 알기도 했습니다. 그러다가 섭섭한 일이 있어서 충동적으로 집을 나가면 나를 모르는 동네 사람들이 없을 정도였습니다. 동네에 있는 형들이 우리 형의 친구이기도 하고, 구멍가게에서 막걸리 마시고 계시는 아저씨가 우리 아버지 친구이기도 했습니다. 뿐만 아니라 옆집의 일이 마치 우리 집의 일인 것처럼 슬픈 일이 있을 때는 같이 울어주고 기쁜 일이 있을 때는 함께 웃으면서 자랐습니다. 그래서 대가족 제도의 시대에서는 동네가 나를 알았고 그 동네 안에서 내가 자라고 있었던 것입니다. 그 시절에는 외로움 때문에 자살을 하는 사람은 없었습니다.

이제는 시대가 변하여 동네가 나를 아무도 모를 정도입니다. 왜냐하면 '핵가족 시대'를 살고 있기 때문입니다. 저는 아파트에서 살고 있습니다. 지금 살고 있는 집에서 1년 정도 살고 있습니다. 그런데 바로 옆집에서 살고 있는 사람들을 엘리베이터에서 세 번 정도 봤을 뿐입니다. 옆집에서 시끄럽게 부부싸움을 하면 시끄럽다고 경찰에 신고를 하는 시대를 살고 있습니다.

　이제는 가족의 울타리를 벗어나게 되면 충동적으로 행동할 수 있는 조건들이 너무 많은 악한 시대입니다. 대가족 시대나 핵가족 시대나 변하지 않는 것은 사람은 공동체 안에서 성장한다는 것입니다.

　바울이 경험하고 있는 자유는 혼자 경험하고 혼자 만족하는 것으로 멈추지 않고 있다는 것이 중요한 사실입니다. 그는 형제들과 함께 경험하고자 하는 공동체 영성을 강조하였습니다. 믿음의 공동체를 통해서 그리스도의 자유를 형제들과 공유하고 있고 또한 그 형제들을 통해서 자신의 영적 자유를 유지하고 성장시키고 있었습니다.

> "함께 있는 모든 형제와 더불어 갈라디아서 여러 교회들에게 우리 하나
> 님 아버지와 주 예수 그리스도로부터 은혜와 평강이 있기를 원하노라"
> (갈라디아서 1장 2-3절)

　우리는 교회라는 공동체를 사랑해야 합니다. 그리고 그 공동체 안에서 본질적인 자유함을 경험해야 합니다. 혼자 있는 것과 홀로 있는 것은 완전히 다른 것입니다. 혼자 있는 것은 다른 사람과 관계 하지 않고 혼자 외톨이처럼 지내는 것입니다. 하지만, 홀로 있는 것은 혼자 있어도 불안해 하지 않고 무엇인가를 스스로 개척해 내는 능력이 있으면서 여러 사람들과 함께 어울리고 조화를 이룰

수 있는 사람을 가리켜서 홀로 있을 수 있는 능력이라고 말합니다.

에덴동산에서 인간이 범죄를 저지른 이후 하나님께서는 인간을 각자 허락하신 환경에서 우리를 던져 놓으셨습니다. 던져 놓으신 환경에서 우리는 자유를 가지고 선택을 해야 합니다. 그때 우리는 늘 생명을 선택할 수 있어야 합니다.

> "야훼 하나님이 그 사람을 이끌어 에덴동산에 두어 그것을 경작하며 지
> 키게 하시고" (창세기 2장 15절)

하나님이 사람을 이끌어 에덴동산에서 그것을 경작하고 지키게 하셨다고 말씀합니다. 즉 인간이 인간답고, 인간이 참된 존재의 행복을 경험하는 것은 가만히 앉아서 쉬고 있을 때 행복을 경험하는 것이 아닙니다.

이는 인간이 지켜야 될 의무와 행해야 될 도리를 실천하는 그때 참된 존재감을 경험하는 것입니다. 죽은 사람은 지켜야 될 의무와 실천해야 될 규칙이 없습니다. 하지만, 오직 살아 있는 사람에게만 지켜야 될 의무와 실천해야 될 규칙이 있습니다. 이것이 영적인 삶이요 참된 자유입니다. 기독교 복음에서 말하는 영적인 삶은 결코 추상적인 삶을 추구하지 않습니다.

하늘을 나는 새 그리고 들에 핀 백합화는 그 자체적으로 아름다움이 있습니다. 하지만 그것을 본받기 위해 사는 사람은 없습니다. 왜냐하면 때가 되면 하늘을 날 수 있고 꽃이 피워지며 그러한

본능이 그렇게 만들어져 있기 때문입니다.

오직 인간만이 선택을 할 수 있는 자유가 있습니다. 자유는 수많은 선택 중에 다른 모든 것을 포기하고, 하늘을 선택하는 것입니다. 푸르른 창공에 나를 온전히 내어 맡기는 것입니다. 유유자적 전능자와 하나가 되어 하늘을 나는 즐거움을 경험하는 선택을 하는 것입니다. 그때 살아계신 하나님께서 말씀하시는 "너는 내 것이다"라는 하나님의 음성을 듣게 됩니다.

나를 향한 그 음성으로 인해 경험되는 그 기쁨, 그 희열은 어떤 누구와도 바꿀 수 없는 행복입니다.

4. 관계를 두려워하지 마세요

40대 초반인 한 형제는 첫 사랑에 대한 기억을 떠 올리면 늘 화가 난다고 말하고는 했습니다. 교제한 자매가 1년 6개월에 이르는 교제기간 내내 자기가 대학생이 아닌데도 대학생이라고 속이면서 자신을 만났다는 것이었습니다.

사실 자신은 대학생이건 아니건 별로 중요하지 않았지만 자기를 속이고 만났다는 것에 대해서 배신감을 느꼈던 것입니다. 결국 두 사람은 헤어지게 되었습니다. 문제는 그 후에 형제가 사람을 만나는 것을 두려워 하게 되었다는 점입니다. 똑같은 상처가 또 반복될 것 같은 두려움 때문이었습니다. 그래서 다른 사람을 만나려고 해도 혹시 이 사람도 나를 속이고 있는 것이 있을까? 하는 의심 때문에 너무 괴롭다는 고백을 들은 적이 있습니다.

한번 사기꾼에게 상처를 받으면 모든 사람이 사기꾼으로 보입니다. 왜냐하면 사람은 과거에 경험한 것을 가지고 모든 사람들을 대하기 때문입니다.

인간의 관계적인 욕구는 어릴 때에만 속한 것이 아닙니다. 평생동안 타인과의 좋은 교제를 통해서 만들어지는 것입니다. 아이를 양육하는 엄마가 정서적으로 불안한 상태에서 아이를 양육하게 되면 아이는 엄마의 불안을 그대로 물려받게 됩니다. 하지만 엄마가 편안하고 안정감 있는 상태에서 아이를 양육하게 되면 아이는 정서적으로 안정감 있고 편안한 상태로 성장하게 됩니다.

아이는 빛과 어두움이나 어머니와 아버지를 구별하는 것이 아닙니다. 단지 나쁜 엄마 또는 좋은 엄마를 구별 할 뿐입니다. 나쁜 엄마는 '불안한 엄마', 좋은 엄마는 '불안하지 않은 엄마' 입니다. 강한 불안을 가진 사람은 극도로 파괴적이며 긍정적인 대인 관계를 기대 할 수 없습니다. 양육자가 엄마여야만 하는 것이 꼭 중요한 것이 아닙니다. 그 양육자가 불안한 정서를 가지고 있는지 편안한 정서를 가지고 있는지가 중요한 것입니다.

흔히들 아이는 엄마가 양육을 해야 한다고 말합니다. 맞는 말입니다. 그렇지만 양육을 하는 엄마가 정서적으로 좋지 않은 상태에서 양육을 한다면 오히려 좋지 않은 결과를 가져옵니다. 꼭 엄마가 아니더라도 엄마처럼 따뜻하게 안아주고 반응해 줄 수 있는 양육자이면 충분합니다. 하지만 성장하는 과정 안에서는 정서적인 지원을 긍정적으로 받지 못한 사람도 그 후의 좋은 만남을 통해서 새롭게 태어날 수 있습니다.

그렇기 때문에 우리에게는 좋은 멘토가 필요합니다. 멘토로부터 경험되어지는 좋은 것들이 우리 내면세계에 정서적으로 좋은 것들로 채워질 수 있고, 그 채워진 정서적인 것들이 변화를 일으킬 수 있는 원동력이 되기 때문입니다.

예수님의 제자 중에 도마는 늘 의심이 많았습니다. 그런 도마에게 예수님께서는 이렇게 말씀하셨습니다.

> "너희는 마음에 근심하지 말라 하나님을 믿으니 또 나를 믿으라" (요한복음 14장 1절)

> "다른 제자들이 그에게 이르되 우리가 주를 보았노라 하니 도마가 이르되 내가 그의 손의 못 자국을 보며 내 손가락을 그 못 자국에 넣으며 내 손을 그 옆구리에 넣어 보지 않고는 믿지 아니하겠노라 하니라" (요한복음 20장 25절)

예수님께서는 하나님이셨지만 인간 예수님의 모습으로 오셨습니다. 인간 예수님의 모습으로 오신 것은 예수님의 따뜻한 관계경험을 통해 하나님을 알려 주시기를 원하셨기 때문입니다. 또한 이를 통해 의심이 많아 온전한 인간관계를 맺지 못하는 사람들에게 건강한 자존감을 만들어 주시는 것이었습니다.

제가 어렸을 때 가족끼리 강원도 현리에 자주 피서를 갔습니다.

7살 때로 기억을 하는데 강가에서 수영을 하는 누나들을 보면서 나도 할 수 있을 것 같은 생각이 들었습니다. 그래서 수영을 해 본 경험이 전혀 없는데도 불구하고 깊은 물가로 수영을 하러 들어 갔습니다. 그런데 그건 저의 착각이었습니다. 어린 저는 깊은 물에서 결코 수영을 할 수 없었습니다. 물에 떠내려 가고 만 것이었습니다. 지금도 그때만 생각하면 몸이 아찔해 집니다. 그런 저를 아버지께서 발견하시고 물에서 건져 주셨습니다. 아버지께서 그때 저를 발견하지 못했다면 아마 전 지금 천국에 가 있을 것입니다.

그날 이후로 물에 대한 공포가 있습니다. 청년시절에도 친구들은 물가에서 놀면 늘 밖에 서 있었습니다. 왜냐하면 물에 대한 기억이 좋지 않았기 때문입니다.

반면에 제 아내는 물장난 하는 것을 좋아합니다. 결혼을 해서 아내는 여름 휴가철만 되면 강가에 가서 물놀이를 하자고 조를 때가 많습니다. 그런데도 한 번도 물놀이를 하러 가지 않았습니다.

그러다 작년 여름 가족끼리 전라남도 중도로 2박 3일 피서를 갔을 때 있었던 일입니다. 어느 휴양지 바다에서 물놀이를 하는 사람들이 보였습니다. 밖에서 보고 있어도 즐거움이 느껴졌습니다. 아내는 제게 조르기 시작했습니다.

"자기야, 우리 튜브 빌려서 놀자"

저는 어릴 때 기억 때문에 안된다고 했습니다. 그래도 아내는 제게 계속해서 조르는 것이었습니다. 그런 아내를 보면서 저도 미안한 생각이 들었습니다. 매번 거절하기도 그렇고 해서 좀 두렵기는 해도 큰 용기를 내기로 했습니다. 튜브를 빌려서 바다에 들어 갔습니다. 아내는 신이 나서 어쩔 줄을 몰랐습니다.

"자기야, 내가 저기까지 갈 테니까 튜브를 타고 날 잡아봐"

못이긴 척하고 정신없이 아내를 잡으려고 했습니다. 그런데 이런 생각이 들었습니다. 물에 대한 공포가 있어서 튜브 놀이를 거부했었는데 막상 타보니까 아무 문제가 일어나지 않은 것이었습니다. 1시간 동안 재미있게 놀고 숙소로 돌아가는데 다음번에 또 튜브를 타고 놀고 싶다는 생각이 드는 것이었습니다. 물에 대한 공포가 튜브를 타고 즐길 수 있는 즐거움을 막고 있었다는 생각이 들었습니다.

관계 때문에 상처받은 사람은 새로운 관계를 거부할 때가 많습니다. 왜냐하면 또 상처를 받을 것이 두려워서 미리 자신을 방어하기 때문입니다. 누군가 또는 무언가를 방어하는 것을 가리켜서 심리학에서는 '방어기제' 라고 합니다. '방어기제' 는 개인이 불안에 대처하는 것을 돕고 상처입은 자아를 보호해 줍니다. 쉽게 설명하면, 적이 나타나 나를 괴롭히기 시작하면 나를 보호하기 위해 내면적으로 어떤 조치를 취하게 됩니다.

방어기제는 어떤 병적인 것이 아닙니다. 오히려 정상적인 행동들입니다. 방어기제는 어느 특정한 사람들만 방어기제를 쓰는 것이 아닙니다. 누구나 다 방어기제를 가지고 있는 것입니다. 사람들이 사용하는 방어기제는 그 사람의 발달 수준과 불안의 정도에 따라 다릅니다.

보통 방어기제는 두 가지 특성을 가지고 있습니다.

하나는 현실을 거부하거나 왜곡시키는 것이고, 다른 또 하나는 무의식의 수준에서 작용하는 것입니다. 심리학자인 프로이트는 방어기제에 대하여 많은 연구를 하였는데, 그는 사람들이 긴장을 완화시키기 위해 방어기제를 사용한다고 하였습니다. 하지만 관계를 거부하게 되면 온전한 성숙을 기대할 수 없습니다. 왜냐하면 하나님의 사랑 경험은 오로지 관계 안에서 경험할 수 있기 때문입니다.

과거에 출석하던 교회에서는 가끔 사람들 사이에서 상처를 받고 교회를 옮기신 분들을 보게 됩니다. 전에 다녔던 교회에서는 적극적으로 봉사도 하셨는데 새로 옮긴 교회에서는 이유 없이 혼자 다니시는 분들을 보게 됩니다. 그 분들은 혼자 편안하게 신앙생활을 하고 싶다고 말씀하십니다. 과거의 경험이 또 반복 될까봐 미리 관계를 거부하는 모습을 보면서 조금만 용기를 내면 다시 회복 될 수 있는데 하는 마음의 안타까움이 있습니다. 성경에 나타난 교회는 모든 성도들이 그리스도의 몸을 세우는 일에 참여하는 것을 허용하였습니다.

"그에게 온 몸이 각 마디를 통하여 도움을 받음으로 연결되고 결합되어 각 지체의 분량대로 역사하여 그 몸을 자라게 하며 사랑 안에서 스스로 세우느니라" (에베소서 4장 16절)

이같이 서로가 격려하는 모습이 교회의 특징입니다. 주님의 사랑 안에서 모든 사람들의 마음이 새로워지기를 소망하셨습니다.

기독교의 영성은 공동체 영성입니다. 누구든지 교회 안에서 하나가 되어야 합니다. 고립된 마음으로 혼자 하는 신앙생활은 건강한 삶이 아닐 뿐만 아니라 성장을 기대 할 수도 없습니다. 또한 무언가를 실현하는 것은 어느 산에서 혼자 수양하는 사람처럼 혼자 자신의 꿈을 실현하는 것도 아닙니다. 스스로 무엇인가를 독창적으로 할 수 있는 내적인 독립심이 있어야 하고 그러면서 사람들과 함께 어울리며 관계적인 능력을 길러 나가는 것이 중요합니다. 그렇기 때문에 우리는 공동체 안에서 독립심을 키우고 서로 교제하며 인격적인 성숙을 이루어 가야 합니다.

요즘 성도들 중에서 혼자 신앙생활 하는 것이 편하다고 말하는 사람들이 많습니다. 교제는 무조건 나의 것을 다 보이는 것이 아닙니다. 고립된 마음이 아닌 열린 마음으로 사람들을 만나라는 의미입니다. 참여지향적인 예배는 초대교회 집회 모습입니다. 그래서 그리스도를 백성들의 모임 안에서 실제 형상화하고, 그 백성들을 당신의 충만으로 이끄는 데 집중 되어 있습니다.

> "나의 자녀들아 너희 속에 그리스도의 형상을 이루기까지 다시 너희를 위하여 해산하는 수고를 하노니" (갈라디아서 4장 19절)

참여 지향적인 예배는 듣는 영성의 예배를 의미하는 것입니다. 하나님의 말씀을 듣기 위해서는 나의 고집과 아집을 내려놓고 하나님의 말씀을 들어야 합니다. 듣는 것은 순종과 겸손의 의미이기도 합니다. 아무리 좋은 이야기를 들었어도 듣고 담을 수 있는 내적인 힘이 약하면 아무 소용이 없습니다.

고집이 강한 사람치고 하나님의 음성을 온전히 듣는 사람이 없습니다. 강한 고집은 아무 이유 없이 생기는 것이 아닙니다. 성장 과정의 관계 안에서 강한 스트레스나 인정을 받지 못했던 과정을 겪었거나, 양육자에게 너무 과한 칭찬을 받아 자기를 사랑하는 것이 적절하지 못하고 너무 과하게 자신을 사랑하는 사람들은 고집이 강합니다. 고집이 강하다는 것은 좋은 말을 담을 수 없는 내적인 세계를 가지고 있음을 의미합니다. 고집이 강한 것은 절대 자랑 거리가 아닙니다. 하나님 안에서 치료 받아야 될 부분입니다.

예배를 성공적으로 드린다는 것은 단순한 것이 아닙니다. 나의 모든 것을 하나님께 드리는 것입니다. 나의 모든 것을 드린다는 것은 나를 정확하게 알고 나를 하나님께 고백하는 것입니다. 그때 온전한 하나님의 음성을 들을 수 있습니다.

온전한 하나님의 음성을 듣는다는 것은 '진실성' 을 의미합니다. 하나님의 길을 가는 것은 그냥 그 길을 가는 것이 아닙니다. 진실되게 하나님의 길을 가는 것입니다. 진실되게 하나님의 길을 가는 것은 위대한 도전이기도 합니다. 진실되게 나의 길을 가는 사람은 무엇인가를 얻는 성취를 넘어 진정한 나만이 실현할 수 있는 자기 실현의 길을 걸어 갈 수 있습니다.

모세가 떨기나무 불꽃 피어 오르는 호렙산 꼭대기에서 만난 하나님의 이름처럼 "I am what I am" 이라고 하나님께서 자신을 말씀하셨던 것처럼, 나는 나의 길을 진실되게 걸어 갈 때 참된 예배자로서의 삶을 누릴 수 있습니다.

내가 나 자신일 수 있는 길 곧 〈나의 길〉을 가기 위하여, 에이브라함 매슬로나 칼 로저스가 강조한 '자기실현'의 길을 성취하기 위하여 우리는 내면에 잠재된 가능성의 성취라는 길을 걸어가야 합니다. 행복한 삶을 산다는 것은 내가 무엇인가를 얻어서가 아니라 내가 사랑 받고 있는 존재라는 사실을 알아가는 것이고, 더 나아가 자신의 잠재적인 능력을 스스로 알아내어 개성화의 길을 걸어갈 때 자기실현을 이룰 수 있습니다.

영적으로 건강한 삶의 중요한 특징은 기쁨입니다. 우리가 기쁨을 상실하는 순간, 우리는 어떤 신념에 따라가게 되고, 진정한 존재의 가치를 상실하게 됩니다. 그리고 사단의 희생자가 됩니다. 기쁨은 하나님께서 주신 선물입니다. 우리는 그 기쁨을 항상 간직하려고 노력해야 합니다. 하나님께서 주시는 기쁨의 선물을 간직할 수 있는 방법은 오직 주님을 집중하는 것입니다.

"지금은 너희가 근심하나 내가 다시 너희를 보리니 너희 마음이 기쁠 것이요 너희 기쁨을 빼앗을 자가 없으리라" (요한복음 16장 22절)

주님 안으로 들어가면 기쁨을 경험하게 됩니다. 시인 황동규의 시구처럼 "바다를 한 번 맛본 자는 다시는 개울로 돌아가지 않는다"는 영적인 바다에서 경험하는 참된 기쁨은 다른 곳으로 돌아가고자 하는 마음이 사라지게 한다는 것을 의미하기도 합니다.

믿는 사람들의 정체성은 하늘의 기쁨을 통해 참된 행복을 경험하고 '살아있다'는 것이 감사하게 여기는 것입니다. 그러기 위해서는 우리 내면의 구조를 주님의 말씀으로 단단히 만들어야 합니다. 혹시 부실한 구조는 다시 만들어야 합니다.

단단한 구조는 올바른 방향성을 보장합니다. 하나님 말씀대로 살기는 원하지만 마음의 구조는 변함이 없다면 늘 패배의식으로 살게 될 것입니다. 또한 방향성은 하나님 나라에 있어서 자신의 힘으로 노력은 하지만 부실한 내적 구조가 그대로라면 방향성의 힘은 약할 것이고 얼마 지나지 않아서 멈춰지게 될 것입니다.

진정한 내 미래의 비전은 나를 성찰하는 과정의 연속에 있어야 합니다. 참된 행복은 주님 안에서 위로 받고 그 안에서 나를 발견하는 연속이 있어야만 가능한 것입니다.

충분한 사랑 Yes,
완벽한 사랑 No

다슬 2013.8

충분한 사랑 Yes, 완벽한 사랑 No

1. 나는 왜 항상 불안하지? 믿음이 약한 건가?

　어느 날 한 청년이 제게 상담을 요청했습니다. 평소에 늘 밝은 청년이었고 예배도 열심히 드리고 봉사도 열심히 하는 청년이 무슨 일로 상담을 원하나 궁금했습니다. 그 청년은 이렇게 말하는 것이었습니다.

　"솔직히 제 마음은 아무도 없는 언덕위에서 저 혼자 서 있는 것 같아요. 제 마음은 늘 쓸쓸하고 불안해요. 제가 기댈 수 있는 곳이 아무 곳도 없는 것 같아요."

　사실 이 청년은 초등학교 3학년 때 아버지가 일찍 간암으로 천국에 가셨습니다. 청년이 기억하는 아버지는 언제나 자기를 예뻐해 주시는 모습이었습니다. 아버지는 생활력도 강하셔서 가족과 가정을 위해서 언제나 성실하게 일하셨던 분이셨습니다. 하지만 자기를 예뻐해 주시는 아버지가 이제는 자기 곁에 존재하지 않는다는 것이 슬픈 현실이었습니다.

아버지가 돌아가시고 난 후 어머니가 생활을 책임져야 했습니다. 하지만 어머니는 소녀 같은 분이셨습니다. 어머니께서는 굳건하게 생활을 책임지고 청년에게 용기를 줄 수 있는 튼튼한 버팀목 같은 어머니가 아니셨습니다. 청년이 어머니에게 기대고 성장해야 되는데 오히려 반대였습니다. 어머니가 청년에게 의지하는 것이었습니다.

청년에게 있어서 어머니는 자신을 돌보아 주는 사람이 아니라 오히려 자신이 돌보아 주어야 하는 대상이었습니다. 청년의 마음속에서는 "나도 사랑받고 싶은데, 나도 누군가를 의지하고 싶은데" 하는 마음이 늘 자리 잡고 있었습니다.

그렇지만 청년의 현실에서 의지할 수 있는 것은 아무 것도 없었습니다. 가정에서 온 가족이 자기만 바라보고 있는 현실이 싫었습니다. 늘 그런 현실에서 도망가고 싶은 마음이었습니다. 자신의 이런 감정을 다른 사람에게 보이고 싶지 않아서 밝은 모습으로만 지냈지만, 정작 청년의 진짜 마음은 늘 외롭고 슬픈 감정으로 가득 차 있었던 것입니다. 청년은 그간 교회에서 자신의 슬픈 마음을 하나님이나 사람들에게 고백하는 것은 좋지 않은 것이라고만 생각해 왔습니다.

하나님은 거룩하신 분이기 때문에 나의 아픈 마음을 솔직하게 하나님께 기도한다는 것이 좋지 않은 것이라고 생각했습니다. 믿음이 있으면 무엇이든지 이겨 낼 수 있어야 하고 그렇지 못하면 믿음이 약한 것이라고 교회에서 들어 왔었기 때문이었습니다. 그래서 주변에 있는 신앙선배들이나 친구들에게 자신의 고민을 말하고 싶었지만 용기를 내지 못하고 있었습니다.

청년은 평소에 늘 입으로는 "나는 새롭게 되었습니다"라고 말은 했지만 정작 청년의 마음은 그 누구보다도 외로웠던 것입니다. 외롭지 않다는 든든한 마음이 들다가도 그 마음은 오랫동안 지속되지 못할 때가 많았습니다.

그 청년이 솔직하게 자신의 마음을 이야기 해 주어서 너무 고마웠습니다. 사실 그 청년은 믿음이 좋은 청년이라고 주변 사람으로부터 칭찬받는 자매였습니다. 하지만 이런 자신의 마음을 솔직하게 이야기 하면 믿음이 없다고 손가락질 받을까봐 누구에게도 말하지 못하고 있었던 것이었습니다. 하지만, 그동안 말하고 싶었던 자신의 문제를 말하고 나서는 얼굴이 밝아지고 화색이 돌았습니다.

우리 주변에는 이 청년처럼 늘 불안하고 쓸쓸한 마음으로 지내는 사람들이 너무 많습니다. 그래서 불안한 마음을 술로 이기려 하는 사람들도 있고, 컴퓨터 게임으로 이기려고 하는 사람들도 있습니다. 외롭고 쓸쓸한 마음을 달래보려고 무엇인가에 중독되는 것은 잠시 기분 전환은 될 수 있어도 근본적인 문제를 해결 할 수 없습니다.

중독의 특징은 그것과 함께 있으면 편안하다는 것입니다. 내 존재를 확인해 주고 내 존재를 가득 차게 해줍니다. 중독되게 하는 그것은 중독자에게는 하나님 같고, 엄마와 같으며, 이 세상에 둘도 없는 친구라고 생각합니다. 그래서 중독은 우상숭배에 해당되는 것입니다.

"너는 나 외에는 다른 신들을 네게 두지 말라" (출애굽기 20장 3절)

중독의 심리학자 네켄은 다른 사람들보다 중독에 빠지기가 더 쉬운 사람들이 있다고 이야기합니다. 네켄이 주목하는 사람들은 바로 중독된 부모가 있는 가정에서 자란 아이들입니다. 이 아이들은 가정 내에서 건강한 관계를 맺는 방법을 배우지 못했고, 남을 신뢰하지 말아야 한다고 배운 사람들이기 때문에 중독적인 관계를 맺을 가능성이 훨씬 더 높습니다. 즉, 그는 사람으로부터 거리를 두고 사람과 관계를 맺지 말아야 한다고 배웠으며, 이러한 가정에서 자라난 사람에게는 깊고 외로운 공허감이 있어서 그것을 채우고 싶어 합니다.

부모가 아빠의 도박 빚 때문에 늘 똑같은 싸움을 되풀이 한다면 자녀는 부모를 말리고 싶지만 그럴 능력이 없습니다. 그래서 대신 아이는 텔레비전 앞으로 가서 프로그램에 집중하려고 노력하거나, 자기 방으로 달려가서 아무도 자신을 해칠 수 없는 장소에서 돈을 많이 가지고 혼자 산다는 상상에 빠집니다.

아이는 부모의 행동을 공유하기 시작하는 것입니다. 부모와 마찬가지로 아이도 자신의 고통을 마비시키려고 노력하거나 고통을 멈추기 위해서 환상을 쫓습니다.

중독은 크게 두 분류로 나누게 됩니다.

하나는 약물중독입니다. 즉, 마약이나 담배 그리고 술 같은 것으로 자신의 외롭고 쓸쓸한 마음을 달래 보려고 하는 것입니다. 1970년대 이후 과학의 발달과 함께 수많은 약들이 개발 되고 고농도의 대마초, 코카인, 히로뽕, 동물 마취제인 PCP, 본드나 신나와 같은 흡입제 등이 등장했습니다. 이런 물질들은 금단증상이 별로 없으면서도 금단증상이 강하다고 알려진 아편계열이나 신경안정제 보다도 인간을 더욱 심하게 황폐화 시키는 것이 발견되었으며, 이러한 이유 때문에 과거에 무시 되었었던 중독이라는 개념이 1980년대 후반부터 중요하게 등장하게 되었습니다.

중독을 가름하는 가장 중요한 증상은 조절능력 상실입니다. 조절능력이 잘 되지 않을 때 나타나는 주요 3개 증상은 집착, 강박적 사용, 재발 등입니다.

또 다른 하나는 관계중독입니다.

관계중독은 사랑중독이라고도 말합니다. 남편이나 애인에게 모욕이나 이용 당하는 것을 알지만 떠나지 못하고 오히려 지나치게 의존되어 있습니다. 언젠가 내가 열심히 노력하면 그 사람은 나를 진정으로 사랑하게 될 거야. 그리고 그것을 내가 해야만 해, 아니면 이제는 이런 관계는 지긋지긋해 관계를 끝내야지, 이혼해야지

하면서도 하지 못하는 자는 관계중독에 있는 것입니다.

자신을 형편없게 생각하고 상대를 높이 평가하는 의식적인 영역으로 살아가기는 하지만 내 깊은 내면의 영역은 대상을 무시하는 소리는 감추고 있는 이중의 태도를 지니고 있는 것입니다.

부모와 따뜻한 관계를 맺어 보지 못한 결과로 늘 누군가에게 그 근원적인 욕구를 채우려고 합니다. 누군가 자신에게 조금만 친절을 베푼다면 금세 자기의 온 마음을 주고 지나친 의존을 보이게 됩니다. 자신의 지나친 의존만큼 상대가 반응을 해 주지 못할 때 외로움이 밀려오고 두려워집니다. 관계중독자는 애인에게 하루에도 전화를 몇 십통 또는 몇 백통을 하려 합니다.

요즘에는 마음에 수고하고 무거운 짐을 짊어지고 있는 사람들이 너무 많습니다. 따뜻하게 자신을 안아주고 이해해 주는 곳을 찾으려고 방황하는 사람들이 너무 많습니다.

크리스천에게도 예외가 아닙니다. 왜곡되고 병리적인 인격을 지닌 사람은 믿음 생활에서도 그러한 종교적 경향을 형성합니다. 경제적으로는 점점 발전해 가는 사회에서 살아가고 있지만, 정작 우리의 마음을 따뜻하게 안아주는 곳은 점점 사라져 가고 있습니다. 그렇기 때문에 우리에게는 나를 따뜻하게 안아주고, 이해해 주는 공동체가 필요합니다.

인간은 가족이라는 공동체를 통해서 인격이 만들어지고, 학교라는 공동체를 통해서 지성을 만들게 되고, 직장이라는 공동체에서 사회적인 소속감을 만들어 냅니다. 인간은 결코 혼자 지낼 수 있는 존재가 아닙니다. 공동체를 통해서 사랑을 경험하고 그 사랑을 통해서 행복한 자신을 경험하는 것입니다.

하나님께서는 우리에게 "수고하고 무거운 짐 진 자들아 다 내게로 오라 내가 너희를 쉬게 하리라" 라고 말씀하십니다. (마태복음 11장 28절)

하나님께서는 우리 마음의 어려움을 우리의 힘으로는 이길 수 없다는 것을 철저히 알고 계십니다. 우리의 연약한 감정을 스스로 속이지 말고 솔직하게 하나님께 고백하기를 원하십니다. 왜냐하면 하나님께서는 우리의 감정을 존중하시기 때문입니다. 그래서 예수님께서는 마음이 온유하고 겸손한 자신과 교제하기를 원하십니다. 무한히 사랑하시는 예수님과의 관계의 즐거움 속에서 자기 자신에 대해서 스스로 느껴지기를 무엇이든지 할 수 있고, 존귀하고 가치 있는 존재임을 경험하기를 원하시는 것입니다.

2012년 한 해 동안 힐링 열풍이 불었습니다. 각종 텔레비전 프로그램에서는 힐링에 관계된 프로그램이 시청자들로부터 큰 사랑을 받았습니다. 그만큼 힐링을 필요로 하는 사람들이 많은 시대인 것 같습니다. 지금 불어 닥친 힐링 바람은 워낙 강력해서 언제 이 바람이 멈출지는 전문가들도 짐작하기 어렵다고 말하고 있습니다.

그렇지만 우리가 좀 더 깊이 생각해 볼 부분이 있습니다. 힐링에 관계된 책들이나 프로그램을 보고 있는 내가 지금 정말 힐링이 되고 있는지에 대해서 생각을 해 보게 되었습니다. 내가 그것을 보고 있을 때는 위로를 받고 있는 것 같지만 그것이 끝나고 난 뒤에 내 삶을 향한 마음의 변화가 이루었는지에 대해서는 아무도 그렇다고 말하지 못합니다.

왜 그럴까요? 그 이유에 대해서 성경을 통해서 생각을 해 보았습니다. 그 이유는 나와 직접적으로 교제를 하고 있지 않기 때문입니다. 예수님과의 만남은 우리 마음의 치유를 일으키는 것입니다.

"나는 마음이 온유하고 겸손하니 나의 멍에를 메고 내게 배우라 그리하면 너희 마음이 쉼을 얻으리니" (마태복음 11장 29절)

상처 많은 사마리아 여인이 예수님과의 만남으로 전도자가 되었고, 나라와 민족을 배신해서 죄책감으로 살아갔던 세리 삭개오도 예수님을 만남으로 무한한 사랑을 경험하며 가지고 있던 재산을 어려운 이웃을 위해 나누어 주는 삶의 변화가 일어났습니다.

예수님을 만나게 되면 영적인 본질이 변해서 내가 무엇을 하고 살아야 하는 존재인지를 알게 됩니다. 즉, 영원한 가치를 추구하며 살게 되고 그 가치를 통해 참된 행복을 경험하게 됩니다.

하지만, 인간은 심리적인 부분을 무시할 수 없습니다. 심리적인 부분은 쉽게 생각해서 인격을 뜻합니다. 어떤 분들은 구조라고도 말합니다. 저 역시도 구조라는 표현을 더 선호합니다. 구조는 삶의 방향성을 결정하게 됩니다. 결국 구조를 잘 만들어야만 올바르고 정확한 삶의 방향성을 보장 받을 수 있습니다. 그래서 내적인 구조를 알아야만 긍정적인 방향성을 보장 받을 수 있는 것입니다.

너무 안타까운 것은 대부분의 사람들이 삶의 방향성에 대해서는 늘 기도하지만 내적인 구조에 대해서는 무지할 정도로 신경을 쓰지 않습니다. 튼튼한 구조를 만들어야만 하나님의 축복된 삶으로 인도 받을 수 있는 것입니다. 구조를 안다는 것은 과거를 알아야만 지금의 나의 모습에 대해 이해 할 수 있습니다. 그리고 과거와 현재에 나에 관한 자료를 건강하게 이해 할 때 미래 또한 예측할 수 있는 것입니다.

그런 차원에서 과거의 나의 모습을 안다는 것은 굉장히 중요합니다. 특히 어릴 때 엄마와 함께 보내며 경험했던 관계적인 것에 관해 알아가는 것은 결국 '자신'에 대해 알 수 있는 지름길입니다.

혼자 힘으로 존재하는 아이는 없습니다. 전적으로 엄마와 함께하고 있는 아이만 존재 할 뿐입니다. 그리고 엄마와 함께 하고 있는 아이는 따뜻한 엄마 품에서 엄마와 자기가 하나라고 생각합니다. (모성일체 : 엄마와 나는 하나다)

엄마와 함께 하고 있는 아이는 엄마를 전적으로 의존하는 상태입니다. 그리고 그 의존하는 상태에서 엄마로부터 적절한 사랑의 공급이 있어야 합니다.

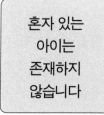

혼자 있는 아이는 존재하지 않습니다

완전 의존

엄마와 함께 하는 아이만 존재합니다

모성일체(엄마와 나는 하나다)

의존은 3단계로 구분할 수 있습니다.

1단계는 '**절대적 의존**' 입니다.

이 상태에서 아이는 모성적 돌봄에 전적으로 의존하고 있습니다. 이 시기에 아이는 자기라는 존재를 스스로 인식하지 못합니다. 그리고 엄마도 인식하지 못합니다. 자신이 곧 엄마라고 생각하는 것입니다.

자기에게 사랑을 주는 엄마로부터 경험하는 관계경험이 긍정적일수록 아이는 스스로 '나는 좋은 사람이야', '나는 가능성이 있어', '나는 무엇이든지 할 수 있어' 라고 하는 긍정적인 존재감을 경험하게 됩니다.

2단계는 '**상대적 의존**' 입니다.

이 시기에 아이는 자신이 필요로 한 모성적 돌봄의 내용들을 인식하게 됩니다. 물이 필요하면 물을 달라고 말하고, 우유가 필요하면 우유가 필요하다고 말하게 됩니다. 뿐만 아니라 자기가 엄마의 도움을 받지 않고 혼자 하려고 하는 행동의 변화를 보입니다.

3단계는 '**독립을 향해**' 입니다.

아이는 실제적 돌봄 없이 지낼 수 있는 수단들을 발달시킵니다. 이것은 환경에 대한 신뢰를 쌓아 가면서 돌봄의 기억들을 축적하며, 개인적 욕구를 밖으로 투사하고 돌봄의 내용들을 안으로 내사함으로써 이루어집니다.

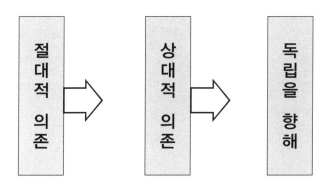

절대적 의존 ➡ 상대적 의존 ➡ 독립을 향해

각 단계별로 경험해야 될 경험이 언제나 시의적절해야 합니다. 적절한 관계의 경험을 통해서 건강한 자기에 대한 긍정적인 이미지가(셀프 이미지 : 자기가 스스로 자기를 보는 눈) 만들어지는 것입니다.

일반적으로 무조건 아이와 오랜 시간을 같이 해야 좋은 엄마라고 생각합니다. 하지만 아이에게도 인격이 있습니다. 무조건적인 도움이 아닌 아이가 엄마의 도움을 필요로 할 때 엄마가 도움을 주어야 하는 것입니다. 아이도 가끔은 혼자 있고 싶어 할 때가 있습니다. 그것을 모르고 아무 때나 아이에게 도움을 주려 하는 엄마에게 아이는 '엄마가 나를 사랑한다'고 하는 사랑을 경험하지 못합니다.

건강한 사랑은 내 입장에서 생각해 사랑을 주는 것이 아닙니다. 상대방 입장에서 생각하고 상대방이 원하는 것을 주어야 하는 것입니다.

　흔히들 엄마는 아이에게 완벽한 사랑을 주려고 노력합니다. 하지만 완벽한 사랑이 아이의 내적인 결핍을 주게 되는 것입니다. 엄마가 주는 사랑은 충분히 좋은 엄마(Good Enough Mother)의 사랑이어야 합니다.

　우리가 가지고 있는 불안함은 적절한 관계(칭찬, 인정, 지지)의 경험을 하지 못했을 때 만들어 집니다. 충분히 좋은 엄마란 아이가 엄마의 도움을 필요로 할 때 함께 있어 주는 사랑을 의미합니다. 아이는 이런 사랑 경험을 통해서 긍정적으로 자기 자신을 보게 되고 무엇인가를 새롭게 도전할 수 있는 내적인 힘이 만들어 집니다. 결국 무엇인가를 성취할 수 있고 도전할 수 있는 내적인 힘은 자기 자신을 긍정적으로 보는 '자기감' 이 만들어져야 가능한 것입니다.

　사역을 하면서 마음에 간절한 소원이 있어 기도를 부탁하는 분들을 만나게 되면 내면에 만들어져 있는 '자기감' 을 보게 됩니다. '자기감' 은 부정적으로 만들어져 있는 분들은 결코 무엇인가를 도전하거나 성취를 할 수 있는 힘이 약합니다. 그렇기 때문에 자기감은 풍성한 삶을 보장 받을 수 있는 시작입니다.

　무조건 기도하는 것이 중요한 것이 아닙니다. 참된 가치와 자유를 누릴 수 있는 참된 진리를 통해 내 자신의 가치를 깨달아야 합니다.

　요한복음에 의하면 예수님이야 말로 세상에 태어난 모든 사람한 명 한 명을 회복화 시키기 위해 오신 진정한 빛으로 말씀하고 있습니다.

> "그 안에 생명이 있었으니 이 생명은 사람들의 빛이라"(요한복음 1장 4절)

또한 요한복음은 예수님께서 길이요 생명이요 진리임을 강조하고 진리이신 예수님께서 우리 인간을 모든 속박으로부터 해방해 주신다는 것을 강조하고 있습니다.

> "예수께서 이르시되 내가 곧 길이요 진리요 생명이니 나로 말미암지 않고는 아버지께로 올 자가 없느니라"(요한복음 14장 6절)

따라서 예수님께서는 예수님 안에서 나에 대한 참된 의미와 가치를 치유해 주십니다. 이는 나의 정신과 육체까지도 치유할 수 있음을 말씀하고 있는 것입니다.

예수님 안에서 전인적인 치유가 일어나는 것은 깨달음을 통하여 일어나는 것이고 그 깨달음은 믿음으로 받아들여 알아가는 것입니다. 지식적인 차원의 앎이 아닙니다. 예수님 안에서 사랑 받는 가치로서 충만해 지는 것이고 내 인생을 완전히 바꿀 수 있는 생명을 주는 앎입니다.

변하지 않는 하나님 사랑

몇 년 전에 전도에 관한 세미나에 참여했었습니다. 조별로 소그룹을 하면서 자연스럽게 자기에 대해서 소개하는 시간이 있었습니다. 자기소개를 마치고 어느 집사님과 나눔을 가지고 있었는데 집사님이 제게 이런 말씀을 하였습니다.

"저는 예수님께서 한 마리의 양을 안고 있는 성화를 볼 때마다 늘 마음이 불안해요"

저는 그 말을 듣고는 좀 놀랐습니다. 왜냐하면 지금까지 예수님께서 한 마리의 양을 안고 있는 그림을 보면서 마음에 은혜를 얻었다는 분들을 많이 만났기 때문이었습니다. 저 자신도 그 그림은 보기만 해도 마음이 평안해지고는 합니다. 그래서 왜 그런 마음이 드는지에 대해 물어 보았습니다.

"사실 전 고등학교 2학년 때 아버지가 교통사고로 돌아가셨어요. 아버지는 늘 저를 예뻐해 주시는 분이셨죠. 아버지가 교통사고를 당하시던 날 아침 여전히 아버지는 밝은 모습으로 출근을 하셨고 저도 학교에 등교를 했었어요. 그런데 그날 오후에 아버지가 교통사고로 돌아가셨다는 소식을 들은 거예요."

"그러셨군요. 충격이 크셨겠어요."

"예, 전 아버지가 그렇게 갑자기 떠나시고 난 후에 나를 사랑하는 사람이 갑자기 내 곁을 떠날 까봐 늘 불안해요."

"그러시군요. 결혼은 하셨나요?"

"예, 전 남편이 출근 할 때마다 차 조심하라고 늘 잔소리해요. 조금만 집에 늦게 들어오면 그날 저녁에는 불안해서 잠을 이루지 못하겠어요."

집사님은 유명한 교회를 다니시는 분이십니다. 신앙생활을 열심히 한다고 하시지만 이런 불안한 마음을 이길 수 없어서 마음이 힘들다는 고백을 하셨습니다. 하나님이 자신을 사랑하신다는 것을 잘 알고 있지만 그런 하나님이 자신 곁에서 언젠가는 떠나실 것 같은 불안함이 늘 마음 한 구석을 짓누르고 있었던 것입니다.

그래서 늘 기도하시기를 "하나님 제 곁을 떠나면 안 돼요. 전 하나님 없이는 못 살아요"라고 기도를 했다고 합니다.

집사님의 기도는 하나님과 교제를 통해서 하나님의 마음을 얻으려는 것 보다는 단지 자신의 불안한 마음을 표현하고 있었던 것입니다.

하나님께서는 하나님과의 영적 만남을 통해서 내가 존재하는 존재의 기쁨을 선물로 주시는 분이십니다. 하나님께서는 하나님과 만남을 통해서 우리가 이러한 고백 하기를 원하십니다. "내가 가지고 있는 마음의 상처로 인해 불안한 마음을 이길 수 없어서 주님을 의지합니다. 그리고 주님의 은혜가 필요합니다." 또한 우리가 주님 안에서 편안하게 머물러 있기를 원하시는 것입니다.

나를 사랑하는 엄마의 품에 안겨 있는 아기는 안겨 있는 그 자체로 참된 평안을 경험하는 것입니다. 아기는 엄마가 사랑을 주기 때문에 엄마를 사랑하는 법을 배우며, 그 결과 불안감으로 느껴지는 내적 긴장도 줄어듭니다.

엄마 품에 안겨 있는 아기가 엄마를 신뢰하지 못해서 "엄마 나를 떠나지 마세요", "엄마 나를 지켜주세요"라고 고백하게 되면 엄마의 품 안에서 온전한 쉼을 경험할 수 없는 것입니다.

간혹 사람들은 기도를 하루에 몇 시간씩 해야 하냐고 물어봅니다. 그럴 때마다 저는 기도를 아무리 많이 하더라도 하나님이 나를 떠나실 까봐 불안해서 하는 기도, 자신의 불안함을 이기기 위해 하는 기도는 아무 의미가 없다고 합니다. 시간은 중요하지 않습니다. 단 5분을 기도하더라도 하나님 품 안에서 나에게 주시는 가득한 사랑을 누리며 하는 기도를 통해서만 참된 평안을 경험할 수 있습니다.

하나님께서는 나를 사랑하셔서 지금도 나를 안아주고 계시는데 정작 나는 하나님을 신뢰하지 못하고 불안해 한다면 이는 참된 관계라고 할 수 없습니다. 내가 느끼고 있는 감정상의 어려움이 어디서부터 왔는지를 냉정하게 알아야 하나님께 의지할 수 있습니다.

집사님이 가지고 있는 불안한 마음의 시작은 예정되지 않은 아버지와의 이별로 인해서 만들어졌던 것입니다. 하지만 집사님은 본인이 왜 불안해 하고 지냈었는지에 대한 이유를 모르고 살아 왔었습니다. 그런 나의 감정을 자신의 힘으로는 이길 수 없다는 것을 주님 안에서 솔직하게 고백해야 합니다.

예수님 안에서 회복으로 인도 받는다는 것은 회개와 고백이라는 두 기둥이 가장 중요한 역할을 합니다. 예수님은 늘 우리를 사랑하지만 과거의 경험이 하나님의 사랑을 의심하게 만들고 자신을 스스로 괴롭히고 살게 됩니다. 이는 곧 무지로서의 깨달음입니다.

회개와 고백을 통해서 마음의 죄를 극복하는 것과 동시에 인간의 원죄를 보고 거룩함으로 성장하는 것입니다. 예수님께서 단순히 인간을 거룩하게 만들기 위해서 오신 것이 아닙니다. 인간이 사랑 받는 존재임에도 불구하고 그 사실을 모르고 살고 있는 사람들을 (실존적 무지) 포함해 모든 형태의 질병으로부터 해방시키는 진리의 빛으로 충만히 채우고 전인적 인간이 되게 하기 위해서 오신 것입니다.

천국 소속감

아버지가 늘 아파서 어릴 때부터 생활을 책임져야 하는 자매가 있었습니다. 자기가 기억하는 아버지는 늘 누워 계시는 분이셨습니다. 그래서 아버지는 항상 아프신 분으로 생각되었습니다. 어머니는 지방에서 일을 하셨습니다. 그래서 2주에 한 번 집에 오셨습니다. 자매님은 어릴 때부터 혼자 있는 시간이 많았습니다. 늘 마음이 쓸쓸하고 외로웠습니다.

그러던 어느 날 친구의 권유로 교회를 출석하게 되었습니다. 교회를 출석한 첫 날 자매님은 큰 마음의 감동을 받게 되었습니다. 자신의 집에서는 자기가 밥을 먹는지 아니면 공부를 하는지 아무도 자신에게 관심을 가져 줄 수 있는 사람이 없었는데 교회에서는 완전히 다른 모습이었습니다.

항상 자신이 쓸모없는 존재라고 생각하고 지냈는데 교회에서 만나는 사람들은 자신을 그 누구보다 가치 있는 존재로 대해 주었습니다. 자매님은 이런 분위기에 매력을 느꼈습니다. 그래서 다음 주에도 교회에 출석하겠다고 생각했습니다. 그 다음 주에도 교회 사람들은 변함없이 자신을 아끼고 반겨 주었습니다. 점점 자매님의 마음에 교회에 다녀야겠다는 생각이 들기 시작했습니다.

교회를 출석하고 한 달이 지난 후에 봉사를 시작했습니다. 봉사를 시작하면서 사람들은 자신에게 많은 칭찬을 해주었습니다. 자매님은 집에서 칭찬을 들어본 적이 거의 없었기에, 점점 마음이 들뜨고 기분이 좋아졌습니다. 그 칭찬이 좋아 봉사를 더욱 열심히 하기 시작했습니다. 열심히 순종한 결과, 1년 후에는 교회에서 구역장을 맡게 되었습니다. 자매님의 마음에는 "내가 인정받고 있구나" 하는 마음이 들기 시작했고, 점점 봉사에 매진하게 되었습니다.

이렇게 3년이라는 시간이 지났습니다. 사람들이 칭찬해 주고 인정해 준다는 사실이 좋아서 출석하기 시작한 교회에서 이제는 중추적인 역할을 하는 위치에 이르렀습니다. 사람들은 자매님이 믿음이 좋다는 말을 하기 시작했습니다. 하지만, 자매님 마음에는 자신만의 고민이 있었습니다.

"나는 구원의 확신이 없는데!"

자신을 환영해 주고 인정해 주고 칭찬해 주는 분위기가 좋아서 교회를 나오기는 했지만 예수님과 인격적인 만남이 이루어진 적은 없었던 것이었습니다.

그 후로부터 얼마 후 자신이 맡고 있던 중요 직분에 다른 사람이 세워지고 자신의 자리를 내려놓게 되면서 그 자매는 그 사실을 받아들이기 몹시 힘들어 하고 불만을 가지다가 결국은 교회를 떠나게 되었습니다. 신앙생활에도 중독이 있다는 것을 말하는 대표적인 경우입니다.

아무리 많은 예배에 참석을 하고 또 아무리 봉사를 열심히 한다 해도, 하나님과 영적인 만남이 없으면 아무런 일이 일어나지 않습니다. 예수님께서 이 땅에 오셨을 때는 종교적인 율법자로 오시지 않으셨습니다. 사랑의 인격자로 오셨던 것입니다.

> "예수께서 마태의 집에서 앉아 음식을 잡수실 때에 많은 세리와 죄인들이 와서 예수와 그의 제자들과 함께 앉았더니 바리새인들이 보고 그의 제자들에게 이르되 어찌하여 너희 선생은 세리와 죄인들과 함께 잡수시느냐 예수께서 들으시고 이르시되 건강한 자에게는 의사가 쓸 데 없고 병든 자에게라야 쓸 데 있느니라 너희는 가서 내가 긍휼을 원하고 제사를 원하지 아니하노라 하신 뜻이 무엇인지 배우라 나는 의인을 부르러 온 것이 아니요 죄인을 부르러 왔노라 하시니라"
> (마태복음 9장 11-13절)

예수님과의 온전한 만남 속에서 천국소속감을 경험할 수 있어야 하는 것입니다. 천국에 대한 소속감은 나를 변화 시킬 수 있습니다. 아무리 좋은 것이 있어도 내가 갈 곳이 없고 사랑해 주는 사람이 없는 사람치고 행복을 경험하는 사람은 아무도 없습니다.

내가 비록 부족하고 연약해도 나를 사랑해 주는 가족이 있고 쉴 수 있는 집이 있다는 사실을 자랑스럽게 생각하는 사람들은 어디서든지 당당하게 지낼 수 있습니다.

천국은 우리에게 그러한 곳입니다. 우리가 연약하고 약해도, 아무 것도 없고 상처로 물들여진 삶이어도 나를 사랑하는 예수님이 계시고, 내가 쉴 수 있는 영원한 천국이 있다는 확실한 소속감이 주어지면 세상의 온갖 어려움을 극복할 수 있습니다.

예레미야가 포로들에게 보낸 편지에는 '초청'과 '약속'도 함께 포함되어 있습니다. 이스라엘 사람들은 유배라는 현실을 받아들여 새로운 '탐구'를 시작했습니다. 그들은 조용히 앉아서 자신이 원치 않은 곳, 곧 바벨론에서 하나님의 백성으로 산다는 것이 무엇을 의미하는지 찾기 시작했습니다. 그 결과 이스라엘 히브리 역사 전체에서 가장 창조적인 시기가 되었습니다.

그들은 자신들의 정체성을 잃지 않고 그것을 찾았습니다. 그들은 과거 어느 때보다 더 깊이 그리고 더욱 삶을 변화시키는 방향으로 기도하는 법을 배웠습니다. 그들은 모세와 예언자들로부터 그들에게 전수된 방대한 계시를 글로 쓰고 사본을 만들고 깊이 묵상했으며, 그 성경이 지닌 놀라운 풍성함을 깨닫게 되었습니다. 또한 그들은 하나님이 어느 한 장소에 한정된 분이 아니고 익숙한 환경에 묶여 있지 않다는 사실을 발견했습니다.

유배라는 '조건과 처지'에서 예전에 경험하지 못했던 하나님의 깊은 영적은혜를 경험하게 되었습니다. 자신들이 예루살렘에 있을 때 미처 경험하지 못했던 '참된 기쁨', '삶의 가치', '인생의 참된 의미'를 보게 되었습니다. 내 인생을 풍성하게 할 수 있는 것이 무엇인지를 알아 가게 되었습니다. 예레미야가 그들에게 집을 짓고 과수원을 가꾸고 가정을 꾸리라고 지시했을 때, 그들은 바벨론과 동화되라는 의미로 오해하지 않았습니다. 그렇게 되면 예루살렘의 죄를 다시 반복하기 때문입니다.

그들은 일상을 포용했으나 그 속에 흡수 되지는 않았습니다. 그들은 맡은 책임과 반복되는 일과가 자신을 둔화시키도록 허용하지 않았습니다.

포로 생활은 '이스라엘의 믿음의 시련' 이었습니다. 하지만, 하나님의 말씀과 하나님이 함께 하고 있다는 존재의 확신으로 마지못해 사는 게 아니라 풍성한 삶을 경험했습니다. 이제는 그들의 이전 인생이 생존에 급급한 삶, 소비와 유행에 젖은 최저 수준의 삶, 공허한 이식과 무신경한 개발로 얼룩진 삶이었음을 알았습니다.

영원히 변하지 않고 나를 사랑하는 하나님의 사랑이 기억되어진다는 것은 창조적인 삶이 보장 됩니다. 나를 조건 없이 사랑하는 존재는 나를 새로운 길로 인도할 수 있습니다.

하나님의 가장 큰 의미는 그분이 끝없는 사랑과 지혜 자체이시라는 사실과 우리가 지탱하고 살아가는 환경을 뛰어넘는 것입니다. 자녀들에게 하나님께서 보여주신 그분에 관한 가장 풍부한 말은, 그분이 세 위격이시고(아버지, 아들, 성령) 이 분들이 사랑이라는 공통적인 성질을 가지고 똑같이 기쁨에 찬 이해와 사랑의 행위를 우리에게 나누신다는 것입니다.

깨달음은 사랑의 관계 안에서 연속적으로 이루어져야 하는 과정의 연속입니다. 그리고 그것은 행복을 이루는 극치입니다. 뿐만 아니라 예수님 사랑의 관계 안에서 내면의 생활에 기쁨이 넘치게 하여 삶을 긍정적으로 참여할 수 있는 힘이 되는 것입니다.

진리로서 예수님을 성경에서 강조한 것은 예수님은 유용한 치유에 관심을 가지고 있으시고, 말씀이 육신이 되신 것은 바로 우리 인간을 위한 것이며 우리 인간을 구원하기 위해서 입니다. 따라서 현실적으로 우리에게 중요한 무언가를 하나님께서는 예수님 안에서 말씀으로 보여주신 것입니다.

예수님께서 행하시고 말씀하신 모든 것은 각자 나를 위해 치유의 의미와 가치가 있음을 뜻하는 것입니다.

> "예수께서 또 말씀하여 이르시되 나는 세상의 빛이니 나를 따르는 자는 어둠에 다니지 아니하고 생명의 빛을 얻으리라" (요한복음 8장 12절)

불행하게도 예수님을 믿는 많은 사람들이 예수님의 가르침을 하나님에 대한 지식을 얻거나, 고작해야 구원 받으려면 지켜야 할 계명이 무엇인가 정도를 배우는 것으로 멈추고 있습니다.

이런 사람들은 예수님을 사랑하고 치유하는 진리로 여기지 못하고, 하나님의 말씀과 행위에서 그들의 영적 · 정신적 · 신체적 질병을 치유해 줄 것이며, 부활의 영광을 통해 우리의 삶을 어떤 가치 있고 진실된 것으로 가득 채워 줄, 실제적이고 활기를 북돋우는 실제적인 발견의 의미와 가치를 찾지 못합니다.

그러므로 우리는 영적 통찰을 통해 진정한 깨달음을 얻어야 합니다. 깨달음을 통해 전체적인 치유 과정에서 하나님은 주된 도구이십니다. 하지만, 그 치료 과정에서 인간이 협조하느냐 않느냐는 전적으로 우리의 자유입니다. 깨달음을 통해 우리가 건강해지고 긍정적으로 변화를 일으키기 위해서 우리는 하나님 앞에서 바른 마음의 태도를 가져야 합니다.

예수님 안에서 마음의 겸손이 있어야 하며 주님의 말씀을 듣는 경청의 마음을 가져야 합니다. 그리고 나의 모습을 꾸미지 않고 있는 그대로 볼 수(letting be) 있어야 합니다.

"그러나 더욱 큰 은혜를 주시나니 그러므로 일렀으되 하나님이 교만한 자를 물리치시고 겸손한 자에게 은혜를 주신다 하였느니라" (야고보서 4장 6절)

"귀 있는 자는 들으라 하시니라" (마태복음 13장 9절)

"내가 그리스도와 함께 십자가에 못 박혔나니 그런즉 이제는 내가 사는 것이 아니요 오직 내 안에 그리스도께서 사시는 것이라 이제 내가 육체 가운데 사는 것은 나를 사랑하사 나를 위하여 자기 자신을 버리신 하나님의 아들을 믿는 믿음 안에서 사는 것이라" (갈라디아서 2장 20절)

우리는 세상 속에서 살아갑니다. 우리가 천국의 소속감을 가지고 살아간다는 것은 나의 힘이 아닌 천국에 소속된 은혜로 살아간다는 것입니다.

천국의 시민은 나의 힘이 아닌 하나님의 은혜로 살아야 합니다. 즉 나의 힘으로 해보다가 능력의 한계를 경험해 보아야 하나님의 은혜로 살 수 있는 은혜를 경험할 수 있습니다.

하나님 안에서 창조적인 능력을 경험하고, 하나님의 음성에 마음이 개방적인지 아닌지 늘 점검해야 합니다. 그때 하나님의 지혜와 사랑 안에서 개인이 성장되고 천국의 신비로움이 나를 새롭게 합니다.

2. 홀로 있을 수 있는 능력

생명을 가지고 있는 모든 피조물이 자신을 따뜻하게 안아주는 대상을 찾는 것은 지극히 당연한 것입니다. 어린 새들도 알에서 막 깨어나면 자신을 쓰다듬어 주는 첫 번째 어미 새에게 본능적으로 안긴다고 합니다.

제가 사역을 처음 했을 때 올바른 사역자의 조건에 대해서 고민을 많이 했었습니다. 찬양과 설교를 잘 하기 위해서 많은 노력을 했었습니다. 그러던 어느 날 지하철을 타고 가면서 어느 청년들이 이야기 하는 것을 우연히 들으면서 마음에 큰 깨달음을 얻게 되었습니다.

"우리 목사님은 설교 말씀이 너무 은혜스러워! 그런데 우리를 사랑하시지 않은 것 같아"

그리고 옆에 있는 한 청년이 또 이렇게 말하는 것이었습니다.

"맞아! 목사님께서 말씀하시는 것은 다 주옥같고 좋지만 사실 우리는 목사님으로부터 사랑 받고 싶은데 목사님은 그런 우리의 마음을 모르시는 것 같아"

저는 이 대화를 듣고 마치 하나님의 음성으로 들렸습니다.

"맞다. 난 하나님의 사랑을 전하는 사람이었지, 난 하나님의 통로였지"

하나님께서는 하나님의 위대한 사랑을 전하기 위한 통로로 저를 세워주신 것입니다. 그런데 그것을 처음에는 몰랐던 것이었습니다.

"사랑하는 자들아 하나님이 이같이 우리를 사랑하셨은즉 우리도 서로 사랑하는 것이 마땅하도다" (요한1서 4장 11절)

목회자나 선생님 혹은 부모님이 성도나 학생 그리고 자녀에게 가르침을 위해 바른 것을 지도하는 것은 당연합니다. 하지만 그 이전에 사랑의 관계가 중요합니다. 나를 사랑하는 선생님이나 목사님이 말씀하시는 권면에 대해서는 달게 받아들입니다. 그러나 나를 사랑하지 않는 누군가의 나에 대한 권면은 반감을 불러일으키기가 쉽습니다.

하나님께서는 수고하고 무거운 마음의 짐 진 사람들을 하나님의 사랑으로 치료하기를 원하십니다. 하지만 하나님의 사랑의 치료는 사람들과의 관계 안에서 발현된다는 것입니다. 사랑 경험이 부족한 사람들은 채우지 못한 사랑의 공간을 채우기 위해서 늘 방황합니다.

유아가 돌보는 사람으로부터 경험한 관계의 경험은 좋은 것인지 나쁜 것인지 구별을 못하는 상태에서의 경험입니다. 즉, 통합되지 않은 상태에서의 경험을 뜻하는 것입니다.

엄마로부터 받은 사랑이 믿을 만하다고 느껴지면 아이는 어머니의 사랑을 자연스럽게 받아들이게 됩니다. 엄마로부터 받은 사랑으로 아이와 엄마 사이에는 보이지 않는 신뢰감이라는 것이 형성됩니다. 그 신뢰감은 눈에 보이지는 않지만 분명히 존재합니다. 이를 가리켜서 전문용어로 '중간현상' 이라고 표현합니다.

공급받은 사랑의 정서적인 안정감에 따라서 아이는 단순히 인형을 가지고 노는 행태에서도 큰 차이를 보입니다. 정서적으로 안정된 사랑을 받은 아이는 인형과 긍정적인 관계를 맺고 서로 의지하며 놀게 되지만, 그 반대의 경우는 인형을 괴롭힘의 대상으로 간주하고 공격적인 놀이행태를 보이게 됩니다.

하나님께서 내게 주시는 사랑에 신뢰감을 형성하게 되면 스스로 무슨 일이든 할 수 있는 힘을 가지게 되며 긍정적인 태도로 삶을 바라보게 됩니다.

하나님께서는 예배의 공간에서 하나님을 찾는 사람들에게 동일하게 은혜를 주십니다. 그럼에도 불구하고 종종 예배를 드려도 마음이 늘 갈급하다는 사람들을 만납니다. 예배를 드릴 때는 일주일의 삶을 활기차게 살 것 같지만 조금만 시간이 지나면 또 불안함에 휩싸이는 분들이 계십니다. 하나님은 나와 함께 하셔서 지금 내게 은혜를 베푸시지만 정작 나는 혼자 있는 느낌으로 삶을 사는 경우를 봅니다.

자신의 마음을 이기려고 작정예배도 드리고, 금식기도도 하고, 교회에서 모든 예배에 참석을 해보지만 정작 혼자 있는 것 같은 느낌에서 해방되지 못하고 있습니다.

정체성의 이슈는 "나는 누구인가?"라는 질문과 더불어 시작합니다. 나는 누구인가라는 질문은 개인적인 가능성과 무엇인가를 성취할 수 있는 자신에 대한 관심이며 동시에 자기에게 영향을 주었던 환경, 사회, 세계관, 그리고 문화 속에 존재하는 '나'와 관련되어 있는 것입니다. 더 나아가, 인간의 근원인 영적인 뿌리에 있어서도 함께 포함되어지는 질문이기도 합니다.

하나님께서는 인간에게 '자아'를 선물로 주셨습니다. 창세기는 하나님이 자신의 모습을 닮은 인간을 창조하셨다고 하면서 자아의 선물을 언급하고 있습니다.

> "하나님이 이르시되 우리의 형상을 따라 우리의 모양대로 우리가 사람을 만들고 그들로 바다의 물고기와 하늘의 새와 가축과 온 땅과 땅에 기는 모든 것을 다스리게 하자 하시고" (창세기 1장 26절)

교회에서는 성령께서 하나님의 백성을 그리스도 안에서 보여지는 자아에 대한 보다 풍부한 이해를 갖도록 끊임없이 이끄신다는 것을 말씀합니다. 인간을 사회적이고 공동체적인 측면에서 말씀합니다.

"하나님이 자기 형상 곧 하나님의 형상대로 사람을 창조하시되 남자
와 여자를 창조하시고" (창세기 1장 27절)

남자는 여자에 의해서 보완되고, 개인은 민족과 국가의 구성원
으로서 주로 비춰지고 있습니다. 근본적으로 인간은 사회적으로
나 공동체적으로 소외된 인간의 특성을 성경에서 말씀하지 않습
니다. 사람이 혼자 있는 것은 보기 좋지 않습니다.
　인간은 서로에게 속해 있습니다. 인간의 본성상 그렇게 하나님
께서 창조하셨습니다. 사람은 각자 개성이 있습니다. 이런 자아의
가치는 무엇보다도 예수님 안에서 주장되어져야 합니다.
　예수님을 믿는 사람은 육체적인 죽음을 당하더라도 영원히 사는
존재입니다. 우리가 육적인 삶을 사는 동안에도 예수님께서는 우
리에게 지대한 관심과 사랑을 가지고 계십니다. 예수님을 믿는 우
리는 자아를 이해하는 차원에서 사회적 측면과 개인적 측면을 반
드시 이해와 수용을 포함해야 합니다. 따라서 자신을 사랑하고 홀
로 있을 수 있으며 자신을 사랑하듯 이웃을 사랑할 수 있는 주님의
명령을 실천할 수 있습니다.
　치유란 인간의 충족되어야 될 사랑의 충족이 이웃에 대한 적절한
사랑을 통해서 채워지기도 하고, 자신도 이웃에 대해 적절한 사랑
을 실천하면서 채움을 경험할 수 있습니다. 그렇기 때문에 이기주
의적인 성품은 하나님의 형상과 거리가 먼 반자아의 형태입니다.
　창세기는 인간이 세상에서 창조적인 존재가 되고 주인이 되도록

부름을 받은 자로 표현합니다.

> "여호와 하나님이 그 사람을 이끌어 에덴 동산에 두어 그것을 경작하며 지키게 하시고 여호와 하나님이 그 사람에게 명하여 이르시되 동산 각종 나무의 열매는 네가 임의로 먹되 선악을 알게 하는 나무의 열매는 먹지 말라 네가 먹는 날에는 반드시 죽으리라 하시니라"(창세기 2장 15-17절)

자아와 자아로부터 흘러나오는 모든 선한 생각과 욕망 그리고 행위를 포함한 모든 것이 선물이라는 것을 깨닫는 것은 하늘의 빛을 만드신 아버지로부터 오는 것입니다. 이로 하나님의 은총을 마음에 가득 품게 되면 우리의 존재가 긍정적으로 여겨지게 됩니다.

내 삶의 중심축

어렸을 때 친구들과 팽이 싸움을 하고 놀았던 기억이 있습니다. 아무리 비싼 팽이를 가지고 있어도 중심축이 튼튼하지 못하면 늘 팽이 싸움에서 졌었습니다. 팽이의 중심축의 튼튼함은 곧 팽이의 힘을 결정짓는 힘이었습니다. 팽이의 중심축이 튼튼하고 건강하면 원심력의 힘은 자연스럽게 강할 수밖에 없습니다.

내 삶의 중심축은 예수님이 되어야 합니다. 예수님이 내 삶의 중심축이 되어서 돌아가게 되면 삶의 활력을 이루는 조건들은 자연스럽게 강해질 수밖에 없습니다. 하지만 예수님을 중심축에 모시지 않고 삶의 조건이나 마음의 상처를 중심축으로 가지고 있으면 예수님의 움직임은 약해질 수 밖에 없습니다. 내 삶의 기반을 예수 님으로 모셔 드리지 못하면 늘 다른 것에 눈을 돌리게 됩니다.

그것은 우리가 부족하기 때문에 그런 것이 아닙니다. 인간은 연 약하기 때문에 주님께서는 넘어질 수 있는 가능성에 대해서 늘 우 리에게 말씀하십니다.

> "대저 의인은 일곱 번 넘어질지라도 다시 일어나려니와 악인은 재앙 으로 말미암아 엎드러지느니라" (잠언 24장 16절)

예수님은 인격적인 분이십니다. 그래서 나에 대한 모습을 알아 가기까지 인내하고 기다리십니다. 나를 사랑으로 안아주시면서 은혜를 주십니다. 주시는 은혜를 통해 나에 대한 새로운 믿음의 눈 을 뜨기를 원하십니다.

자기 자신이 자기를 사랑하는 것은 굉장히 중요합니다. 하지만 자기 자신이 자신을 사랑하지 못하는 사람은 늘 '수치심'으로 지 냅니다. 수치심은 자기의 행동뿐만이 아니라 자기 자신의 정체성 과 자기존재감 전체에까지 미치게 되는 것입니다.

아무리 하나님께서는 "너는 귀한 존재야", "너는 사랑 받는 자녀 야", "너는 무엇이든지 할 수 있어"라고 말씀을 하셔도 수치심이 많은 사람은 그런 말을 믿지 못할 뿐만 아니라 그렇게 말하는 사람 에게 화를 내기도 합니다. 즉, 수치심은 자신의 존재를 뜻하는 총 체적인 자신에 대한 초점입니다.

그렇다면 '죄책감'은 무엇일까요?

죄책감은 자기의 행동과 관련됩니다. 그래서 수치심과 죄책감을 구분할 수 있어야 합니다.

수치심의 경험은 "나는 나 자신(myself)에 대해서 수치를 느낀다"는 것이고, 죄책감의 경험은 "나는 내가 행한 어떤 것(something)에 죄책감을 가지고 있다"는 것입니다. 수치심이 많은 사람은 늘 열등의식으로 살게 되고, 남과 자신을 비교하고, 주변 사람들이 하는 말이나 평가에 민감하게 반응합니다. 따라서 수치심이 많은 사람치고 삶을 풍성하게 누리면서 행복하게 사는 경우는 흔하지 않습니다.

사람은 누구든지 실수도 할 수 있고, 무엇인가에 도전하다 실패할 수도 있습니다. 하지만 수치심이 많은 사람은 그런 자신을 용납하지 못합니다. 그리고 부정적인 죄책감에 스스로 자신을 힘들게 합니다. 하지만, 수치심이 상대적으로 덜한 사람은 실수와 실패를 통해 긍정적인 의미를 부여하고 다음에는 좀 더 잘해야겠다고 다짐을 하기도 합니다.

주님의 사랑은 내가 넘어질 지라도 나를 다시 일으켜 세워 주십니다. 그리고 마음에 "그렇게 하면 안되겠구나" 하는 은혜를 주십니다. (긍정적 죄책감) 내가 행했던 잘못을 가지고 "넌 그런 사람이야!", "넌 가능성이 없어", "너 이것 밖에 못하겠어?"라고 말씀하시는 분이 아니십니다. (부정적 죄책감) 주님은 우리에게 존재의 가치를 새롭게 하시는 분이십니다.

제가 알고 있는 형제님은 늘 예언 사역하는 곳을 쫓아 다닙니다.

집회 현장에서 은혜를 받고 일주일 동안은 "하나님이 나를 사랑하셔"라고 말하면서 영적 만족함을 표현합니다. 그리고 한 달 후에는 또 다시 다른 예언 사역자를 찾아 가서 기도를 받아야 한다고 말합니다.

직장 생활을 하면서도 스스로 독립된 마음으로 일을 하는 것에 대해서 늘 불안해 합니다. 다른 사람이 있어야지만 마음에 편안함을 경험합니다. 하지만 똑같은 상황에서도 자신을 도와주던 동료가 없으면 극심한 불안을 토로합니다.

영적인 세계에서만 불안함을 경험하는 것이 아니라 일상의 삶에서도 불안함으로 삶을 지냅니다. '홀로 있을 수 있는 능력' 이 전혀 없는 경우입니다. '홀로 있을 수 있는 능력' 은 혼자 산속에서 지내는 것을 의미하는 것이 아닙니다. 스스로 무엇인가를 독립적으로 열어갈 수 있는 능력을 말합니다. 하지만 중요한 것은 그 중심에는 누군가로부터 받은 사랑이 있다는 것입니다.

힘들고 외로울 때 누군가 나를 사랑해서 해 주었던 위로의 말이 기억되어질 때 마음의 어려움을 이길 수 있습니다. 뿐만 아니라 나에게 힘이 되고 위로가 되어지는 말을 해 줄 수 있는 누군가가 있다는 사실이 기억되어지면 삶의 외로움을 이겨 나갈 수 있습니다.

사실 인생살이가 그리 쉬운 것은 아닙니다. 하지만 우리 삶에 하나님의 존재가 있다는 것을 기억한다는 것은 삶의 무게를 이길 수 있는 큰 힘이 됩니다. 나를 향한 예언의 말씀은 성경말씀에 이미 다 말씀으로 기록되어 있습니다. 예수님께서는 우리를 사랑하셔서 갈보리 언덕 십자가에서 돌아가셨습니다.

> "제육시가 되매 온 땅에 어둠이 임하여 제구시까지 계속하더니 제구
> 시에 예수께서 크게 소리 지르시되 엘리 엘리 라마 사박다니 하시니
> 이를 번역하면 나의 하나님, 나의 하나님 어찌하여 나를 버리셨나이
> 까 하는 뜻이라 곁에 섰던 자 중 어떤 이들이 듣고 이르되 보라 엘리
> 야를 부른다 하고 한 사람이 달려가서 해면에 신 포도주를 적시어 갈
> 대에 꿰어 마시게 하고 이르되 가만 두라 엘리야가 와서 그를 내려
> 주나 보자 하더라 예수께서 큰 소리를 지르시고 숨지시니라 이에 성
> 소 휘장이 위로부터 아래까지 찢어져 둘이 되니라 예수를 향하여 섰
> 던 백부장이 그렇게 숨지심을 보고 이르되 이 사람은 진실로 하나님
> 의 아들이었도다 하더라" (마가복음 15장 33-39절)

우리의 허물을 위해 예수님께서는 십자가 위에서 위대한 사랑을
보여 주셨습니다. 그 십자가의 사랑이 회상되고 기억될 때 내 삶의
능력으로 작용할 수 있습니다.

저는 어릴 때부터 목회자에 대한 소명이 있었습니다. 목회를 통
해 하나님께 영광이 되었으면 하는 마음의 열정이 늘 있었습니다.
신학교를 입학하게 되면 마음이 기쁠 것이라고 생각했습니다. 하
지만 그 반대였습니다. 왜냐하면 제 어머니 때문이었습니다. 하나
님의 길을 가는 것이 제게는 너무 감사하고 기쁨이었지만 그 길을
가는 저를 보고 계시는 어머니는 마음이 얼마나 아프실까? 하고
생각해 보니 마음이 편하지 않았습니다.

입학식을 하기 전 예비 신입생들이 선배들과 모여서 기도원에서

수련회를 가졌었는데 그날 저녁 부흥회에서 많은 은혜를 경험했었습니다. 그 날 하나님께서 제게 주셨던 말씀이 있었습니다.

> "예수께서 나아와 말씀하여 이르시되 하늘과 땅의 모든 권세를 내게 주셨으니 그러므로 너희는 가서 모든 민족을 제자로 삼아 아버지와 아들과 성령의 이름으로 세례를 베풀고 내가 너희에게 분부한 모든 것을 가르쳐 지키게 하라 볼지어다 내가 세상 끝날까지 너희와 항상 함께 있으리라 하시니라" (마태복음 28장 18-20절)

하나님의 지상 명령을 실천하려고 준비하고 있는 제게 예수님께서는 "나와 함께 하시겠다"고 약속해 주셨습니다. 나와 함께 하시겠다고 약속하신 예수님은 왠지 나 혼자 있는 것 같은 나의 쓸쓸하고 외로운 마음 중심 속에서 함께 하시겠다고 약속하셨던 것이었습니다. 나의 마음을 아시는 예수님을 붙들게 되었습니다. 그 사실이 제게는 능력이 되었습니다.

신학교에 정식으로 입학을 해서 지금에 이르기까지 신학공부를 하고 사역을 하는 과정에서 어렵고 힘든 일이 많이 있었습니다. 하지만 나를 이해하시는 예수님이 지금 나와 함께 하고 계시다는 사실을 기억할 때마다 이길 수 있고, 용기를 낼 수 있는 힘의 원동력이 되었습니다.

예수님의 십자가 사랑이 내 마음 중심 안에 있어야 하는 것입니다. 십자가의 사랑이 내 삶의 중심이 된다면 공허감에 다른 무엇인가를 찾아다니지 않게 됩니다. 왜냐하면 나는 하나님에게 사랑 받는 존재이고 그 사랑으로 삶을 살아가는 존재라는 사실을 알 수 있기 때문입니다.

우리가 믿음 생활을 성실히 한다고 해서 어려움이나 힘든 상황이 닥치지 않는 것은 아닙니다. 인간은 이 땅에서 살아가는 동안 누구에게나 어려운 상황이 생겨날 것입니다. 그러할 때 우리는 십자가 사랑을 기억해야 합니다. 그 사랑을 기억할 때 삶의 활력과 은혜가 넘치게 됩니다.

나를 향한 십자가의 사랑을 늘 마음으로 떠올리고 그 사랑이 내 삶을 지배하게 해야 합니다. 이처럼 하나님의 사랑이 지배하는 삶이 결국 나를 새롭게 하는 것입니다.

3. 내가 나를 보는 눈

예수님께서는 한 마리의 양을 안고 계십니다. 예수님 품에 안겨 있는 한 마리의 양은 바로 '나'입니다. 양은 겉보기에는 깨끗한 것 같지만 가까이 가서 양털을 보면 굉장히 더럽습니다. 겉으로 봐서는 깨끗해 보이기만 하는 양이 실제로는 양털 안에 세균이 가득하고 더러운 먼지로 채워져 있다는 것은 가까이 가보지 않으면 모르는 사실입니다.

이런 양과 같은 모습이 우리의 모습이 아닌가 싶습니다. 사실 겉으로 봐서는 아무 문제가 없는 듯 보이지만 가까이 가서 보면 상처와 아픔으로 지내는 사람들이 참 많습니다. 나만 알고 있는 상처나 추한 모습 때문에 힘들게 지내는 사람들이 많습니다.

예수님께서 안고 있는 양은 깨끗하게 정돈된 양이 아닙니다. 연약하고 더러운 양입니다. 언제 늑대에게 잡힐지 모르는 인생을 살고 있는 한 마리의 양인 것입니다. 하지만 예수님께서는 그 한 마리의 어린양을 귀하게 보고 계십니다. 그리고 사랑으로 안아주고 계십니다.

예수님 품에 안겨 있는 양의 마음은 어떨까요? 자신은 더럽지만 조건 없이 안아주고 계시는 예수님의 품에서 양은 위로와 안식을 얻고 있을 것입니다.

어렸을 적에 어머니께서는 제가 잠들 때까지 매일 저녁 저를 안아 주셨습니다. 제가 잠들 때까지 안아 주셨던 어머니는 제게 아무 요구가 없으셨습니다. 그냥 아들이라는 이유로 안아 주셨던 것이었습니다. 제게 아무 것도 요구하지 않으시면서 저와 함께 계신 어머니가 늘 고마웠습니다.

지금도 그 때를 생각하면 포근한 마음이 듭니다. 그 때 전 어머니 품에서 왠지 모를 자신감이 만들어졌던 것 같습니다. 내가 처한 상황이 어떠하든지 간에 무엇이든지 '할 수 있다'는 용기가 만들어졌었습니다.

우리를 변화시킬 수 있는 치유는 조건 없는 사랑 안에서 가능합니다. 예수님께서 더러운 양을 조건 없이 안으셨던 것처럼, 제 어머니께서 조건 없이 저를 안아 주셨던 것처럼, 아무 요구 없는 하나님 품에 있는 편안한 관계 안에서 새로운 나를 만들 수 있는 것입니다.

핵심인격

어느 날 나무꾼이 어미를 잃은 독수리 새끼를 발견했습니다. 불쌍히 여긴 나무꾼은 독수리 새끼를 데려다가 병아리 우리에 넣어 길렀습니다. 시간이 흘러 병아리는 닭의 형상으로, 독수리 새끼는 독수리의 형상으로 자랐습니다. 하지만 독수리는 자신이 독수리라는 사실을 깨닫지 못했습니다.

어느 날 그 독수리는 낯선 독수리 한 마리가 날개를 활짝 펴고 유유히 하늘을 날고 있는 모습을 보았습니다. 하늘을 나는 독수리가 자신의 동족임을 꿈에도 알 수 없었던 그 독수리는 두려움과 부러움이 섞인 눈으로 하늘을 바라보면서 탄식했습니다.

"아, 한 번이라도 저렇게 멋진 모습으로 날아봤으면….."

자신도 그렇게 날 수 있는 독수리 임에도 자신은 닭이라고 생각하고 있는 이상 그 독수리의 인생에 하늘을 나는 일은 일어나지 않습니다. 우리 역시도 변화되어 축복받는 삶을 살 수 있지만 스스로 자신을 작고 초라하게 보는 이상 우리에게는 아무런 일도 일어나지 않습니다.

그것은 우리에게 끊임없이, "너는 닭이야, 그러니 절대로 날 수 없어!" 라고 속삭이면서 작고 구부러지고 부정적인 시각으로 세상을 바라보게 합니다.

자기 자신을 사랑하는 마음을 가리켜서 '자기애' 라고 말합니다. 건강하게 '자기애' 를 발달시켜야 스스로 자신을 누구보다 사랑하

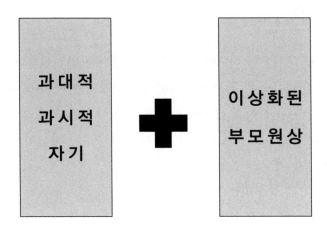

고 귀한 삶을 누릴 수 있습니다. 하지만 건강한 '자기애' 발달은 그냥 이루어지는 것은 아닙니다.

첫 번째는 '과대적 자기' 라는 발달을 첫 번째로 해야 합니다.

아이는 "I am perfect"라고 스스로 자신을 과대하게 느낍니다. 그리고 자신이 모든 것의 중심이라고 여깁니다. 그리고 슈퍼맨 영화를 보고 나면 자신이 슈퍼맨이 된 것 같은 힘이 많고 무엇이든지 다 할 수 있을 것 같은 에너지가 넘칩니다.

아이의 이런 모습은 지극히 정상적인 모습입니다. 부모가 해야 될 의무는 이런 아이를 공감해 주고 인정과 수용 그리고 칭찬을 해 줌으로써 아이는 무엇이든지 할 수 있는 존재라고 스스로 자신을 보게 됩니다.

'과대적 자기' 가 잘 발달하게 되어 성인이 되면 현실적인 목표를 세우고, 건강한 포부를 가지고 살게 됩니다. 포부가 있다는 것은 에너지가 들어 있는 것입니다. 즉 내 미래를 향해 이상적으로 그리는 그림을 가지고 있어야 합니다. 건강하게 가지고 있는 꿈이 나를 끌어주고, 할 수 있다고 하는 포부가 나를 밀어주는 것입니다.

이는 '과대적 경험'이 있어야만 가능합니다. 그렇기 때문에 아이에게 건강하게 반응해 주고 용기를 주는 것은 아이의 밝은 미래를 만들어 주고 있는 매우 중요한 작업인 것입니다.

두 번째는 '이상화 부모원상'이라는 작업을 거쳐야 합니다.

아이가 아무리 어리지만 자신이 신뢰할 수 있고 힘이 있어 보이는 사람으로부터 신뢰와 용기를 얻기 원합니다. 즉, 아이가 보기에는 부모님은 완벽해 보이고 무엇이든지 다 할 수 있고 잘 할 수 있을 것 같은 존재로 보입니다. 그래서 그런 부모님에게 의지해서 보호 받기를 원합니다. 자신이 신뢰할 수 있고 힘이 있다고 보여지는 부모님의 보호를 통해 마음의 안전감과 편안함을 경험하고 싶어 합니다. 이런 경험을 통해 아이는 자신을 사랑하는 '자기애'가 발달하게 됩니다.

사람은 이런 관계적인 경험으로 인해 자기 자신을 긍정적으로 보기도 하고 부정적으로 보기도 하는 '자기구조'가 만들어지는 것입니다. 자기를 이루는 중심적인 심리구조라 할 수 있습니다. 즉, 자신의 핵심인격을 뜻하는 것입니다. 기본적인 핵심인격은 '과대적—과시적 자기'와 '이상화된 부모원상'의 건강한 발달을 통해서 형성하게 됩니다.

아이에게 있어 세 살 전에 경험하는 관계의 경험은 매우 중요합니다. 아이가 엄마나 아빠에게 자랑하고 싶은 나의 모습이 있을 때 엄마, 아빠는 아이에게 그 점을 칭찬해 주며 인정해 주어야 합니다. 이를 가리켜서 '과대적—과시적 자기' 라 합니다. 또한 아이는 부모를 이상화하고 기대려 합니다. 우리 부모는 무엇이든지 할 수 있을 것이라 생각합니다. 기본적으로 인간은 나보다 강한 존재에게 기대고 싶은 욕구를 가지고 있습니다. 이는 '이상화된 부모원상' 으로 표현됩니다. 이 둘이 핵심인격의 골격을 이루게 됩니다. 이러한 과정을 통해서 '자기' (Self-Image)라는 심리구조가 만들어지는 것입니다.

50대 J라는 여성은 얼굴이 항상 어두워 보였습니다. 그리고 추진력 있게 자신이 하고자 하는 일을 하지 못하는 경우가 많아 보였습니다. 주변으로부터 그런 이미지를 가지고 있던 J라는 여성으로부터 자신이 8살 때 어머니로부터 들었던 말로 인해 자신이 받은 상처에 관해 듣게 되었습니다. 자신의 어머니는 대화를 하는 방식이 직설적이고 상대방 기분을 전혀 생각하지 않고 말하는 습관을 가지고 있었습니다.

하루는 어머니가 아버지와 부부싸움을 크게 하셨습니다. 아무것도 모르고 학교에서 집으로 돌아온 J라는 여성에게 어머니는 아버지에게 받은 속상한 마음을 J여성에게 화풀이를 하셨습니다.

"재수 없는 년 때문에 내 인생이 힘들어!"

그 말이 8살 J여성에게는 이길 수 없는 상처가 되었습니다. 그때는 자신이 힘이 없어서 어머니에게 그런 말을 듣고도 아무 대응을 못했지만 자신이 어른이 되면 어머니에게 꼭 복수를 하겠다고 하는 내적인 맹세를 하게 되었습니다.

그날 이후 중학생이 되고 고등학생이 되고 그리고 사회생활을 하는 성인이 되었을 때도 그때 그 말을 했던 어머니에 대한 마음이 풀리지 않은 상태로 지내고 있었습니다. 더 중요한 것은 8살 때 들었던 어머니의 말로 인해 자신은 지금까지 '재수 없는 사람'이라고 생각하고 지냈다는 것이었습니다.

사람들과 어울리고 싶고 어느 단체에 들어가고 싶지만 재수 없는 자신이 그곳에 가게 되면 그곳이 재수가 없어질까봐 용기를 내지 못하고 늘 혼자 끙끙거리며 지냈다는 말을 듣게 되었습니다.

자기 이미지는 우리의 행동과 태도를 지배합니다. 자기 이미지는 마치 운전사와 같아서 자기 의지대로 우리의 인생을 운전해 갑니다. 비행기가 목적지에 도착하려면 반드시 항로를 따라가야 하듯 성공적인 인생을 사는 데에도 인생을 올바르게 운행할 수 있는 건강한 자기 이미지가 필요합니다.

그렇기 때문에 우리는 성령님을 나의 운전사로 모셔드려야 합니다. 하나님께서는 모세를 통해 이스라엘을 구원하시기를 원하셨습니다. 하지만 모세는 입이 아둔하다는 이유로 자신은 하나님의 일을 할 수 없다는 자기 이미지를 가지고 있었습니다.

"모세가 여호와께 아뢰되 오 주여 나는 본래 말을 잘 하지 못하는 자 니이다 주께서 주의 종에게 명령하신 후에도 역시 그러하니 나는 입 이 뻣뻣하고 혀가 둔한 자니이다 여호와께서 그에게 이르시되 누가 사람의 입을 지었느냐 누가 말 못하는 자나 못 듣는 자나 눈 밝은 자 나 맹인이 되게 하였느냐 나 여호와가 아니냐 이제 가라 내가 네 입 과 함께 있어서 할 말을 가르치리라" (출애굽기 4장 10-12절)

모세가 말이 아둔한 것은 객관적으로 누구나 아는 사실이었습니 다. 그렇지만 하나님께서는 이런 모세의 모습을 부인하지 않으셨 습니다. 그래서 하나님께서는 이런 모세를 위해 예비하신 것이 있 으셨습니다.

"여호와께서 모세를 향하여 노하여 이르시되 레위 사람 네 형 아론이 있지 아니하냐 그가 말 잘 하는 것을 내가 아노라 그가 너를 만나러 나오나니 그가 너를 볼 때에 그의 마음에 기쁨이 있을 것이라 너는 그에게 말하고 그의 입에 할 말을 주라 내가 네 입과 그의 입에 함께 있어서 너희들이 행할 일을 가르치리라" (출애굽기 4장 14-15절)

모세의 입장에서는 말 못하는 것이 상처였습니다. 아둔한 입을 가지고 있는 자신은 하나님의 일을 할 수 없을 것이라는 생각을 했 습니다. 그렇기 때문에 하나님은 일하시려고 하지만 정작 자신은 두려워서 믿음으로 행동하지 못하고 있었습니다. 하지만 하나님 께서는 그 상처를 오히려 사용하셨습니다.

모세는 말이 아둔하기 때문에 하나님을 의지할 수밖에 없었습니다. 그리고 아둔한 말솜씨 때문에 아론이라는 사람을 귀하게 볼 수 있는 눈이 필요했습니다. 하나님께서는 모세의 그런 모습을 더 귀하게 생각하시고 모세를 사용하셨던 것입니다.

하나님 앞에 서 있는 우리는 이런 모세와 같은 모습이 아닌가 싶습니다. 하나님께서는 나를 통해서 하나님의 일을 하기 원하시지만, 정작 나는 내가 가지고 있는 상처로 인해 하나님의 계획을 스스로 막고 있는 셈입니다. 하지만 하나님께서는 그런 모세의 상처를 나무라지 않으셨습니다. 오히려 그 상처를 사용하시겠다고 하셨습니다.

모세는 하나님과의 만남 안에서 자신을 새롭게 보는 자기 이미지가 만들어 지고 있었던 것입니다. 하나님과의 만남 안에는 모세를 수용하시고 그런 모세의 마음을 이해하시는 공감적인 하나님의 마음이 있었습니다.

단순히 율법적인 교훈이 모세를 새롭게 했던 것이 아니었습니다. 모세를 향한 하나님의 '수용과 공감' 이 모세를 새롭게 하셨던 것입니다. 모세가 하나님의 위대한 사역을 감당할 수 있었던 것은 하나님과의 만남 안에서 새로운 모세가 되었기 때문이었습니다.

모세와 하나님과의 만남은 인간이 하나님 앞에 서 있는 모습을 그대로 보여주고 있습니다. 그렇기 때문에 우리는 하나님께서 나를 바라보시는 존귀한 눈으로 나 자신도 존귀하게 볼 줄 아는 눈이 필요합니다. 나는 힘이 없고 연약하지만 나를 사랑하시는 하나님의 사랑이 내 삶의 능력이 되고, 이길 수 있는 원동력이 될 수 있습니다.

홀륭한 부모는 자녀에게 건강한 내면의 세계를 만들어 줄 수 있어야 합니다. 건강한 자기 이미지를 가지고 있는 사람은 다른 사람과 인간관계를 맺는 것이 건강하고 긍정적입니다.

재능이 아무리 많아도 좋은 인간관계를 할 줄 모르는 사람은 늘 혼자 지낼 수 밖에 없습니다. 사람은 결코 혼자 사는 존재가 아닙니다. 인간관계를 맺는 모든 첫 번째 시작점은 나의 정서입니다. 나의 정서적인 상태가 삶의 질을 높이는 것입니다.

거짓모습

어느 자매님의 이야기입니다. 이 분은 모임에 나가는 것을 꺼려합니다. 그 이유는 자신이 뭔가 이야기를 시작하고 다른 사람이 끼어드는 게 두려워서인데, 말을 해놓고 어색한 느낌이 들면 굉장히 두려워 진다고 합니다.

어색하게 말하는 것은 분위기를 망치고, 다른 사람들을 짜증나게 하고, 결국에는 사람들이 나와 이야기하고 싶어 하지 않을 거라는 생각이 든다고 했습니다. 그래서 이 사람은 자신이 원치 않아도 왠지 분위기를 유쾌하게 만들어야 할 것 같은 느낌으로 늘 삽니다.

그런데 이 자매의 어릴 적 이야기를 들어보니까 이해가 갑니다. 부모님의 잦은 다툼으로 집안 분위기가 많이 어두웠는데, 장녀인 자신이 집안 분위기를 밝게 바꿔야 할 것 같은 책임감을 항상 느끼면서 성장했습니다. 그래서 일부러 재미있는 이야기를 많이 하려고 애쓰며 살아 왔었습니다. 그래서 이 자매님은 분위기가 어색해지는 것이 싫어서 일부러 분위기를 유쾌하게 만들려 하는 사람으로 지내왔다는 것입니다. 나의 진짜 모습이 아닌 다른 사람을 위해 사는 것은 늘 피곤하고 행복해지는 것을 가로막게 됩니다.

하나님께서는 모세를 통해 이스라엘 백성을 애굽에서 가나안 땅으로 인도하셨습니다. 블레셋 땅을 통과하는 경로를 택하면 더 가깝게 가나안 땅으로 들어갈 수 있었으나 하나님의 구원 계획은 다르셨습니다. 이스라엘 백성들이 전쟁을 하게 되면 마음을 돌이켜 애굽으로 돌아갈까 봐 홍해의 광야 길로 돌아가도록 인도하셨습니다. 하나님께서는 광야를 지나가는 이스라엘 백성들에게 밤에는 불기둥으로 낮에는 구름 기둥으로 그들을 지켜 주셨습니다.

"여호와께서 그들 앞에서 가시며 낮에는 구름 기둥으로 그들의 길을 인도하시고 밤에는 불 기둥을 그들에게 비추사 낮이나 밤이나 진행하게 하시니 낮에는 구름 기둥, 밤에는 불 기둥이 백성 앞에서 떠나지 아니하니라"(출애굽기 13장 21-22절)

실제로 광야의 기온은 낮에는 영상 30도 이상을 웃돌고 있습니다. 그런데 밤에는 영상 11-12도의 기온으로 일교차가 매우 심한 편입니다. 여기서 알 수 있는 것은 하나님께서는 이스라엘 백성들이 광야를 지날 때 그들의 필요를 적절히 채워주시면서 인도하셨다는 사실입니다. 낮에는 구름기둥을 통해 적절한 체온을 유지 할 수 있었습니다. 또한 밤에는 불기둥으로 어둠속에서 길을 인도하셨습니다.

하나님께서는 이스라엘 백성들의 어려운 처지를 안아 주시면서 적절히 필요를 채워주셨습니다. 원망 불평이 있을 법한 상황에서 인간의 연약함을 이해해 주셨습니다.

결국, 하나님께서는 가나안 땅으로 들어가서 건강한 존재로 삶을 살 수 있는 긍정적인 자기 이미지를 만들어 주고 계셨다는 사실입니다.

사막에서 영웅이 만들어지는 법입니다. 만약 광야에 있는 이스라엘 백성들이 자기중심적으로 필요한 것들을 하나님께 요구한대로 채워주셨다면 그들에게는 독립심과 개척심이 만들어지기가 어려웠을 것입니다. 강한 군사는 커녕 그냥 출애굽하기 전보다 더 못한 상태였을지도 모릅니다.

어머니가 아이에게 집중할 때 아이는 사랑을 충분히 받을 수 있습니다. 처가에 4살 된 민재라는 조카가 있습니다. 처가에서는 민재가 첫 손주입니다. 그래서 민재가 언제나 주인공입니다. 민재가 웃으면 온 식구가 같이 웃고, 민재가 울면 온 가족이 같이 걱정할 때가 한두 번이 아닙니다.

어느 날 주말 오후에 온 가족이 함께 있었습니다. 그날도 민재가 주인공이었습니다. 그런데 처형이 민재 상태가 갑자기 이상하다고 말하는 것이었습니다. 그러자 온가족이 놀랐습니다.

"민재한테 무슨 일이야?"

처형은 민재한테 열이 나는 것 같다고 하셨습니다. 그러자 온 가족이 한 명씩 민재의 이마를 짚어보게 되었습니다. 확인 후에 처형을 제외한 나머지 가족은 아무 이상이 없다고 얘기했습니다.

"아무렇지 않게 잘 노는데 무슨 열이야. 걱정하지 마"라고 말하였습니다. 그래도 처형은 민재한테 감기기운이 있다고 말하는 것이었습니다. 그런데 정말로 그날 밤에 민재가 열이 심하게 올라 병원에 가게 되었습니다.

온 가족이 민재를 사랑합니다. 처형도 민재를 사랑하고 나머지 가족들도 민재를 사랑합니다. 하지만 같은 사랑이지만 차이는 어디에 있을까요? 바로 집중력입니다. 엄마의 민재에 대한 집중력이 다른 가족들보다 더욱 컸던 것입니다. 그 집중력 덕에 민재의 상태를 금방 알아 차릴 수 있었습니다. 그리고 민재에게 필요한 것을 채워 줄 수 있었습니다.

> "너는 내게 부르짖으라 내가 네게 응답하겠고 네가 알지 못하는 크고 은밀한 일을 네게 보이리라" (예레미야 33장 3절)"

아기는 무엇이 좋고 무엇이 나쁜지 모릅니다. 그저 자신이 '경험한 사랑'에 따라서 좋고 나쁨이 결정되는 것입니다. 아이에게 집중하는 어머니는 아이의 욕구를 충족시켜 줄 수 있습니다. 어머니의 사랑이 아이가 성인이 되어서 다른 사람들을 신뢰할 수 있고 세상을 아름답게 볼 수 있는 내적세계를 만들어 주는 것입니다.

'아바 아버지' 라는 찬양을 부를 때마다 은혜를 많이 받습니다.

> "아바 아버지 아바 아버지
> 나를 안으시고 바라보시는 아바 아버지
> 아바 아버지 아바 아버지
> 내게 힘 주시는 아버지
> 주는 내 맘을 고치시며
> 알 수 없는 상처 만지시네
> 나를 아시고
> 나를 이해 하시네
> 내 영혼 새롭게 세우시네"

이 찬양을 부를 때마다 하나님께서 내게 집중하고 계신다는 확신이 든다고 말씀하시는 분들을 만납니다.

"하나님께서는 저를 사랑하세요. 그런 확신이 있어요."

"하나님은 나와 함께 하셔서 그 때마다 저의 필요를 채워 주세요."

하지만 어떤 분들은 이 찬양을 불러도 마음에 전혀 감동이 없다고 하십니다. 이처럼 자신의 삶의 가치를 긍정적으로 생각하지 못하는 성도들을 많이 만나게 됩니다.

"내가 이렇게 살아서 뭘 하나?"

"내가 이렇게 힘든데 주님이 계시기는 한 건가? 계시다면 왜 그냥 가만히만 계시는 거야?"

"나 같은 사람이 무엇을 할 수 있어?"

"이렇게 하는 것이 정말 맞는 것일까?"

건강한 자기 이미지를 형성하지 못한 차이입니다.

가정에서 경험한 사랑은 신앙생활로 이어지는 경우가 많습니다.

내가 경험한 것에 따라서 '좋으신 하나님' 인지 '무덤덤한 하나님' 인지 결정되는 것입니다.

충분히 좋은 어머니 사랑의 경험을 통해 '신뢰감' 과 '전능감' 이 만들어 집니다. 신뢰 받아본 적이 없는 사람이 누군가를 신뢰한다는 것은 쉬운 일이 아닙니다. 또한 전능감을 경험해 보지 못한 사람이 믿음으로 무엇이든지 할 수 있다는 확신을 갖기는 어려운 것입니다.

사랑받아 본 경험이 없는 자신이 "하나님이 당신을 사랑합니다" 라는 말을 믿는다는 것은 결코 쉬운 것이 아닙니다.

> "너희는 마음에 근심하지 말라 하나님을 믿으니 또 나를 믿으라"
> (요한복음 14장 1절)

하나님을 만나는 방법은 예수님을 믿는 것입니다.

> "내 아버지 집에 거할 곳이 많도다 그렇지 않으면 너희에게 일렀으리라 내가 너희를 위하여 거처를 예비하러 가노니 가서 너희를 위하여 거처를 예비하면 내가 다시 와서 너희를 내게로 영접하여 나 있는 곳

에 너희도 있게 하리라 내가 어디로 가는지 그 길을 너희가 아느니라" (요한복음 14장 2-4절)

예수님께서는 '충분히 좋은 어머니의 사랑'을 제자들에게 행하셨습니다.

예수님의 좋은 사랑의 경험이 나중에 예수님이 하늘로 올라가신 후에도 제자들이 예수님의 가르침을 따라 살 수 있는 능력이 될 수 있었음을 말씀하고 계십니다.

예수님께서는 '질 좋은 사랑'을 경험을 통해 보지 않고도 믿는 삶을 살 수 있다는 것을 가르쳐 주고 계신 것입니다. 하지만 제자들은 예수님의 가르침을 이해하지 못합니다.

"도마가 이르되 주여 주께서 어디로 가시는지 우리가 알지 못하거늘 그 길을 어찌 알겠사옵나이까" (요한복음 14장 5절)

예수님께서는 도마에게 이렇게 말씀하십니다.

"너희가 나를 알았더라면 내 아버지도 알았으리로다. 이제부터는 너희가 그를 알았고 또 보았느니라" (요한복음 14장 7절)

그 때 빌립이 예수님께 이렇게 말합니다.

"빌립이 이르되 주여 아버지를 우리에게 보여 주옵소서 그리하면 족

하겠나이다" (요한복음 14장 8절)

예수님께서는 빌립에게 말씀하십니다.

"예수께서 이르시되 빌립아 내가 이렇게 오래 너희와 함께 있으되 네
가 나를 알지 못하느냐 나를 본 자는 아버지를 보았거늘 어찌하여 아
버지를 보이라 하느냐" (요한복음 14장 9절)

우리 주변에 신앙생활은 오랫동안 했지만 늘 의심을 하는 사람
이 있습니다. 그리고 구원의 확신 없이 신앙생활을 하는 사람들이
너무도 많습니다.

왜 그럴까요? 하나님께서는 충분히 내게 집중하고 계시지만 그
사랑을 느끼지 못하는 경우가 있나요?

나의 정체성을 이해한다는 것은 다차원적으로 이루어져야 합니
다. 물질적인 영향력, 심리학적인 것, 영적인 것 그리고 살아왔던
역사적인 차원 등을 함께 고려해야 합니다. 그것은 부분적인 것을
보는 것이 아니라 전체를 보고 나를 이해하는 것입니다.

신앙은 하나의 전체로서의 모든 인격적 행위 속에 존재하는 연
속성과 상대성의 역동적 과정입니다. 신앙의 형태는 역동적으로
궁극적 실체인 하나님에 의하여 형성됩니다. 결론적으로 신앙은
하나님과의 관계로 구성된 자기와의 관계로서의 정체성이라고 말
할 수 있습니다.

4. 상대방이 부담 되는 사랑은 금물

　자신이 어렸을 때 배우지 못한 상처를 가지고 있는 형제가 있었습니다. 그는 학력에 대해서는 늘 자신감이 없었습니다. 자기가 받았던 상처를 자식에게는 물려주고 싶지 않았습니다. 그래서 아이를 키우면서 완벽한 아버지의 사랑을 주고 싶었습니다.

　그 형제는 마침내 아버지가 되어서 딸을 낳게 되었습니다. 자신이 쉽지 않은 인생을 살았기 때문에 아이가 강하게 자라기를 원하셨습니다. 아이가 실수를 해도 실수를 용납하지 않았습니다. 아이가 방에서 혼자 있고 싶을 때도 불러내어서 훈계의 말을 할 때가 많았습니다.

　좋은 학력을 갖추기 위해서 아이에게 의사도 물어보지 않고 무조건 공부를 강요했습니다. 딸은 점점 아버지가 원망스러워졌습니다. 딸의 마음에는 "아버지는 날 사랑하지 않아"라고 생각하는 마음이 싹트기 시작했습니다.

　아버지는 가정과 자녀를 위해서는 최선을 다 하셨지만 정작 자녀들의 마음의 소리를 듣지 못했던 것입니다. 무슨 일이 있으면 딸이 할 수 있는 일인데도 아버지가 나서서 직접 해결하려 들었습니다. 딸은 그런 아버지가 늘 불만스러웠습니다. 아버지는 자신의 딸이 자기를 점점 멀리하는 것이 마음에 섭섭했습니다.

　"나는 내 딸을 사랑하는데 대체 왜 딸은 나를 멀리하지?"

　도무지 알 수 없었습니다.

　그러던 어느 날 아버지가 이런 딸의 문제로 인해 상담을 받게 되었습니다. 아버지는 딸에게 자신의 사랑을 주려는 방식이 문제가 많았다는 것을 알게 되었습니다. 자신의 아픔을 딸에게는 경험시키지 않고자 하는 선의에서 우러난 행동이었지만, 정작 딸의 입장에 서서 딸의 마음을 들으려고 했던 적은 없었던 것입니다.

완벽한 사랑을 주려고 하면 모든 것이 피곤하고 힘들어 집니다. 하지만 충분한 사랑은 완벽한 사랑과 다른 것입니다. 아이가 찾을 때 곁에 있어 주고 찾지 않을 때는 가만히 내버려 둘 수 있는 사랑이 좋은 사랑입니다. 물론 무관심하게 내버려 둔다는 뜻은 아닙니다. 부모의 관심 속에서 아이가 홀로 있을 수 있는 능력을 갖게 해야 되는 것입니다.

하나님께서 이스라엘 백성들에게 완벽한 사랑을 하셨다면 이스라엘 백성들에게 전쟁의 시련이나 배고픔의 시련을 주시지 않으셨을 겁니다.

그러나 하나님께서는 이스라엘 백성들과 함께 하셨지만 먼저 나서서 모든 것들을 해결해 주지 않으셨습니다. 시련이 있을 때는 그 시련을 이겨낼 수 있는 힘을 주셨고 아픔이 있을 때는 그에 맞는 위로를 허락하셨습니다. 우리 역시도 하나님께 요술램프처럼 완벽한 사랑만을 요구한다면 그것은 잘못된 것입니다.

하나님께서는 눈에 보이시지는 않지만 우리와 함께 하고 계십니다. 내 안에 계시는 하나님의 사랑으로 삶의 조건들을 스스로 극복하면서 성장하기를 원하십니다. 스스로 극복하기 위해서는 '홀로 있을 수 있는 능력'이 있어야 하는 것입니다.

아이의 마음속에 "어머니는 지금 나와 함께 있어", "어머니는 나를 사랑하셔서 나를 언제나 안아주시는 분이야"라는 마음의 풍성함이 자리 잡고 있다면 아이는 홀로 있을 수 있으면서도 마음에 강건함이 있습니다. 그 강건함과 홀로 있을 수 있는 능력으로 삶의 지경을 넓혀 나가는 것입니다. 이런 부분이 형성되어 있지 않으면 늘 미래에 대해서 불안해 하고, 하나님이 나와 함께 하고 계시다는 것이 의심스럽고, 선택을 해야 될 상황에서 담대히 선택을 하지 못하는 사람으로 성장하게 됩니다.

　제가 어렸을 때 외할아버지는 옥수수 밭을 어린 저의 손을 잡고 항상 산책을 하셨습니다. 외할아버지는 저를 유독 예뻐해 주셨습니다. 외할아버지와 같이 있으면 제 마음이 늘 평안하고 왠지 휴식을 얻는 것 같았습니다. 가끔 만나는 외할아버지였지만 저는 그때 외할아버지와 거닐었던 그 외할아버지를 기억하게 되면 지금도 마음이 훈훈합니다.
　옥수수 밭을 거닐면서 외할아버지께서 어린 제게 해 주셨던 말씀들이 많았습니다. 성인이 된 지금 외할아버지께서 제게 해 주셨던 말씀을 일일이 기억하지는 못합니다. 단지 기억하고 있는 말씀은 "공부 열심히 해라"라는 말씀입니다. 해 주셨던 말씀은 일일이 기억하지 못하지만 확실하게 지금까지 제게 남아 있는 것은 외할아버지와 함께 했던 추억입니다.
　초등학교 4학년 때 외할아버지께서 돌아가신 이후로 한 번도 외할아버지를 만나보지 못했습니다. 하지만 외할아버지는 아직도 제 마음에서 늘 고마운 분으로 남아 계십니다. 그리고 할아버지께서 제게 말씀해 주신 말씀 중 기억하고 있는 "공부 열심히 해라"라는 말씀을 실천하기 위해 노력했습니다.

내 마음에 고마운 분으로 기억되는 분이 말씀해 주신 말씀은 실천하게 되어지는 말씀이 되고 내 인생의 푯대가 되기도 합니다.

가끔 진로 문제로 제게 상담을 요청하는 청년들을 만나게 됩니다. 청년들을 만날 때마다 느끼는 것은 하나님께서 자신들의 비전을 완벽하게 열어주기를 바라는 마음으로 하나님을 이해하려는 것입니다.

"제가 A라는 회사에 가야 할까요? B라는 회사에 가야 할까요?"

"제가 남자친구와 헤어져야 할까요? 계속 만나야 할까요?"

"제가 어느 학교에 입학해야 하는 것이 좋을까요?"

하나님께서는 나의 선택을 존중하십니다. 하지만 중요한 것은 내 안에 하나님이 계시고 내가 하나님 안에 거하면서 선택된 길을 가기를 원하시는 것입니다. 왜냐하면 나를 사랑하는 분이 내 안에 있다는 마음의 확신은 영적인 평안을 얻을 수 있기 때문입니다.

영적으로 평안한 상태에서 선택되어지는 것은 감사할 수 있는 일들이 많습니다. 하지만 분주하고 혼잡한 마음 그리고 초조한 마음으로 급하게 선택하는 것은 실수가 있기 마련입니다. 그런 선택에서는 결코 좋은 일이 있을 수 없습니다. 그렇기 때문에 중요한 선택에 앞서 우리의 마음을 먼저 주님 앞에서 점검을 하고 선택을 해야 합니다.

> **"너희가 내 안에 거하고 내 말이 너희 안에 거하면 무엇이든지 원하
> 는 대로 구하라 그리하면 이루리라"** (요한복음 15장 7절)

어디에 있든지 하나님께서는 나를 사랑하시는 분이십니다. 하나님의 관심사는 내가 어느 회사에 있고 어느 학교에 다니는 것이 아닙니다. 하나님의 마음을 품고 그 마음으로 삶에 선한 영향력을 미치기를 원하시는 것이 하나님의 마음이십니다.

하나님 안에 거하는 내 자신을 보는 눈이 건강해야 합니다. 그리고 확신이 있어야 합니다. 중심이 흔들린 상태에서 하는 선택을 원하시는 것이 아닙니다. 내 안에 계시는 하나님의 사랑에 대한 확신을 가져야 합니다. 그리고 그 사랑이 지금 나와 함께 계시고, 그 사랑이 나를 안아주고 있다는 사실을 내 안에서 생명으로 주장할 수 있어야 합니다.

원시시대의 사람들은 달을 보면서 즐거움을 느꼈다고 합니다. 아무 것도 아닌 달로 무슨 즐거움을 느끼겠냐고 생각할지도 모르지만 달을 있는 그대로 보면서 달만이 가지고 있는 매력에 빠지기도 하고 신비로운 경험을 했다고도 합니다.

그 당시 사람들은 순수한 마음으로 달을 봐서 그런지 달에는 토끼가 살고 있다고 믿었던 것 같습니다. 이처럼 고유한 가치를 보존하고 즐긴다는 것은 순수한 마음이 있어야만 가능합니다.

오늘날 과학이 발전하고 문명이 발전하면서 달은 순수한 즐거움

의 대상이 아니라 정복의 대상으로 여겨지게 되었습니다. 똑같은 달이지만 우주인이 발을 내딛은 이후 달에 토끼가 살고 있다고 말하는 사람은 아무도 없습니다.

자연 그대로 보존된 숲은 본연의 아름다움을 드러내지만 인위적으로 만들어낸 숲은 제대로 된 아름다움을 드러내지 못합니다.

친구와의 관계에서도 이와 같습니다. 친한 친구와 오랜만에 만나서 이런 저런 이야기를 하고 집에 돌아가면 그동안 있었던 스트레스가 풀리기도 하고 상처도 왠지 치료 받은 것 같은 느낌이 듭니다. 나의 비밀스런 말까지 할 수 있는 친구 관계는 그냥 순수한 친구관계로서 존재하고 있을 때 가능합니다. 만약 내가 친구를 이용하려는 순수하지 못한 마음이 있다면 분명 친구와의 관계가 제대로 이어질 수 없습니다.

사람과 사람 사이에서는 이해관계가 얽혀 있으면 지속적인 만남을 기대할 수 없습니다. 그런데 중요한 것은 하나님과 만남에서도 같은 이치입니다. 순수한 마음으로 주님을 만나게 되면 주님과의 깊은 교제 속에 치료가 일어나 회복된 삶으로 이어지게 됩니다. 치료를 목적한 것은 아니었지만 순수한 만남 속에 천국의 평안을 경험 할 수 있게 되는 것입니다.

얻고 싶은 것을 얻으려고 주님 앞에 온 것은 아니었지만 순수한 그리스도와의 만남 속에 얻을 수 있는 지혜를 갖게 되는 것입니다. 그런 주님과의 만남은 지속적으로 이어질 수 있습니다. 그런데 하나님을 내 소원의 도구로만 생각하는 사람은 그리스도 예수 안에서 경험할 수 있는 풍성한 것들을 경험 할 수 없습니다.

달의 가치와 숲의 가치, 그리고 친구 사이의 진정한 가치는 있는 그대로 보전되어 순수하게 교제할 때 깊고 넓고 귀한 것들을 경험할 수 있는 것처럼, 하나님과 만남 속에서도 순수하게 교제할 때 귀한 것들을 얻을 수 있습니다.

"너희가 나를 택한 것이 아니요 내가 너희를 택하여 세웠나니 이는 너희로 가서 열매를 맺게 하고 또 너희 열매가 항상 있게 하여 내 이름으로 아버지께 무엇을 구하든지 다 받게 하려 함이"(요한복음 15장 16절)

주님께서는 조건 없이 우리를 선택 하셨는데 우리는 주님을 조건을 가지고 만나려고 합니다. 주님을 이용해서 물질을 얻으려고 합니다. 주님을 이용해서 좋은 집을 구하려고만 합니다.

열심히 봉사 했으니까 자녀가 잘 되겠지 하는 마음으로 봉사합니다. 열심히 예배드리면 뭔가 풀리겠지 하는 마음으로 예배를 참석 합니다. 열심히 기도하면 사업이 잘 되겠지 하는 마음으로 기도를 합니다. 하나님과 우리 사이에 물질과 명예 같은 여러 가지 조건들이 산처럼 있으면 하나님의 음성이 들리지가 않습니다.

"세상의 염려와 재물의 유혹과 기타 욕심이 들어와 말씀을 막아 결실하지 못하게 되는 자요"(마가복음 4장 19절)

내가 원하는 대로 무엇인가 되면 하나님은 대단하시다고 하고,

그렇지 않으면 하나님은 정말 살아 계시는지 의심합니다. 하나님께서 우리를 이끌어야 되는데 우리가 하나님을 마음대로 하려고 합니다.

이번에 뭔가 잘 되면 봉사할게요, 이번에 뭔가 풀리면 내가 헌금할게요 라고 말합니다. 이런 사람들은 비록 겉모습은 하나님을 섬기지만 실은 자기를 섬기는 사람들입니다.

"경건의 모양은 있으나 경건의 능력은 부인하니 이같은 자들에게서 네가 돌아서라" (디모데후서 3장 5절)

죄 많은 우리를 죄 없는 분이 선택하셨는데 무슨 조건이 필요했겠습니까? 주님께서는 우리가 주님과 순수하게 만나는 가운데 자존감도 건강해지고 생각도 건강해지고 말의 습관도 건강해져서 열매 맺는 삶을 살기를 원하시는 것입니다.

예배의 목적이 무엇입니까? 축복이 목적입니까? 아니면 주님과 순수한 만남이 목적입니까? 예수님께서는 우리가 축복 받기를 원하십니다. 그러나 예수님과 만남의 목적이 무조건 축복만을 받으려는 데에 있다면 하나님께서는 일하지 않으실 것입니다. 만남의 즐거움은 만남 그 자체에 있습니다.

"내가 이것을 너희에게 명함은 너희로 서로 사랑하게 하려 함이라"라고 말씀하고 있습니다. (요한복음 15장 17절)

하나님을 사랑하는 것은 교우들과 이웃들 뿐만 아니라 나 자신을 사랑하는 것입니다. 그런데 중요한 것은 건강한 관계를 경험하기 위해서는 내 자신을 먼저 알아야 합니다.

사람들은 자신은 건강하다고 생각합니다. 그래서 자기에게 무슨 모습이 있는지 전혀 모르고 지냅니다. 자신을 사랑한다고 하면서 주변의 조그만 생명들에 대한 연민을 가지지 않는 사람은 진정으로 자신을 사랑하는 것이 아닙니다. 교회에서는 봉사와 기도에 열심이지만 일상에서는 다른 생명을 소중하게 생각할 줄 모르고 함부로 대하는 사람들은 진정으로 자신을 사랑하고 하나님을 사랑하는 사람이 아닙니다.

토머스 머튼이 쓴 '고독속의 명상' 이라는 책을 읽었습니다. 그 책속의 내용 중 깊은 깨달음을 준 내용이 있었습니다. 한 문장을 소개하겠습니다. 여러분에게도 깊은 깨달음이 되기를 소원합니다.

"분별은 하나님의 뜻을 실천 시키는 시작이다" 라는 표현입니다.

내가 말하고 행동하기 전에 이 말이 해야 하는 말인지, 상황에 맞는 말인지, 지금 이 사람에게 이 말을 하면 상대방 마음이 긍정적일지, 부정적일지 분별하고 말하라는 것입니다. 행동하기 전에도 내가 가야 할 곳인지, 내가 해야 할 것인지, 지금 상황에서 내가 해야 되는 것인지, 내가 얻어야 할 것인지, 버려야 할 것인지, 멈추어야 할 것인지, 돌아서야 할 것인지 주님 앞에 분별하고 행동하라는 것입니다.

불안하고 초조해서 내가 지금 당장 하고 싶은 대로 행동하고 나서 나중에 후회하는 경우가 너무 많습니다. 분별된 행동이 마음처럼 쉽지 않을 때는 항상 주님 앞에 기도해야 합니다.

나는 무엇 때문에 말이 앞서지? 나는 왜 행동이 앞서는 것이지? 항상 주님 앞에 내 자신을 있는 그대로 인정하고, 그 모습을 고쳐 달라고 기도하는 것이 아니라, 그런 행동과 말을 반복적으로 실수하는 이유가 무엇인지 진짜 이유가 무엇인지 가르쳐 달라고 주님께 기도해야 하는 것입니다. 진짜 원인을 알아야 문제를 고칠 수 있습니다.

사람들은 자기가 잘못하고 나서도 자기가 잘못한 지를 모르고 있다는 것이 문제입니다. 실수를 했어도 실수인지를 모릅니다. 자신의 모습을 정말 모르고 삽니다. 분별이 되어야 사람들 사이에도 오해가 없고 말의 실수가 없습니다. 하고 싶은 말을 있는 그대로 말하고, 하고 싶은 행동을 그대로 행동하면 다음 말씀처럼 열매 맺는 삶을 살 수 없게 되는 것입니다.

"오직 성령의 열매는 사랑과 희락과 화평과 오래 참음과 자비와 양선과 충성과 온유와 절제니 이같은 것을 금지할 **법이 없느니라**" (갈라디아서 5장 22-23절)

저는 성령의 열매 중에 절제가 제일 마지막에 있는 것에 하나님의 깊은 뜻이 있다고 생각합니다. 기도 중에 이런 깨달음이 왔습니다. 모든 열매를 다 맺었어도 절제하지 못하면 다 잃게 되는 것이고, 당장은 열매가 없어도 절제하는 삶을 살게 되면 결국은 풍성하게 열매를 맺으며 살 수 있다는 영적 깨달음을 얻게 되었습니다.

주님과 우리 사이에 더러운 것들이 있으면 하나님과 친구가 될 수 없고 주님이 일하지 않습니다. 그런 영적 원리는 형제들에게도 동일하게 이어져야 합니다. 형제가 진정한 형제가 될 수 있고, 가족이 진정한 가족이 될 수 있고, 교우가 진정한 교우가 될 수 있기 위해서는 만남이 늘 순수해야 합니다. 그런 자연스런 만남 속에 지속적이고 끈끈한 관계를 기대할 수 있는 것입니다.

뿐만 아니라, 그런 만남 속에 우리는 늘 분별해야 합니다. 분별해야 실수가 없고 또한 진정한 분별이 있기 위해서는 주님 앞에 자신을 점검 받아야 합니다. 말씀과 은혜가 늘 우리 안에 있어서 더러운 것들을 발견 할 때마다 회개하고 주님 앞에 성숙되어져 가는 모습은 우리를 향한 하나님의 마음입니다.

나만의 길을 걷는 개성화의 과정은 삶의 의미를 추구하는 길로서 이해될 수 있습니다. 그러기 위해서는 예수 안에서 진리의 본질을 추구해야 합니다.

"볼지어다 내가 문 밖에 서서 두드리노니 누구든지 내 음성을 듣고 문을 열면 내가 그에게로 들어가 그와 더불어 먹고 그는 나와 더불어 먹으리라 이기는 그에게는 내가 내 보좌에 함께 앉게 하여 주기를 내

가 이기고 아버지 보좌에 함께 앉은 것과 같이 하리라" (요한계시록 3장 20-21절)

하나님을 알고 하나님과 친밀과 교제를 이루고 하나님의 존재를 상상하며, 그분과 친밀한 관계 속에서 지식으로 알고 있는 하나님이 아닌 사랑 그 자체로 하나님을 경험할 수 있습니다.

5. 믿을 수 있는 힘

새끼 곰이 쓸개즙 빼는 관 때문에 고통스러워서 절규하고 있었습니다. 그런데 엄마 곰이 자신의 새끼 곰이 그렇게 누워있는 것을 우리 밖에서 보고 있었습니다. 엄마 곰은 자신의 새끼 곰을 구해주려고 우리를 탈출 했습니다. 사육사는 겁에 질려서 도망가고 말았습니다. 자신의 새끼가 관에 묶여서 고통스러워 하는 것을 보고 엄마 곰이 새끼 곰을 풀어주려고 했는데 그게 잘 안되니까 어미 곰은 새끼 곰을 죽이고 말았습니다. 그리고 자기도 벽에 머리를 부딪쳐서 죽었습니다.

이 장면은 '동물농장' 이라는 텔레비전 프로그램에서 방영되었습니다. 어미 곰은 자기 힘으로는 더 이상 자신의 새끼를 지킬 수 없다는 것이 절망스러웠던 것 같습니다. 새끼가 어미에게 도움을 받는 것은 어미가 있기 때문에 가능한 것이고, 어미가 새끼를 보호할 수 있는 것은 자신의 새끼가 있기 때문에 가능한 것입니다.

결국 서로의 존재가 서로에게 희망이 될 수 있습니다. 가지가 없는 나무는 상상할 수 없습니다. 그리고 가지는 있는데 나무가 없다는 것 역시도 상상할 수 없습니다. 서로간의 존재가 있기 때문에 서로에게는 희망입니다. 저는 그 텔레비전 프로그램을 통해 우리를 향한 하나님의 마음에 대해서 다시 한 번 깊게 생각하게 되었습니다.

우리 입장에서 보면 하나님이 계시기 때문에 우리에게는 희망이고, 하나님 입장에서는 우리가 있기 때문에 하나님에게는 희망이라는 생각을 하게 되었습니다. 하나님의 통치 아래서 하나님의 보호를 받는 우리가 존재한다는 것은 하나님의 기쁨이라는 것입니다.

"너의 하나님 여호와가 너의 가운데에 계시니 그는 구원을 베푸실 전능자이시라 그가 너로 말미암아 기쁨을 이기지 못하시며 너를 잠잠히 사랑하시며 너로 말미암아 즐거이 부르며 기뻐하시리라 하리라" (스바냐 3장 17절)

사람은 자신이 안전하다는 믿음이 생기는 곳에서 쉼을 얻을 수 있습니다. 그 쉼 안에서 바로 치료와 회복을 기대할 수 있는 것입니다.

"지존자의 은밀한 곳에 거주하며 전능자의 그늘 아래에 사는 자여, 나는 여호와를 향하여 말하기를 그는 나의 피난처요 나의 요새요 내가 의뢰하는 하나님이라 하리니 이는 그가 너를 새 사냥꾼의 올무에서와 심한 전염병에서 건지실 것임이로다 그가 너를 그의 깃으로 덮으시리니 네가 그의 날개 아래에 피하리로다 그의 진실함은 방패와 손 방패가 되시나니 너는 밤에 찾아오는 공포와 낮에 날아드는 화살과 어두울 때 퍼지는 전염병과 밝을 때 닥쳐오는 재앙을 두려워하지 아니하리로다 천 명이 네 왼쪽에서, 만 명이 네 오른쪽에서 엎드러지나 이 재앙이 네게 가까이 하지 못하리로다 오직 너는 똑똑히 보리니 악인들의 보응을 네가 보리로다 네가 말하기를 여호와는 나의 피난처시라하고 지존자를 너의 거처로 삼았으므로 화가 네게 미치지 못하며 재앙이 네 장막에 가까이 오지 못하리니 그가 너를 위하여 그의 천사들을 명령하사 네 모든 길에서 너를 지키게 하심이라 그들이 그들의 손으로 너를 붙들어 발이 돌에 부딪히지 아니하게 하리로다 네가 사자와 독사를 밟으며 젊은 사자와 뱀을 발로 누르리로다" (시편 91편 1-13절)

서로간의 존재를 통해서 평안함을 누릴 수 있으면 무엇이든 해 낼 수 있는 힘이 생깁니다. 하지만 상대방을 신뢰하지 못한다면 상대의 존재를 통해서 어떠한 변화도 기대할 수 없습니다.

한 소녀가 강을 건너고 싶었습니다. 그런데 강을 건너지 않고 가만히 서서 반대편 쪽만 보고 있었습니다. 지나가는 아저씨가 소녀에게 물어봅니다.

"애야, 지금 뭐하고 있는 거니?"

"강을 건너고 싶어서요."

"그럼 돌다리를 밟고 가면 되잖니."

"알아요! 그런데 저번에 돌다리를 건너다가 물에 빠진 적이 있어서요."

"지난번에 물에 빠졌던 경험 때문에 지금 돌다리를 믿지 못하는구나?"

"예, 마음은 가고 싶은데 용기가 나질 않아요."

우리가 세상을 향해 나아갈 때 그 기저에는 세상을 신뢰할 수 있는 힘이 있어야 합니다. 신뢰할 수 있는 관계의 힘은 가정에서 겪게 되는 관계의 경험으로부터 시작됩니다.

어릴 때 입양된 자매님과 상담을 하게 되었습니다. 입양한 양부모님께서는 자신을 입양했다는 사실을 숨기고 살아 왔습니다. 하지만 양부모님이 사는 모습은 늘 불행해 보였습니다. 3일이 멀다 하고 다투기만 하셨고, 양아버지는 늘 술을 마시며 인생을 원망만 하는 모습을 보고 자랐습니다. 양어머니는 늘 자기에게 사는 것이 힘들다는 이야기를 자주 했었습니다.

그러던 어느 날 양부모님의 다투는 소리를 듣다 본인이 입양 되었다는 사실을 알게 되었습니다. 자매님은 몹시 충격을 받았습니다. 가장 가깝게 신뢰를 받아야 할 부모님이 가장 믿을 수 없는 남과 같은 존재가 되어버린 것이었습니다.

그 후로 자매님은 어린 나이에, 사랑의 돌봄을 받아야 될 시기에 오히려 눈치 보는 것을 배우게 되었습니다. 지금도 자매님은 자신은 막 사는 인생 같다는 생각을 하고 지내고 있습니다. 사람을 신뢰하는 법을 배우지 못했습니다.

다른 사람이 친절을 베풀면 그 친절을 순수하게 받아들이지 못합니다. 무슨 다른 생각이 있어서 친절을 베푸는 것인가? 이런 의심에서 벗어나지를 못합니다.

사실 이 자매님 같은 경우는 우리 주변에서 흔히 볼 수 있습니다. "혹시나 나에게 또 상처를 주면 어떻게 하나?", "내가 신뢰할 수 있는 사람인가?" 하는 마음 때문에 쉽게 마음 문을 열지 않습니다.

아이는 어릴 때 부모님에게 모든 것을 의존하는 상태입니다. 아이들은 스스로의 힘으로는 아무 것도 할 수 없습니다. 그렇기 때문에 부모님을 의존해야 합니다. 그런데 자신이 의존하는 부모님으로부터 좋지 않은 경험을 하게 되면 부모님을 신뢰할 수 없게 됩니다. 중요한 것은 부모님을 신뢰하지 않는 내면이 결국 다른 사람들을 신뢰하지 않는 관계의 형태를 만들게 된다는 점입니다.

전투비행기가 고공으로 올라가게 되면 파일럿이 조종하기가 힘들어진다고 합니다. 고공으로 올라가면 산소 공급이 부족해지는 것도 있겠지만 가장 힘든 것은 땅과 하늘이 거꾸로 되어버려서 시계가 혼란스러워지기 때문이라고 합니다. 파일럿이 보기에는 하늘이 바다 같고, 바다가 하늘 같은데 그것은 워낙 전투기가 빨라서 보이는 혼동현상일 뿐입니다. 그렇게 위치를 잘못 판단하게 된 상태로 조종을 계속하게 되면 100% 대형 사고로 이어진다고 말합니다. 그때 사고가 나지 않는 유일한 방법이 있다고 합니다. 그것은 전투기 안에 있는 '나침반'을 반드시 의지해야 한다는 것입니다.

인간의 육안으로는 바다가 하늘같고 하늘이 바다 같을지 모르지만 나침반이 가리키는 대로 운전을 하게 되면 100% 사고를 방지할 수 있다고 합니다. 그런데, 그때 나침반을 보면서도 이상하다는 생각으로 나침반을 의지하지 않으면 100% 사고로 이어진다는 것입니다.

상담을 하면서 많은 분들이 제게 물어 보는 것이 있습니다. 자신이 세상을 신뢰하지 못한 원인을 알았다면 그럼 자신이 어떻게 해야 변화 될 수 있느냐?는 것입니다. 전 그때마다 늘 한결같이 "좋은 경험을 충분히 다시 해서 좋은 내적인 상태를 만들어야 한다"고 말합니다.

"야곱아 너를 창조하신 여호와께서 지금 말씀하시느니라 이스라엘아 너를 지으신 이가 말씀하시느니라 너는 두려워하지 말라 내가 너를 구속하였고 내가 너를 지명하여 불렀나니 너는 내 것이라" (이사야 43장 1절)

우리는 우리를 창조하신 하나님을 믿고 신뢰하면서 이 세상에서 받은 상처를 치유 받고 이겨내야 합니다.

목회를 하면서 만난 한 분이 계십니다. 이분은 예수님을 믿기 전에 교회를 다니는 사람들은 모두 다 이상한 사람들일 것 같다는 생각을 하고 지냈다고 합니다.

사실 이 분은 저를 처음 만났을 때 저를 이상하게 생각하고 가끔 도망가기도 했었습니다. 그런 그 분이 믿음의 사람들과 우연히 교제를 하기 시작했습니다. 왜냐하면 이 분이 일하던 꽃집 주인이 교회를 다니던 덕분에, 일을 하면서 교인들과 자연스럽게 만날 수 있었던 기회가 많았기 때문입니다. 처음에는 이상한 사람들이라는 생각 때문에 마음에 경계심이 심했었습니다.

하지만 자연스럽게 교인들과 식사도 하고 이야기를 하면서 마음에서 경계심이 차차 사라져 갔습니다.

"이 사람들은 이상한 사람들이 아니구나!"

자신이 일하고 있는 꽃집 주인이 어려운 일이 있을 때마다 교인들이 와서 사랑과 관심으로 기도해 주는 모습을 보기 시작했습니다. 그런 모습을 보면서 조금씩 마음의 문이 열리며 새로운 마음이 생겨나기 시작했습니다.

"나도 요즘 힘든데, 나도 저분들에게 사랑 받고 싶다!"

저 분들이 믿고 있는 예수님에 대해서 궁금해지기 시작했습니다. 그렇게 시간이 지나 그 분은 예수님을 영접하게 되었습니다. 그 분은 저에게 이렇게 말씀하셨습니다.

"믿는 사람들의 모습이 제게는 항상 좋지 않은 이미지로 남아 있었습니다. 그래서 가끔 자신이 교회를 다닌다고 하니까 주변 사람들이 안 좋은 말도 했었는데, 평소에 봐왔던 믿음의 사람들의 모습이 제게 좋은 이미지로 남아 있어서 이길 수 있는 힘이 된 것 같아요."

살아계신 하나님은 믿음의 사람들과 믿음의 교제를 통해서 우리를 만나 주십니다. 우리에게 세상을 신뢰하며 이겨낼 수 있는 새로운 힘을 주시는 것입니다.

세상을 믿지 못하는 마음은 단순한 부정적인 마음이 아닙니다. 세상을 믿을 수 있는 힘은 어릴 적 나의 경험을 생각해 볼 수 있는 열쇠가 될 수 있습니다. 누군가를 신뢰할 수 있는 능력은 건강한 나의 마음에서 시작되는 것입니다.

예수님께서는 아무 조건 없이 모든 사람들과 함께 하시기를 원하시고 계십니다.

"오호라 너희 모든 목마른 자들아 물로 나아오라 돈 없는 자도 오라 너희는 와서 사 먹되 돈 없이, 값 없이 와서 포도주와 젖을 사라 너희가 어찌하여 양식이 아닌 것을 위하여 은을 달아 주며 배부르게 하지 못할 것을 위하여 수고하느냐 내게 듣고 들을지어다 그리하면 너희가 좋은 것을 먹을 것이며 너희 자신들이 기름진 것으로 즐거움을 얻으리라 너희는 귀를 기울이고 내게로 나아와 들으라 그리하면 너희의 영혼이 살리라 내가 너희를 위하여 영원한 언약을 맺으리니 곧 다윗에게 허락한 확실한 은혜이니라" (이사야 55장 1-3절)

예수님은 순수하게 목마른 자들과 교제를 나누시고 싶으신데 예수님의 마음을 의심하게 된다면 만남의 즐거움을 경험할 수 없습니다.

만남 속에 치료와 회복의 은혜를 경험할 수 있습니다. 하나님은 초월적인 분이십니다. 그리고 하나님은 사랑 그 자체이고 지혜 그 자체이십니다. 인간이 존재하기 위해서는 하나님의 빛이 우리를 비출 수 있도록 인간이 투명해져야 합니다.

인간이 자신의 의지로 오직 자신이 주인이 되면 기본적인 영적인 질서와 갈등을 빚게 됩니다. 인간을 치유하는 것은 깨달음입니다. 즉 진정으로 존재하는 길을 이해하는 것입니다. 그러나 그런 깨달음은 추상적인 지적인 수준이 아닙니다.

하나님을 사랑하는 태도로부터 진정한 깨달음을 얻을 수 있습니다. 그리고 그 깨달음을 통해 치유의 은혜를 경험할 수 있습니다.

깨달음은 사랑의 분위기 안에서 일어납니다. 그 사랑의 분위기 안에서 즉 나를 조건 없이 이해하고 수용해 주는 분위기 안에서 최고의 사랑과 지혜를 경험하는 것입니다. 하나님이 사랑과 지혜가 하나이듯이 인간이 깨닫는 사랑과 이해는 곧 하나입니다.

진리가 인간을 자유롭게 하고, 이해가 인간을 변화하게 해주며, 사랑이 인간을 치유합니다.

내가 가지고 있는
예수님 이미지

다슬 2013.8

내가 가지고 있는 예수님 이미지

1. 나의 마음에서 탄생하신 예수님

어느 교회학교에서 5명의 6살짜리 아이들에게 예수님의 이미지를 그려보라고 숙제를 주었습니다. 그 아이들은 교회학교에서 예수님은 사랑의 하나님이고 나를 언제나 이해하고, 나를 위해서 기도해 주시는 좋으신 예수님이라고 배워 왔었습니다.

그런데 사랑의 예수님을 그리는 것임에도 그 아이들이 그린 예수님의 모습은 각자가 달랐습니다. '화를 내고 있는' 예수님을 그린 아이들이 있었습니다. '슬픈 표정을 짓고 있는' 예수님을 그린 아이들이 있었습니다. '무표정한 모습'으로 아무 관심이 없어 보이는 표정으로 예수님을 그리는 아이들도 있었습니다. 급기야는 '예수님을 그리지 못하는' 아이들도 있었습니다.

똑같이 사랑의 예수님을 그리는 숙제였습니다. 그런데 각기 그린 예수님의 이미지는 달랐습니다. 아이들은 만 3세가 되면 신에 대한 이미지가 만들어 진다고 합니다. 그 신에 대한 이미지는 나를 키워준 사람 중에서 가장 영향력을 준 사람의 이미지를 통해 만들어진다는 연구 결과가 알려져 있습니다.

그 영향력을 준 대상은 보편적으로 부모님을 말합니다. 그리고 아이에게 영향력을 준 부모님은 어머니가 될 수도 있고 아버지가 될 수도 있습니다.

가정에서 아버지가 화를 많이 내시는 모습을 보고 자란 아이는 예수님에게도 그런 이미지를 가지고 있습니다. 그리고 술 마시면서 신세한탄 하는 아버지를 많이 보고 자란 아이는 예수님도 그런 분으로 생각하고 있는 것입니다.

또한 사랑과 관심을 제대로 받지 못하고 자란 아이는 예수님에 대한 이미지 역시도 '사랑과 관심'이 없는 이미지를 가지고 있습니다. 그리고 아버지의 역할이 불분명함을 경험하고 자란 아이는 아버지의 존재가 마음에 없기 때문에 예수님에 대해서 그리지를 못하는 것입니다.

아이들이 가지고 있는 신의 이미지는 아이일 때 잠깐 가지고 있다가 없어지는 것이 아닙니다. 어쩌면 평생을 가지고 살아가게 되는 이미지라고 해도 과언이 아닙니다.

예수님을 믿는 사람만이 예수님의 이미지를 가지고 있는 것이 아닙니다. 종교의 유무에 상관없이 사람들은 누구나 예수님의 이미지를 마음에 가지고 살게 됩니다.

요약하자면 각 개인이 만들어 내는 하나님의 표상은 오디이푸스 시기 이전과 (0~36개월), 오이디프스 시기 동안에 (37~60개월) 경험한 감정들, 관계들, 정신적 상황, 부모의 성격들, 아이가 각 부모와 형제들과 갖는 관계 등 온갖 종류의 요소들로 이루어진 복합적인 이미지입니다. 이때 가지게 되는 하나님의 표상을 가리켜 '첫 번째 신의 탄생' 이라고 말합니다.

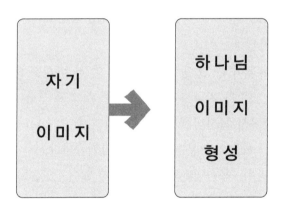

인간관계에서 긍정적인 경험을 많이 한 아이는 신앙생활에서도 긍정적인 모습을 보이지만, 부정적인 경험을 많이 한 아이는 신앙생활에서도 부정적인 모습을 보이게 됩니다.

제가 알고 있는 어느 목사님께서는 돌봄 사역을 훌륭하게 하고 계십니다. 그 분은 돌봄 사역을 한국에 알리고 싶어서 국민일보에 광고를 냈었습니다. 신문의 광고를 보고 기독교 방송국인 CBS에서 연락이 왔습니다. 토크 프로그램에 출현해서 그 사역에 대해서 홍보해 달라는 요청이었습니다.

목사님은 그 요청에 응했고 방송 후에 어느 한 사람에게 연락이 왔습니다. 다소 상기된 목소리로 자기는 자폐아 아들을 둔 아버지라고 소개하셨습니다. 그러면서 그 아버지가 목사님께 우리 아들도 치료해 주실 수 있냐고 부탁하는 것이었습니다.

목사님은 방송 후 처음으로 연락이 온 거라서 기쁘게 도움 요청을 수락했습니다. 그 분들의 집이 수원이라고 해서 매주 목요일 저녁에 집으로 가겠다고 약속을 했습니다.

그런데 그 아들이 한 달 동안 만나면서 말 한 마디를 하지 않는 것이었습니다. 3주가 지나도록 대화 한 번 못하고 그렇다고 진전도 없는 것 같아서 목사님께서 힘이 들었던 것 같습니다. 그런데 한 달째 드디어 아들의 말문이 열리기 시작했습니다.

아들의 첫 말이 "목사님은 왜 날 혼내지 않아?" 였습니다. 많은 사람들이 아들을 도와주려고 왔었지만 혼만 내고 갔지 정작 아들의 아픈 이야기를 듣고 간 사람은 없었던 것입니다. 그래서 목사님도 똑같이 날 혼낼 분이라고 생각을 했던 것입니다.

목사님께서는 이렇게 대답했습니다. "목사님은 널 혼내지 않아! 그냥 너랑 같이 있고 싶을 뿐이야" 였습니다. "우리 같이 산책 할까?" 말하면서 동네 운동장을 산책하고 집으로 오셨다고 말씀을 하셨습니다.

그 아이는 목사님께 이런 대답을 했다고 합니다. "목사님 나와 함께 산책 해 준 사람은 목사님이 처음이에요"였습니다. 그 후 그 아이의 상태가 점점 좋아지기 시작했습니다. 그 후 그 학생은 연세대학교 대학원에 입학을 하게 되었습니다.

한 사람의 사랑과 관심, 그리고 너도 할 수 있다는 말 한 마디가 한 자폐아 아이의 인생을 바꿀 수 있었던 것입니다. 사람은 태어날 때부터 무한한 잠재력을 지니고 태어난다고 합니다. 그러나 칭찬과 격려 없이 자란 아이는 결국 본인의 잠재력을 계발할 기회를 잃게 됩니다. 할 수 있다는 칭찬과 격려를 통해 자신감과 용기를 주어야 잠재적 능력이 무한히 계발될 수 있는 것입니다.

사람들은 간혹 상대방을 위한다고 충고하기를 서슴지 않습니다. 그러나 비록 그 충고가 옳은 충고라고 해도 그것만으로 사람을 변화시킬 수는 없습니다. 상대방과 긍정적인 관계가 형성되어 있지 않는 이상은 아무리 좋은 이야기를 하더라도 상대는 있는 그대로 듣지 못하게 됩니다.

또한 긍정적인 관계라는 필터를 거치지 못한 대화는 시간이 지나면 자연스레 잊혀집니다. 하지만 긍정적인 관계에서 나눈 대화는 시간이 지나도 관계라는 이름을 가지고 온전히 남아있게 됩니다.

아무리 유명한 상담가가 상담을 한다고 해도 모든 사람의 심리적인 상태가 좋아지는 것은 아닙니다. 상담가로부터 상담을 받는 사람이 사랑을 느껴야 합니다. 나를 사랑하는 마음으로 상담을 하고 있다는 감동을 받아야만 마음을 열고 자신의 문제를 이야기 할 수 있습니다. 즉, 상담가와 상담을 받는 사람과 사랑의 관계를 맺어야 합니다.

좋은 내용을 가지고 좋은 말을 들려주더라도 결국 그 내용은 잊히게 됩니다. 시간이 지나도 남아 있는 것은 오직 상대방과 나의 관계일 뿐입니다. 상대방이 자신을 사랑하고 있다는 신뢰감을 가질 때 서로간의 대화가 유익해지고 좋은 말이 상대에게 긍정적인 영향을 끼치게 됩니다. 이 모든 것은 긍정적인 관계로 이어집니다. 신뢰감 형성은 말을 많이 한다고 생겨나는 것이 아닙니다. 상대방의 마음을 경청하고 존중해 줄 때 신뢰감이 만들어지는 것입니다.

자기가 자신에 대한 느낌을 가리켜서 '내적감각' 이라고 말합니다. 내적감각은 '자기' 를 형성하는 핵심을 이룹니다. 그것들은 '자기감' 을 이루는 결정점이 되고 그것을 둘러싸고 '정체감' 이 형성됩니다. 자신에 대해서 느끼는 '감각적' 이고 '지각적' 인 정신적인 두 구조가 '자기-정향' (self-orientation)의 틀을 형성하는 것입니다.

제2차 세계대전 중 영국에서 심리학자 스핏쯔가 보육원에서 자라는 유아들의 성장을 관찰하니 어떤 아이는 위생적 환경에서 잘 먹이고 입혀도 건강하게 자라지 못하는 것을 관찰하였습니다.

놀랍게도 아이들의 성장은 신체적 필요와 함께 이들을 돌보는 보모의 태도와 관계가 있었습니다. 보모가 따뜻한 사랑으로 돌보아 주는 아이들은 건강하게 잘 자라는 데 비하여 사랑으로 보살핌을 받지 못한 아이들은 위생적인 환경에서 잘 먹이고 입혀도 신체적 발육뿐 아니라 정신적 성장도 떨어지는 것을 알았습니다.

스핏쯔는 어머니를 유아의 보조적 자아라고 부릅니다. 또한 위니캇도 유아를 돌봐주는 사람의 '안아주기'와 '모성적 몰두'는 유아의 건강한 개성을 발달시키고 건강한 자기감을 형성하는 시작인 것입니다.

하나님은 우리에게 건강한 사랑을 주시는 분이십니다. 이 사랑을 나누며 살아가기를 원하십니다. 사람은 사랑을 받아야 건강하게 자랄 수 있습니다. 사람은 떡으로만 사는 것이 아니요 사랑을 먹고 사는 것입니다. 그 하나님의 사랑이 하나님의 말씀입니다.

"너를 낮추시며 너를 주리게 하시며 또 너도 알지 못하며 네 조상들도 알지 못하던 만나를 네게 먹이신 것은 사람이 떡으로만 사는 것이 아니요 여호와의 입에서 나오는 모든 말씀으로 사는 줄을 네가 알게 하려 하심이니라" (신명기 8장 3절)

예수님께서 병든 사람을 치료하신 것은 예수님의 사랑을 나누신 것입니다. 예수님께서 주신 사랑을 통해서 몸도 고침 받고 정서적인 안정감을 가지고 불안하지 않은 평안한 삶을 누리기를 원하신 것입니다.

다음은 귀신들린 아들의 아버지가 예수님을 만나고 있는 모습입니다. 예수님과 그 아들의 아버지가 대화하는 모습을 보면서 귀신 들린 아들에 대해서 생각하게 되었습니다. 그 아들의 아버지 마음 에는 예수님에 대한 이미지가 어떻게 자리 잡고 있을까요?

"예수께서 그 아버지에게 물으시되 언제부터 이렇게 되었느냐 하시 니 이르되 어릴 때부터니이다 귀신이 그를 죽이려고 불과 물에 자주 던졌나이다 그러나 무엇을 하실 수 있거든 우리를 불쌍히 여기사 도 와 주옵소서 예수께서 이르시되 할 수 있거든이 무슨 말이냐 믿는 자 에게는 능히 하지 못할 일이 없느니라 하시니 곧 그 아이의 아버지가 소리를 질러 이르되 내가 믿나이다 나의 믿음 없는 것을 도와 주소서 하더라 예수께서 무리가 달려와 모이는 것을 보시고 그 더러운 귀신 을 꾸짖어 이르시되 말 못하고 못 듣는 귀신아 내가 네게 명하노니 그 아이에게서 나오고 다시 들어가지 말라 하시매 귀신이 소리 지르 며 아이로 심히 경련을 일으키게 하고 나가니 그 아이가 죽은 것 같 이 되어 많은 사람이 말하기를 죽었다 하나 예수께서 그 손을 잡아 일으키시니 이에 일어서니라" (마가복음 9장 21-27절)

귀신들린 아들의 아버지는 예수님께 우리 아들도 나을 수 있는 지 물어 볼 때 확신이 없었던 것 같습니다. 예수님께서는 귀신들린 아들을 가진 아버지의 아픈 마음을 듣기 원하셨습니다. 그래서 '언제부터 이렇게 되었느냐'고 물으셨던 것입니다.

예수님께서는 가능성이 없을 것 같다고 느끼는 아버지에게 희망 과 용기를 주고 계시는 것입니다. 즉, 긍정적인 관계를 형성하고 있으셨습니다.

마음이 불안한 사람은 타인의 아픔을 듣지 못합니다. 오히려 왜 나한테 이런 것을 부탁하느냐고 되물으며 도망가려고 합니다. 그러나 예수님께서는 마음이 한없이 평안하셨습니다. 평안한 마음으로 아이 아버지의 마음을 듣기 원하셨고 그 과정 안에서 자연스럽게 아이 아버지는 예수님을 신뢰할 수 있었습니다.

귀신들린 아버지가 예수님께 오기까지는 수많은 실패의 경험을 했습니다. 그렇기 때문에 예수님을 만났어도 긍정적인 말을 하지 못합니다.

우리도 삶에 실패와 좌절의 경험이 많으면 예수님 앞에 서 있어도 잘못된 느낌으로 불안해 하게 됩니다. 그렇지만 예수님께서는 그런 우리에게 말씀하십니다.

"할 수 있거든 이 무슨 말이냐 믿는 자에겐 능치 못 할 일이 없다" (마가복음 9장 23절)

이 말씀은 나를 향한 하나님의 격려의 말씀입니다. 그 격려의 말씀으로 우리는 무한한 가능성을 계발할 수 있습니다.

예수님께서는 귀신들린 아들을 그냥 방관하지 않으셨습니다. 고쳐 주셨습니다. 예수님께서는 귀신에게 명령하셨습니다. 그 아이 몸에서 나가라! 라고 명령하셨더니 귀신이 소리 지르며 그 아이가 심히 경련을 일으키게 만들면서 나갔습니다. 사람들은 그 아이가 죽은 줄 알았습니다. 그런데 예수님께서는 그 아이의 손을 잡아 주시고 정상적인 삶을 살게 해 주셨습니다.

예수님께서는 이전에 경험하지 못했던 치유의 경험들을 아들과 그 아버지에게 선물로 주셨던 것입니다.

그들에게는 새로운 자존감이 만들어 졌습니다. 지금까지는 항상 치료 받지 못했는데 예수님으로 인해 치료 받은 경험을 하게 되었습니다.

치료의 경험을 통해 그들의 마음에는 어떤 변화가 왔을까요?

예수님과 함께 하면 이런 좋은 경험을 할 수 있구나 하는 새로운 자존감이 만들어진 것입니다. 예수님이 계신 곳에 내가 있으면 불가능 할 것 같은 일들이 가능한 일이 되는구나 하는 자존감이 생기게 된 것입니다.

예수님께서는 우리의 자존감을 건강하게 만들어 주시면서 일을 하십니다. 간혹 하나님의 축복이 정말 나에게도 가능할까하는 의심을 가지고 신앙생활을 하는 사람들을 만나게 됩니다. 건강해진 자존감으로 스스로 일어나게 되면 귀한 생명의 삶을 살 수 있지만 수동적인 삶을 살게 되면 발전된 삶을 살 수 없는 것입니다. 그래서 새로운 경험을 통해 새로운 자존감을 만들어 가기를 원하시는 것입니다.

사람들은 교회에 처음 발을 내딛을 때 자신만이 가지고 있는 하나님에 대한 이미지를 마음속에 가지고 교회를 옵니다. 이를 가리켜서 '애완용 하나님' 이라고 합니다.

마음에서는 이미 일차적인 하나님 이미지가 있기 때문에 제도적인 종교 경험을 할 때 재형성 과정과 재사고 과정을 거쳐 이 둘이 한데 섞이게 됨으로써 하나님의 '두 번째 탄생'이 일어나는 것입니다. 교리적으로 하나님이 좋으신 분이라는 것은 누구나가 다 아는 사실입니다. 하지만 이 사실이 나의 인격이 되기 위해서는 새로운 재내면화 과정을 거쳐야만 가능한 것입니다.

교회에서 신앙생활을 처음 시작한 새 가족에게는 이미 형성된 일차적 하나님 이미지에 더해서 관계와 교제, 그리고 신앙적인 가르침을 통해서 새로운 하나님 이미지를 만드는 작업을 해야 하는 것입니다. 하나님은 하나님 나라 안에서 밝고 긍정적인 경험을 많이 가져서 세상에서 밝고 긍정적인 삶을 살기를 원하십니다.

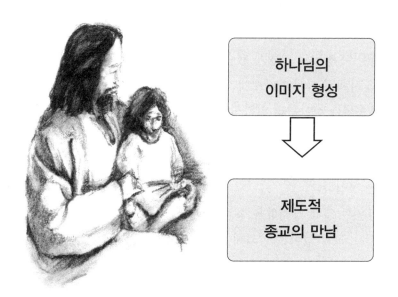

하나님의
이미지 형성

⬇

제도적
종교의 만남

좋은 가능성과 좋은 자존감의 시작은 생각입니다. 생각이 좋으면 좋은 가능성과 자존감은 저절로 따라옵니다.

예수님께서는 그 아들을 만났을 때 처음부터 생각이 긍정적이었습니다. 사람들은 자신들 생각의 틀 안에서 판단합니다. 이걸 가리켜서 '생각의 패러다임'이라고 말합니다. 자신의 생각의 틀이 긍정적이면 긍정적인 미래를 이룰 수 있고, 생각의 틀이 부정적이면 부정적인 미래가 이뤄지게 됩니다.

믿음이라는 틀 안에서 가정을 바라보고, 믿음이라는 틀 안에서 남편과 자녀를 바라보고, 믿음이라는 틀 안에서 자신을 바라보라는 것입니다.

예수님께서는 귀신들린 아들을 바라 봤을 때 믿음이라는 틀 안에서 나을 것을 바라 보셨습니다. 그리고 그렇게 선포하셨습니다. 그랬더니 정말로 그렇게 됐습니다. 생각이 좋으면 미래가 좋고 생각이 나쁘면 미래가 나쁘게 되는 것입니다.

예수님께서 아무리 일하시려고 해도 우리의 생각이 변하지 않으면 아무런 일이 일어나지 않습니다. 내가 가지고 있는 하나님의 이미지가 긍정적이면 긍정적인 믿음 안에서 긍정적인 인생이 펼쳐지는 것입니다.

믿음은 결국 상대방을 향한 신뢰를 의미합니다. 상대방과의 신뢰감은 교제 없이 형성되지 않습니다. 교제는 서로를 알아 갈 수 있는 통로입니다.

어느 한 연구자가 침팬지를 가지고 실험을 했습니다. 정상적인 시력을 가진 침팬지의 한 쪽 눈을 붕대로 봉합하고 나머지 한 쪽 눈은 그대로 두고 한 달을 지내게 했습니다.

한 달 후에 시력 상태를 체크해 보았더니 정상이었던 양쪽 눈 중 붕대로 봉합한 눈은 시력이 없어졌고, 봉합을 하지 않은 눈은 정상적일 때보다 오히려 시력이 좋아진 결과를 가져왔습니다. 정상적인 시력이라고 하더라도 사용하지 않으면 시력이 떨어지지만, 사용을 하면 오히려 정상적일 때보다 좋아진다는 것입니다.

하나님께서 아브라함에게 가나안땅을 약속하셨고 그 가나안땅으로 떠나라고 말씀을 하셨습니다. 그리고 아브라함은 하나님의 말씀에 순종하였으며 이는 믿음의 조상이라고 불리는 시발점이 되었습니다. 그래서 많은 사람들이 문제가 있고 어려움이 있을 때 아브라함이 믿음으로 순종했던 말씀을 붙들고 문제를 극복하려고 노력을 합니다.

> "여호와께서 아브람에게 이르시되 너는 너의 고향과 친척과 아버지의 집을 떠나 내가 네게 보여 줄 땅으로 가라 내가 너로 큰 민족을 이루고 네게 복을 주어 네 이름을 창대하게 하리니 너는 복이 될지라 너를 축복하는 자에게는 내가 복을 내리고 너를 저주하는 자에게는 내가 저주하리니 땅의 모든 족속이 너로 말미암아 복을 얻을 것이라 하신지라" (창세기 12장 1-3절)

창세기 12장 1절에서 3절까지의 말씀을 문자적으로 보면 하나님께서 아브라함에게 가나안땅으로 떠나라고 명령을 하고는 계시지만 아브라함의 감정을 무시하시고 명령하신 것이 아닙니다.

사람은 지시가 아니라 제안으로 성장하는 것입니다. 지시는 자신이 정한 것을 상대에게 행동하도록 시키는 것이고, 제안은 행동할 것인지 말 것인지를 상대가 결정하도록 맡기는 것입니다. 누군가 나에게 일을 부탁할 때에 지시가 아니라 제안을 하게 되면, 스스로 생각하여 일을 진행시키고 실무에 정통하게 되어 장차 안심하고 일을 맡길 수 있을 정도로 성장합니다.

인재육성의 성공 여부는 자신이 어떤 사고방식으로 어떤 행동을 하는가에 달려 있습니다. 사람들은 하나님께서 아브라함에게 명령을 하셨고 아브라함은 하나님의 명령에 순종을 한 것으로만 생각을 합니다. 하지만, 더 중요한 것은 하나님께서 아브라함에게 명령을 하셨던 방식을 기억해야 합니다.

하나님과 아브라함의 관계 안에서 하나님께서는 아브라함에게 신뢰를 주고 계셨고 아브라함은 하나님으로부터 그 신뢰감을 경험하고 있었습니다. 커뮤니케이션 능력이란 한 마디로 말해서 전달하는 능력입니다. 커뮤니케이션에서 중요한 것은 '무엇을' 전달하는가 보다는 상대에게 '무엇이' 전해지는가 입니다.

믿음의 조상이라고 불리는 아브라함도 막상 살아본 적도, 가본 적도 없는 곳으로 떠나라고 말씀하신 하나님의 말씀에 마음의 갈등을 하고 있는 것입니다. 하란 땅에서 가나안땅으로 발걸음을 옮기지 못하니까 하나님께서 증거를 말씀 하고 계시는 것입니다.

"네 이름을 창대하게 할 거야", "너는 정말 큰 복이 될 거야",

"너를 축복하는 사람은 복을 주고", "너를 저주 하는 사람은 내가 저주할 거야" 말고 증거를 말씀을 통해 하고 있는 것입니다.

하나님께서는 아브라함에게 믿음을 사용하기를 바라셨던 것이었습니다. 완벽한 믿음을 소유한 상태에서 믿음을 사용하라는 것이 아닙니다. 단 1%의 믿음을 가지고 있다 할지라도 그 1%의 믿음을 사용하라는 것입니다.

믿음이라는 것은 있고 없고의 문제가 아닙니다. 사용 하느냐 사용하지 않느냐의 문제입니다. 하나님께서 아브라함에게 가나안땅으로 가라고 명령하셨을 때는 아브라함의 믿음의 수준은 대단한 수준이 아니었습니다. 그렇지만 아브라함은 그 보잘 것 없는 믿음이나마 사용한 것입니다. 살고 있는 곳을 떠나고 싶지 않은 마음의 갈등은 있지만 하나님의 말씀을 신뢰해서 떠난 것입니다. 즉 사랑의 신뢰라는 관계 안에서 사용되어지는 믿음인 것입니다.

하나님을 믿는다는 것은 하나님께서 내 인생을 인도하고 계심을 신뢰하는 것입니다. 신뢰감은 그냥 생기는 것이 아닙니다. 하나님 관계 안에서 지속적인 좋은 경험을 통해 하나님을 향한 신뢰감이 생기는 것입니다.

결국 말씀의 좋은 경험을 많이 하는 사람이 하나님을 신뢰할 수 있게 됩니다. 믿음으로 하나님의 말씀을 사용하는 사람이 결국 믿음의 큰 기업이 되는 것입니다.

"이르시되 너희 믿음이 작은 까닭이니라 진실로 너희에게 이르노니 만일 너희에게 믿음이 겨자씨 한 알 만큼만 있어도 이 산을 명하여

여기서 저기로 옮겨지라 하면 옮겨질 것이요 또 너희가 못할 것이 없으리라" (마태복음 17장 20절)

제가 처음 사역을 시작했을 때 교역자 선배님과 함께 연세가 아흔이 넘은 권사님의 임종예배를 따라간 적이 있었습니다. 사역자로서 처음으로 드려보는 임종예배였기 때문에 저는 몹시 긴장하였습니다. 임종예배가 드려진 장소는 성남에 있는 한 요양원이었습니다.

저는 사실 죽음을 앞두고 있는 권사님이었기 때문에 초라한 모습을 하고 계실 거라고 생각하였습니다. 하지만 권사님을 처음 본 순간 저는 놀랄 수밖에 없었습니다. 어찌나 기백이 당당하시고 눈빛이 총명하신지, 결코 죽음을 앞두고 있는 분의 모습이 아니었습니다. 육신은 다하셔서 하나님의 부름을 받아야 될 상황이었지만 영적으로는 웬만한 젊은 청년보다 건강해 보이셨습니다.

주님 안에서 겪은 좋은 경험은 이처럼 죽음을 이기는 능력으로 이어질 수 있습니다. 그 능력은 어느 날 갑자기 생기는 것은 결코 아닙니다. 주님과의 지속적인 만남을 통한 쌓여진 관계가 나를 새롭게 하고 죽음을 이기게 하는 것입니다.

최근까지 미국에서 왕성하게 활동하는 저명한 기독교 상담 심리학자 데이빗 베너는 기독교 영성의 핵심을 다음과 같이 정리한 바 있습니다.

"기독교 영성의 핵심은 하나님에 대한 경험이다. 기독교 영성이
란 성령의 내주하심으로 인해 가능해진 하나님과의 깊은 관계를
말한다. 이 관계 속에서, 인간의 영(human spirits)은 성령을 토대
로 하나님과의 신비한 일치(union)와 친밀감(intimacy)을 경험한
다."

베너는 영성을 '하나님 경험'으로 단순 명료하게 정의하였습니
다. 그러한 단순명료함은 어쩌면 소박하기까지 합니다. 그러나 모
든 영성 이해는 그 소박함 속에 그 핵심이 다 들어 있다 해도 과언
이 아닐 것입니다.

마태복음 17장에 기록되어 있는 예수님의 변모와 관련된 사건
곧 소위 '변화산 사건'은 '하나님 경험'의 내용을 명료하게 말씀
하고 있습니다.

"엿새 후에 예수께서 베드로와 야고보와 그 형제 요한을 데리시고 따
로 높은 산에 올라가셨더니 그들 앞에서 변형되사 그 얼굴이 해 같이
빛나며 옷이 빛과 같이 희어졌더라 그 때에 모세와 엘리야가 예수와
더불어 말하는 것이 그들에게 보이거늘 베드로가 예수께 여쭈어 이
르되 주여 우리가 여기 있는 것이 좋사오니 만일 주께서 원하시면 내
가 여기서 초막 셋을 짓되 하나는 주님을 위하여, 하나는 모세를 위
하여, 하나는 엘리야를 위하여 하리이다 말할 때에 홀연히 빛난 구름
이 그들을 덮으며 구름 속에서 소리가 나서 이르시되 이는 내 사랑하
는 아들이요 내 기뻐하는 자니 너희는 그의 말을 들으라 하시는지라
제자들이 듣고 엎드려 심히 두려워하니 예수께서 나아와 그들에게

손을 대시며 이르시되 일어나라 두려워하지 말라 하시니 제자들이
눈을 들고 보매 오직 예수 외에는 아무도 보이지 아니하더라" (마태
복음 17장 1-8절)

1절에서 언급된 '높은 산'이라는 낱말은 세속과 구별된 장소라
는 의미로서의 거룩함을 상징하는 '산'의 이미지를 갖습니다. 그
이미지는 소위 사막의 교부들이 갖던 '사막'이라는 이미지와 더불
어 세속으로부터의 격리라고 하는 상징적 의미를 갖습니다.

2절은 '영성'이라는 개념이 품고 있는 '초월적 경험'의 결과로
서 나타나는 하나님과의 '일치'(union)의 경험을 통한 변화를 의
미합니다.

3절에서 5절은 하나님과 인간의 만남을 의미합니다. 학문적으로
는 하나님과 인간의 조우(Encounter)라고 합니다. 하나님과 인간
의 만남을 통하여서 하나님이 계시는 지성소에 들어가는 것입니
다. 이를 가리켜서 '하늘의 신탁'(oracle)이라고도 합니다.

6절은 그 결과로 나타나는 초월적 경험의 특징 중 하나인 두려움
과 떨림을 기록하고 있으며 7절에서 8절은 신과의 접촉(touch)으
로 인한 친밀감(intimacy)의 형성을 의미합니다.

우리가 하나님과의 밀접한 관계를 형성하기 위해서는 적극적으
로 하나님의 긍정적인 이미지를 상상하며 하나님의 이미지를 나
의 생각으로 규정짓지 말고 하나님의 마음을 열어 성령을 통해 모
셔드려야 합니다. 그때 하나님의 신비로움이 내게 경험되어 집니
다.

또한 하나님을 아는 것을 지식으로만 근거해서 알지 않고 지식 이상인 사랑으로 이해해야 합니다. 즉 하나님은 지식으로 이해되지 않으며 사랑으로 이해되는 것입니다. 또한 하나님을 만남에 다양한 방식으로 마음을 열어야 합니다. 하나님을 만남에 있어서 정신과 지성을 밝게 비춰주시고 우리의 가슴(감정)을 밝게 비춰 주십니다.

이를 가리켜서 '사변적 영성' 이라고 말을 합니다. 사변적 영성은 하나님을 정신(mind)을 통해서 만날 수 있다고 강조하며, 서구 기독교의 특징으로 대변되는 '말씀의 종교' 또는 '이론 신학' 의 강조가 그 대표적인 예입니다. 그러나 하나님과의 만남 또는 친밀감의 경험에 소홀합니다. 반면, '감성적 영성' 은 하나님을 머리가 아니라 가슴(heart)으로 만날 수 있다고 강조합니다. 소위 구약성서 에스겔서 등에서 강조하는 가슴의 종교(heart religion)가 이에 해당합니다. 이러한 영성은 14세기, 15세기 사막교부들로부터 시작해서 오늘날 많은 교회에서 이런 형태들이 많이 발견됩니다.

이러한 경험에 관한 체계적인 성찰이나 신학적 작업에 소홀하므로 비이성적이라 비판을 받을 수 있습니다.

이 두 가지 '사변적 영성' 과 '감정적 영성' 은 서로 밀접하게 연관되어 있습니다. 이 둘 중 어느 한 가지만 고집을 부리는 것은 쉬운 일이 아니며 건강한 영성적인 하나님과의 관계를 기대하기가 어렵습니다.

영성에서의 문제는 한 가지 방식으로 치우쳐 균형이 깨어질 때 생기게 됩니다. 하나님은 우리의 이성, 지성 그리고 나의 심리적인 문제와 기질을 인정하십니다. 그것이 균형감을 가지고 있을 때 하나님과의 밀접한 관계 속에서 새로운 은혜를 경험하게 됩니다.

2. 내가 알고 있는 하나님 vs 내가 경험한 하나님

부모님은 장남·장녀에게 거는 기대가 참 큰 것 같습니다. 똑같은 형제지간이지만 장남·장녀로서 성장하는 것은 성공해야 한다는 책임감이 따릅니다.

어느 텔레비전 프로그램을 보면서 장녀인 자신의 딸과의 관계 때문에 고민이신 분의 이야기를 듣게 되었습니다. 자신은 큰 딸을 많이 사랑한다고 생각했었는데 아이가 클수록 자신과의 관계가 나빠지는 것 같아서 고민이었습니다. 하지만, 관계가 멀어지는 이유에 대해서 전혀 몰랐습니다. 그래서 정신과를 가서 상담을 받았다고 합니다.

상담을 받고 의사선생님이 하시는 말씀이 어머니의 사랑이 부족해서 이런 결과를 가져 오게 되었다는 말을 듣게 되었습니다. 그 말을 듣고는 너무 억울해서 견딜 수가 없었다고 합니다. 왜냐하면 자신은 지금까지 딸에게 준 사랑이 컸다고 생각했기 때문입니다.

그렇지만 집에 돌아가서 가만히 생각을 해보니 정신과 의사선생님의 말이 점점 수긍이 되었다고 합니다. 그 분의 말씀에 따르면 그동안 자신이 딸에게 주었던 사랑은 늘 기준이 있었다고 합니다.

시험에서 80점을 받아와도 자신은 딸에게 칭찬을 하기는 커녕 "너는 장녀니까 다음번에는 100점을 받아야 돼", 동생하고 싸우더라도 "너는 언니니까 동생한테 양보해야 돼" 늘 이런 식의 대화였다고 합니다.

큰 딸에게 늘 지적만 하고, 있는 그대로 사랑해 주지 못했던 자신의 모습을 뒤늦게 깨달았다고 합니다. 지금 생각해 보면 자신의 딸에게 너무 미안한 마음이 크다고 울면서 말하는 방송을 보았습니다.

저는 그 이야기를 듣고 너무 동감을 했습니다. 왜냐하면 저 역시도 장남으로 자랐기 때문입니다. 장남이라는 이유로 나는 성공해야 된다는 책임감으로 살았습니다. 그래서 무엇이든지 열심히 하려고 했습니다. 왜냐하면 무엇이든지 열심히 해서 성공하고 싶었기 때문입니다.

어머니께서 저를 키우실 때 저 때문에 많은 고생을 하셨습니다. 고생하시는 어머니를 볼 때마다 내가 나중에 성공하면 모든 것을 갚아 주겠다는 책임감이 따라 다녔습니다. 하지만 그런 성장 과정 안에서 저도 모르게 완벽주의적인 성향이 만들어지고 있었습니다. 편안한 마음으로 무엇인가를 집중할 수가 없었습니다. 늘 강박적인 마음으로 열심을 내야만 했습니다. 어떤 일을 즐기는 것보다는 늘 완벽해야 하고 실수를 용납하지 못했습니다.

가끔 텔레비전에서 어미 독수리가 새끼 독수리를 돌보는 것을 본 적이 있었습니다. 세상에 태어난 한 마리의 독수리는 장엄함이나 우아함과는 거리가 멉니다. 갓 부화된 새끼 독수리는 정말 못난이입니다. 목이 대부분을 차지하고 거기에 작은 머리와 몸뚱이가 붙어 있을 뿐입니다. 어미 독수리는 새끼에게 먹이를 너무 자주 줘서 나중에는 새끼의 목구멍에 먹이를 쑤셔 넣을 지경까지 가는데 그것은 새끼를 확실히 생존시키기 위한 방법입니다. 새끼 독수리는 어미처럼 커질 때까지 그렇게 계속 먹고 자랍니다. 그러다 마침내 어린 새끼 독수리는 비행훈련 학교에 들어갈 준비가 되었는데, 그 단계는 독수리의 독립과 생존을 위해 중요하고 필수적입니다.

일단 어미 독수리는 둥지로 들어와 새끼 독수리를 둥지 가장 자리로 유인하고 밀어붙이기 시작합니다. 새끼 독수리는 둥지에 발톱을 깊게 박고 힘껏 저항합니다. 그러나 어미는 후퇴하지 않습니다. 어미는 새끼를 계속 밀어서 마침내 높은 암벽 위에 있는 둥지에서 밀어 떨어뜨립니다. 새끼 독수리는 훈련되지 않았지만 추락에 대비할 신체구조가 갖추어져 있습니다. 새끼 독수리는 마침내 자기의 날개를 펴고 상승기류를 탑니다. 그리고 날개를 어떻게 펴덕이면 되는지, 어떻게 하면 하늘로 솟구쳐 오를 수 있는지를 재빨리 배웁니다. 곧 새끼 독수리는 자신의 먹이를 사냥하게 되고, 결국 둥지를 떠나 자신의 가정을 이루고 새끼를 낳습니다.

새끼 독수리처럼 우리의 자녀들도 신체적으로나 정서적으로 부모의 보살핌으로부터 자유롭게 벗어나야 할 때가 옵니다. 누구나 어릴 적에는 주변에 의존하고는 합니다. 무엇을 하든지 부모와 가족 이웃 선생님들의 신세를 지며 살아 옵니다. 어쩌면 한 아이의 건강한 성장은 다른 사람들의 손에 달려 있다고 해도 과언이 아닙니다.

그렇지만 점점 성인이 되면서 사람과 사람 사이에서 살아가는 법을 배우게 됩니다. 의존성과 독립성이 조화를 이루면서 점점 철이 들게 됩니다.

하나님께서는 하나님의 자녀들이 독립성을 가지는 동시에 하나님께 의존적인 상태로 살기를 원하십니다. 하지만 완벽주의자들은 의존 심리를 계속 끌어안은 채 자신의 권리와 힘을 과소평가하고 살아갑니다.

저는 신앙생활에서 저의 완벽주의적인 기질대로 하나님을 섬겼었습니다. 오랜 세월 동안 내가 무엇인가를 열심히 해서 성과를 이루어내면 하나님께서 영광을 받으실 것이라고 생각하고 살아 왔었습니다. 하지만 그런 열심은 또 다른 열심을 만들었습니다. 교회에서 봉사하는 것이 즐겁기는 했지만 강박적인 마음으로 행했던 봉사는 저를 지치게 만들 때가 많았습니다.

하나님 앞에 조금도 실수하지 않으려고 했습니다. 실수할 때면 제 자신이 수치스럽게 느껴질 때도 있었습니다. 겉으로는 하나님을 섬기는 것이었지만 실상 내 자신을 섬기는 신앙생활을 했었던 것입니다. 내 자신을 스스로 사랑한 적이 없었습니다. 늘 다른 사람들의 시선과 인정에 관심을 두었습니다.

하나님께서는 조건 없이 나를 사랑하시고 있다는 사실을 몰랐었습니다. 구속의 기쁨 없이 스스로 마음을 올무에 가둬 버렸던 것이었습니다. 하나님께서 나를 향한 관심이 어디에 있는지를 몰랐습니다.

"모세가 바다 위로 손을 내밀매 여호와께서 큰 동풍이 밤새도록 바닷물을 물러가게 하시니 물이 갈라져 바다가 마른 땅이 된지라 이스라엘 자손이 바다 가운데를 육지로 걸어가고 물은 그들의 좌우에 벽이 되니 애굽 사람들과 바로의 말들, 병거들과 그 마병들이 다 그들의 뒤를 추격하여 바다 가운데로 들어오는지라" (출애굽기 14장 21-23절)

모세가 이스라엘 백성들을 이끌고 가나안 땅으로 들어가려고 할 때 큰 시련을 만나게 됩니다. 예상치 못한 홍해 바다를 만났기 때문입니다. 이스라엘 백성들도 홍해 바다만 건너면 자유를 보장 받은 가나안 땅으로 들어갈 것이라고 생각했었습니다. 그렇지만 자신들의 힘만으로는 홍해 바다를 건널 수 없었습니다. 자신들을 죽이려고 쫓아오는 군대가 바로 뒤에 있었습니다.

이스라엘 백성들은 앞으로도 뒤로도 갈 수 없는 절체절명의 위기에 있었습니다. 완전한 절망의 상태였습니다. 하지만 하나님께서는 모세를 통해서 홍해바다를 완전히 둘로 가르셨습니다. 완전한 하나님의 주권으로 이루신 하나님의 은혜의 사건이었습니다.

하나님께서는 이스라엘 백성들의 절망의 상황을 방관하지 않으셨습니다. 홍해 바다를 가르면서 절망을 희망으로 바꾸셨습니다. 하나님께서는 이스라엘 백성들의 심적 상태에 관심을 가지셨습니다. 절박한 마음의 상태, 희망이 없을 것 같은 마음의 상태에 관심을 두셨던 것입니다. 그런 절망을 희망으로 바꾸신 것은 모세를 통한 하나님의 절대적 은혜였습니다. 하나님의 은혜는 우리의 마음을 완전히 변화시키는 것입니다.

만약에 하나님께서 이스라엘 백성들이 자신의 힘으로 홍해를 건너기를 원하셨다면 그들은 수영을 해서 바다를 건너야만 했을 것입니다.

사람들은 자신이 세상에서 으뜸이 되는 사람이 되면 하나님이 자신을 더 사랑할 것이라고 생각합니다. 예를 들면 큰 사업가가 된다거나, 유명한 정치인이 된다거나, 유명한 명문 학교에 입학하거나, 좋은 회사에 취업하는 것이 있을 것입니다.

하지만 하나님께서는 으뜸이 되는 사람을 더 사랑하고 그렇지 않은 사람은 덜 사랑하는 분이 아니십니다. 왜냐하면 하나님의 관심은 우리의 업적이 아니라 우리의 심적 상태에 있기 때문입니다.

제가 상담을 했던 집사님은 자신은 쓸모없는 사람이라고 생각하고 살아왔다고 합니다. 그래서 무엇인가를 하고 싶지만 자신 없고 소심한 성격 때문에 주변인처럼 맴돌기만 했었습니다.

수치심은 어면 상황에서 스스로 자신을 정말 형편없고 어디서든 쓸모 없고 가치 없게 느끼는 건강하지 못한 자기 자신에 대한 인식에서 비롯됩니다. 이러한 자기 자신에 대한 부정적인 인식은 그처럼 보잘 것 없는 자신이 거절당하거나 무시당할 것에 대한 두려움을 가지고 있습니다. 그래서 자기 자신을 사랑하지 못하고 수치심으로 가득한 사람들은 이러한 자신의 상처와 아픔을 감추기 위해서 분노를 표현을 합니다. 남들보다 심하게 화를 낸다거나 물건을 부스거나 심한 욕설을 합니다. 한번 화를 내고 마음이 풀리는 시간이 오래 걸리기도 합니다.

사실 수치심이 많은 사람이 화를 내는 것은 타인에게 화를 내는 것이 아닙니다. 자기 자신에게 화를 내는 것입니다. 또한 자기에게 수치감을 주었던 누군가에게 복수를 하고 싶은 마음으로 큰 화를 내는 것입니다. 그래서 자신에게 비슷하게 수치감을 느끼게 하는 사람이 있다면 그동안 자신에게 수치감을 안겨 주었던 그 누군가를 향한 복수이기도 합니다.

그 여자 집사님은 수치심이 많았던 분이셨습니다. 친구들과의 관계에서도 자신이 말하고 싶은 의견을 말하지 못하고 늘 사람들이 원하는 대로 따라다니기만 했었습니다. 자기가 이런 말을 하면 왠지 친구들이 자기를 싫어할 것이라고 생각했기 때문입니다.

집사님은 어릴 때부터 아버지로부터 늘 지적받기만 했었다고 합니다. 아버지는 실수를 용납하지 못하고 늘 잔소리만 했었습니다. 그래서 자신은 늘 실수하는 사람이라고만 생각하고 살아 왔었습니다. 마음에서는 "나도 잘 할 수 있는데"라고 생각하지만, 현실에서는 늘 주변인이었습니다. 왜냐하면 실수 할까봐 두려워서 사람들과 온전한 관계를 맺기가 어려웠던 것입니다. 그런데 밖에서는 남들에게 자신의 의견을 잘 말하지 못하지만 집에서는 전혀 달랐습니다. 아이들을 체벌하는 수위도 높았습니다.

집사님은 아버지에 대한 분노의 감정을 안고 살고 있었습니다. 아버지에 대한 용서하지 못하는 마음이 자신에 대한 수치감을 안고 있었습니다.

예수님께서는 완벽한 우리에게 오시지 않으셨습니다.

"바리새인들이 보고 그의 제자들에게 이르되 어찌하여 너희 선생은 세리와 죄인들과 함께 잡수시느냐 예수께서 들으시고 이르시되 건강한 자에게는 의사가 쓸 데 없고 병든 자에게라야 쓸 데 있느니라 너희는 가서 내가 긍휼을 원하고 제사를 원하지 아니하노라 하신 뜻이 무엇인지 배우라 나는 의인을 부르러 온 것이 아니요 죄인을 부르러 왔노라 하시니라" (마태복음 9장 11-13절)

율법은 우리의 죄 된 것들을 지적합니다. 하지만 예수님은 우리의 죄 된 것들을 용서하시고 수용하십니다. 사람은 자신이 잘못을 저지르게 되면 그 잘못을 만회하기 위해서 무엇인가를 더 행동한다고 합니다. 그런데 행동의 중심에는 불안함이 깔려 있습니다. 기쁨이 전혀 없는 것입니다.

집에서 아이들이 엄마가 없을 때 맘껏 장난치다가 그만 어머니께서 아끼는 그릇을 깨뜨리고 말았습니다. 아이들은 분명 놀라서 어쩔 줄을 모를 것입니다. 아마 그 순간만큼은 엄마가 집에 들어오지 않기를 바랄 것입니다. 놀란 가슴으로 온 집안을 청소하기 시작합니다.

그런데 그날 저녁 어머니께서 식사를 준비하다가 그릇이 깨진 것을 발견하게 됩니다. 그 순간 아이들은 공포에 시달릴 것입니다. 그 때 지혜로운 엄마라면 아이를 안아 주면서 이렇게 말해야 합니다. "네가 그릇을 깨뜨리고 엄마한테 혼날까봐 무서웠겠구나! 엄마는 이 그릇보다 우리 아들이 더 소중해! 어디 다친데 없니?"라고 말을 해야 합니다.

그런 엄마의 반응에 자녀는 100% 엄마를 신뢰할 것입니다. 왜냐하면 엄마가 나를 수용해 주었기 때문입니다. 사람은 자기를 이해해 주고 수용해 주는 사람에게 신뢰를 보내는 법입니다. 또한 온전히 수용됨을 통해서 영혼이 치료됩니다.

하나님께서는 이스라엘 백성을 완전히 수용하셔서 하나님을 의지하며 살아가는 이스라엘 백성이 되기를 원하신 것입니다. 완전히 안아 주셔서 부들부들 떨고 있는 이스라엘 백성들을 치료하시고 회복시키셔서 건강한 이스라엘 민족으로 만드시는 것입니다. 오직 하나님만을 의지하는 건강한 존재가 되기를 원하시는 것입니다.

> "너희가 어찌하여 양식이 아닌 것을 위하여 은을 달아 주며 배부르게 하지 못할 것을 위하여 수고하느냐 내게 듣고 들을지어다 그리하면 너희가 좋은 것을 먹을 것이며 너희 자신들이 기름진 것으로 즐거움을 얻으리라" (이사야 55장 2절)

예수님께서 진리를 주신 것은 우리에게 자유함을 주시기 위함입니다. 율법이라는 울타리에서 고통당하는 것을 원치 않으십니다.

> "진리를 알지니 진리가 너희를 자유롭게 하리라" (요한복음 8장 32절)

인생은 어떤 사상을 받아들이느냐에 따라 달라집니다. 자유란 손으로 더듬어 만져지거나 남이 베푸는 것이 아닙니다. 스스로 자신을 소중히 생각하고 나의 소유를 적절히 주장하면서 누릴 수 있는 것입니다.

하나님의 사랑이 나에게 집중하고 나를 꼭 붙잡고 있다는 믿음 안에서 우리는 진정한 자유를 누릴 수 있습니다. 과학적 상식이 있어야 렌즈의 초점을 맞출 수 있고 지구가 둥글다는 불변의 진리를 받아 들일 수 있듯이, '당신은 이미 사랑 받고 있다는' 점을 믿으려면 믿음의 경험으로 이를 입증해야 합니다.

행동 방식을 점검하세요

몇년 전에 '스위치' 란 책을 읽었습니다. 행동설계에 관해서 다룬 책입니다. 그 책의 내용을 보면 우리는 각자 우리 삶을 변화시킬 수 있는 'Bright Spot' 가 있다고 말하고 있습니다.

뚱뚱한 사람이 다이어트에 성공을 하려면 다이어트에 실패하는 가장 중요한 이유를 발견해야 되는데 그것이 그 사람에게는 'Bright Spot' 이 된다는 것입니다. 다이어트를 결단한 사람이 운동은 많이 해도 식사량이 여전히 변화가 없으면 식사량을 개선해야 합니다. 식사량을 개선하는 것이 다이어트를 원하는 사람의 'Bright Spot' 인 것입니다.

내 삶을 변화시키지 못하는 이유를 발견했을 때 당장은 힘들겠지만 그것을 전화위복으로 삼아 극복하려 노력한다면 오히려 그 약점이 새로운 기회가 될 수 있다는 것입니다. 내가 부족한 부분이 현재는 아픔이지만 노력을 통해서 미래의 삶을 변화 시킬 수 있는 'Bright Spot' 이 될 수 있는 것입니다.

사람의 행동을 변화시키려면 내 삶을 속박했던 가장 큰 이유를 발견해야 되는데, 그 발견은 개인에 대한 기본적인 자료를 근거로 이루어집니다. 그리고 그 자료가 앞으로 행동해야 될 방향을 제시하는 것입니다.

> "누구든지 말씀을 듣고 행하지 아니하면 그는 거울로 자기의 생긴 얼굴을 보는 사람과 같아서" (야고보서 1장 23절)

어떤 문제든지 분석하는 것으로만 멈추는 것이 아니라 분석을 했으면 과감하게 행동하라는 것입니다. 우리가 하나님의 사람으로 변화되기 위해서는 하나님의 말씀으로 비추어서 내 자신을 볼 때 보이는 내 모습이 부끄럽고, 아프고, 피하고 싶더라도 그 모습을 과감하게 버릴 것은 버리고, 고칠 것은 고치라는 것입니다. 발견된 그 모습이 영적인 'Bright Spot' 입니다.

사람들은 성경말씀대로 살려고 해도 자신의 뜻대로 잘 되지 않는다고 말하는 사람들을 만납니다. 똑같이 씨를 뿌렸지만 열매를 맺는 밭이 있고 그렇지 못한 밭이 있습니다.

> "더러는 좋은 땅에 떨어지매 자라 무성하여 결실하였으니 삼십 배나 육십 배나 백 배가 되었느니라 하시고" (마가복음 4장 8절)

성경에서 말씀하고 있는 밭을 가는 작업을 가리켜서 내면의 '구조'를 새롭게 한다는 의미입니다. 열매를 맺는 것을 가리켜서 '방향성' 이라고 말합니다. 집을 짓는데 시간이 다소 오래 걸리더라도 기초 공사를 튼튼히 해서 완성된 집은 비바람을 막아내고 집의 역할을 오랫동안 감당할 수 있습니다.

이처럼 내면의 구조를 새롭게 하는 것은 건강한 삶의 방향성을 보장 받을 수 있습니다. 튼튼하지 못한 내면의 구조를 가지고 있는 사람에게는 긍정적인 삶의 방향성을 보장할 수 없습니다.

하나님께서는 말씀을 통해 내면의 잘못 되어진 구조를 새롭게 하기를 원하시는 것입니다. 시간이 다소 오래 걸리더라도 말입니다. 구조를 튼튼히 하면 도전할 수 있고, 실천할 수 있는 것은 수월해 지는 것입니다.

> "하나님 앞에서는 율법을 듣는 자가 의인이 아니요 오직 율법을 행하는 자라야 의롭다 하심을 얻으리니" (로마서 2장 13절)

이론과 실전은 다릅니다. 말씀을 들을 때는 나는 정말 아무 문제가 없고 들은 말씀을 다 아는 것 같지만 직접 말씀을 내 삶에 실천할 때에는 내가 들었을 때만큼, 내가 평소에 알고 있는 만큼 말씀을 실천하지 못합니다.

> "제 자신을 보고 가서 그 모습이 어떠했는지를 곧 잊어버리거나와 자유롭게 하는 온전한 율법을 들여다보고 있는 자는 듣고 잊어버리는 자가 아니요 실천하는 자니 이 사람은 그 행하는 일에 복을 받으리라" (야고보서 1장 24-25절)

하나님은 분석가를 좋아하지 않습니다. 하나님께서는 언변가를 좋아하지 않으십니다. 행동가를 좋아하십니다.

섬김의 자리를 사모 하세요

초등학생들을 상대로 학업 성적이 우수한 학생들을 설문조사한 기사를 읽은 적이 있습니다. 성적이 우수한 학생들의 공통된 특징은 주말에 한 가지 봉사를 하고 있었다는 것이었습니다. 물론 꼭 종교적인 봉사만 하는 봉사가 아니라 사회에서 하는 봉사 모두를 포함해서 입니다. 학생들은 봉사를 통해서 내 자신을 사랑하고 소중하게 생각하는 마음을 얻게 되었다고 합니다.

봉사활동을 통해서 나보다 못한 사람들의 상황을 보고 느껴지는 마음의 따뜻함이 건강한 자존감을 만들어 주는 것입니다. 건강해진 자존감으로 시작된 학업의 결과는 좋을 수밖에 없는 것입니다. 사람은 자신이 생각할 때 가치 있고 의미 있는 일을 할 때 진정한 행복을 경험한다고 합니다. 나의 인정을 위한 섬김이 아닌 하나님의 영광을 위한 섬김은 궁극적으로 자신을 사랑하는 마음을 만들어 줍니다.

2012년 여름 베트남 단기 선교팀을 섬겼습니다. 그 중에 어느 한 집사님의 간증은 잊을 수 없습니다. 집사님은 일주일 동안 베트남을 다니면서 환경적으로 어렵지만 하나님을 열심히 섬기는 사람들을 보게 된 것입니다.

"베트남을 가기 전에는 저만 세상에서 가장 힘들게 살고 있었다고 생각을 했었는데, 나보다 더 못한 상황에서도 하나님을 이렇게 섬기는 베트남 사람들을 보면서 반성을 많이 했어요."

사랑을 실천하고 서로 도와 가면서 살아가는 삶은 최고의 기쁨을 경험할 수 있는 삶입니다. 봉사와 헌신이 있는 곳에는 새로운 생명이 있습니다.

저는 가끔 장인어른이 하신 말씀이 기억납니다. 언젠가 교회에서 시골의 작은 개척교회를 도와주시고 오셨었습니다. 그날 많은 은혜를 경험하고 오셨던 것 같아 보였습니다.

그 날 저녁 식사를 하면서 제게 말씀하셨습니다.

"나는 지금까지 내가 쓰레기라고 생각하고 살았어! 그런데 나 같은 사람도 좋은 일을 할 수 있는 사람이구나라는 생각을 해보니 마음이 새로워지는 것 같아"

장인어른은 안수집사님으로서 열심히 하나님을 섬기고 계십니다. 하나님의 은혜는 헌신과 봉사에서 경험할 수 있습니다. 그 헌신과 봉사를 통해 새로운 나를 경험할 수 있는 것입니다.

하나님 안에서 나에 대한 존재의 가치를 경험하고 새로워진 존재가 새로운 삶을 주체적으로 만들어 갈 수 있습니다.

사람은 자신이 생각했을 때 가치 있는 것이라고 여겨지는 것을 위해 산다고 합니다. 자신이 생각했을 때 물질이 가치가 있다고 생각하는 사람은 물질을 벌기 위해서 삽니다. 건강이 가장 가치 있다고 생각하는 사람은 건강을 지키고 유지하기 위해서 많은 투자를 합니다.

하지만 하나님 나라를 위해서 일하는 것이 가장 소중한 가치라고 생각하며 사는 사람은 하나님 나라를 위해서 살게 되어 있습니다. 그렇지만 중요한 것은 나를 위해서만 사는 것보다는 다른 사람들을 위해서 살아가는 삶에 후회가 없는 인생이 됩니다.

> "그런즉 너희는 먼저 그의 나라와 그의 의를 구하라 그리하면 이 모든 것을 너희에게 더하시리라" (마태복음 6장 33절)

> "예수께서 이르시되 네 마음을 다하고 목숨을 다하고 뜻을 다하여 주 너의 하나님을 사랑하라 하셨으니 이것이 크고 첫째 되는 계명이요 둘째도 그와 같으니 네 이웃을 네 자신 같이 사랑하라 하셨으니 이 두 계명이 온 율법과 선지자의 강령이니라" (마태복음 22장 37-40절)

하나님께서는 우리가 하나님만을 사랑하기를 원하시지 않으십니다. 또한 이웃만을 사랑해서 하나님이 없는 삶을 살기를 원하지 않으십니다. 하나님을 사랑하듯 이웃을 사랑하고, 이웃을 사랑하듯 하나님을 사랑하기를 원하시는 것입니다. 늘 섬기는 마음으로 삶을 누릴 때 하나님의 나라가 나를 통해서 세워집니다. 또한 섬기는 삶에는 후회가 없습니다. 내가 자신을 돌아 봤을 때 스스로 칭찬할 수 있을 재료가 많이 쌓여지게 됩니다.

"우리가 다 하나님의 아들을 믿는 것과 아는 일에 하나가 되어 온전한 사람을 이루어 그리스도의 장성한 분량이 충만한 데까지 이르리니 이는 우리가 이제부터 어린 아이가 되지 아니하여 사람의 속임수와 간사한 유혹에 빠져 온갖 교훈의 풍조에 밀려 요동하지 않게 하려함이라"(에베소서 4장 13-14절)

우리가 영적으로 성장해서 건강한 삶을 누리기 위해서는 예수님을 본받아야 합니다. 예수님이 우리들 삶의 모델입니다.

"너희 안에 이 마음을 품으라 곧 그리스도 예수의 마음이니"(빌립보서 2장 5절)

기독교 영성 성숙의 목표는 예수님을 본받는 것입니다. 기독교 영성은 하나님의 영(Holy Spirit)과 인간의 영(Human Spirit) 사이에 긴장을 갖습니다. 인간의 영만을 강조하는 것은 기독교적이 아닙니다. 기독교 전통에 의하면, 어거스틴의 기도형태로 이해하면 인간은 하나님 안에서 안식하기 전까지 '완전'에 이르지 못한다고 말했습니다. 기독교 영성은 하나님에게 끝없이 가까이 가는 관계라고 하는 의미에서 '완전'을 말합니다. 또한 예수님을 본받는다는 것은 '훈련'의 의미가 있습니다.

영적 성장에는 두 가지 길이 있다고 드리스킬(Driskill)은 말합니다. 예를 들면 어떤 사람은 위기의 순간에 삶을 전환하는 사건을 경험함으로 영적성장을 하지만, 대부분의 사람들은 훈련된 방법으로 영적성장을 이룬다는 것입니다.

그러한 훈련은 하나님을 갈망하는 사람들을 도와서 그들의 전 생애를 하나님께서 기뻐하시는 사역을 위하여 헌신하도록 역사합니다. 참 기독교 영성은 훈련의 과정을 필요로 합니다. 그렇기 때문에 섬기는 교회에서 실시하고 있는 영적훈련 프로그램에 적극적으로 참여해야 합니다.

또한 예수님을 본받는다는 것은 공동체 생활에서의 '책임'을 강조합니다. 다시 말해서 "Life Together"를 의미합니다. 이는 '더불어 살기'를 요구하는 것입니다. 영성적 훈련을 통해 자기를 성장하는 것에는 금식, 기도, 묵상과 같은 내면적인 영성 훈련만 있는 것이 아닙니다. 예배, 검소한 삶, 공동체적 훈련, 영적지도와 같은 외적 훈련도 함께 필요합니다. 참 기독교 영성은 공동체에 참여 할 것을 요청하며 동시에 구조에 책임을 지는 것도 포함합니다.

마지막으로는 예수님을 본받는다는 것은 하나님께서 우리 삶 속에 역사하신다고 하는 사실을 믿는 것입니다. 인간 삶의 요소는 개인적인 '내면의 요소', '대인 관계적인 요소', '속해 있는 집단의 구조적인 요소' 그리고 '환경적 요소' 이렇게 네 가지로 크게 나눕니다.

영적 성장을 추구하는 사람은 내면적인 주제와 하나님과의 관계를 추구하여야 할 뿐만 아니라, 하나님께서 역사하시는 사회적인 관계, 기관, 더 넓은 사회적인 구조들 그리고 더 나아가 모든 환경 속에서 역사하시는 하나님의 방식을 알아가야 합니다.

누가복음 10장 27절에서 28절 말씀은 하나님 안에서 영성적 훈련을 통해 전인적 건강한 삶을 살기를 원하시는 하나님의 마음을 말씀하십니다.

"대답하여 이르되 네 마음을 다하며 목숨을 다하며 힘을 다하며 뜻을 다하여 주 너의 하나님을 사랑하고 또한 네 이웃을 네 자신 같이 사랑하라 하였나이다 예수께서 이르시되 네 대답이 옳도다 이를 행하라 그러면 살리라 하시니" (누가복음 10장 27-28절)

이러한 삶은 예수님을 본받아 좀 더 휘파람이 나고 웃을 수 있는 삶으로 인도 받을 수 있고 주님의 은혜로 영적인 즐거움이 매일 경험되어지는 길입니다.

3. 하나님이 보시는 눈으로 나를 보기

서양의 동화 중에 핑크대왕 퍼시라는 재미있는 동화가 있습니다. 핑크색을 광적으로 좋아하는 핑크대왕 퍼시는 자신의 옷뿐만 아니라 모든 소유물이 핑크색이었고 매일 먹는 음식까지도 핑크색이었습니다. 그러나 핑크대왕은 이것으로 만족할 수 없었습니다. 왜냐하면 성 밖에는 핑크가 아닌 다른 색들이 수없이 존재하고 있었기 때문입니다. 고민 끝에 핑크대왕은 백성들의 모든 소유물을 핑크로 바꾸라는 법을 제정했습니다. 왕의 일방적인 지시에 반발하는 사람들이 많았지만 어쩔 수 없이 그날 이후 백성들도 옷과 그릇, 가구 등을 모두 핑크색으로 바꾸었습니다.

그러나 핑크대왕은 여전히 만족하지 않았습니다. 세상에는 아직도 핑크가 아닌 것들이 존재하고 있었기 때문입니다. 그래서 이번에는 나라의 모든 나무와 풀과 꽃, 동물들까지도 핑크색으로 염색하도록 명령했습니다. 대규모의 군대가 동원되어 산과 들로 다니면서 모든 사물을 핑크색으로 염색하는 진풍경이 연출되었습니다. 심지어 동물들은 갓 태어나자마자 바로 핑크색으로 염색되었습니다.

드디어 세상의 모든 것이 핑크로 변한 듯 보였습니다. 그러나 단한곳, 핑크로 바꾸지 못한 곳이 있었으니 그건 바로 하늘이었습니다.

제 아무리 무소불위의 권력을 가진 왕이라도 하늘을 핑크로 바꾸는 것은 불가능한 일이었습니다. 며칠을 전전긍긍했지만 뾰족한 수가 떠오르지 않자, 핑크대왕은 마지막 방법으로 자신의 스승에게 묘책을 찾아내도록 명령했습니다. 밤낮으로 고심하던 스승은 마침내 하늘을 핑크색으로 바꿀 묘책을 찾아내고는 무릎을 쳤습니다. 스승이 발견한 그 묘책은 과연 무엇이었을까요?

핑크대왕 앞에 나아간 스승은 왕에게, 이미 하늘을 핑크색으로 바꿔 놓았으니 준비한 안경을 끼고 하늘을 보라고 했습니다. 대왕은 반신반의하면서도 스승의 말에 따라 안경을 끼고 하늘을 올려다 봤습니다.

그런데 이게 어찌된 일입니까? 구름과 하늘이 온통 핑크색으로 변해 있는 것이었습니다. 하늘을 핑크로 바꾸는 것은 불가능한 일이었지만, 하늘을 핑크색으로 보이게 할 방법은 찾아냈던 것이었습니다. 핑크대왕은 그날 이후 매일 핑크 안경을 끼고 세상을 바라보면서 행복한 나날을 보냈습니다. 핑크 안경을 낀 대왕의 눈에는 언제나 세상이 온통 핑크로 보였던 것입니다.

우리는 긍정적인 안경을 내 마음에 써야 합니다. 자신을 보는 눈이 긍정적이면 다른 환경도 긍정적으로 보게 됩니다. 이를 가리켜서 '긍정적인 자존감' 이라고 합니다. 긍정적인 자존감은 칭찬, 인정, 지지를 받았던 경험으로부터 만들어 집니다.

어릴 적 아이들이 관계의 경험을 하는 사람은 부모님입니다. 아이들은 부모님의 돌봄에 전적으로 의존하는 상태입니다. 그래서 부모님으로부터 제공된 사랑을 일방적으로 받게 됩니다.

아이를 돌보는 부모가 정서적으로 안정되고 긍정적인 정서 상태를 유지하는 경우는 아이에게 건강한 사랑을 줄 수 있습니다. 하지만, 그 반대인 경우에는 아이는 건강하지 못한 사랑의 경험을 하게 됩니다. 자신을 존귀하게 보지 못하고 칭찬하지 못하는 사람은 자녀들도 존귀하게 보지 못하고 칭찬하지 못합니다.

마음에서는 이렇게 하면 안되는데 하고 늘 생각하지만 마음만큼 행동이 따라가지 못합니다. 아이가 어릴 적, 집중적으로 긍정적인 돌봄을 받아야 될 시기에 칭찬과 인정 그리고 지지받은 경험이 부족하게 되면, 성인이 되어서도 늘 칭찬과 인정 그리고 지지 경험을 받기 위해서 다른 누군가를 의지하게 되어있고 스스로를 존귀하게 보지 못합니다.

어느 형제님이 사람들이 자신을 싫어하는 것 같다는 생각 때문에 고민을 하고 있었습니다. 그 생각 때문에 자신의 주장을 잘 말하지 못하고 늘 싫어도 거절하지 못했었습니다. 왜냐하면 부탁을 거절하면 상대방이 자기를 싫어할 것 같은 생각 때문이었습니다.

형제님은 다른 사람이 자신을 싫어하는 것을 경험하게 되면 상처를 받는 것이 두려웠습니다. 그래서 다른 사람과 교제하는 것 자체를 망설였습니다. 형제님과 상담을 하면서 형제님이 자신을 보는 눈이 건강하지 못한 것을 발견했습니다.

"저는 제 미래에 좋지 않은 일들이 많이 일어날 것 같은 생각이 들어요."

사실 형제님은 다른 사람들이 부러워 할 만큼 잘 생긴 외모에 좋은 대학을 졸업했습니다. 그리고 재능도 많아서 주변 사람으로부터 늘 부러움의 대상이었습니다. 하지만 정작 본인은 자신을 그렇게 보지 못하고 있는 것이었습니다. 사람들이 자기에게 칭찬을 하면 늘 자신을 놀리는 것이라고 생각하고 지냈습니다. 좋은 재능이 있어도 그 재능을 활용하지 못하고 지내고 있었습니다. 상담을 하면서 형제님은 제게 이런 말을 했습니다.

"사실 전 아버지에게 엄하게 자랐어요. 어릴 때 아버지는 저를 칭찬해 주신 적이 없으셨어요. 늘 잘못한 것만 지적 받았죠. 그래서 저는 매사에 실수하는 사람이라고 생각했어요. 내가 잘 할 수 있는 것이 있다는 생각을 한 번도 해본 적이 없었어요. 그런데 이상하게 교회에 와서 목사님께서 설교를 하실 때마다 하나님은 좋으신 분이라고 말씀하시는 거였어요. 저는 그 말씀이 이해가 되지 않아요. 솔직히 어쩔 때는 그 말씀을 들을 때마다 화가 나요"

저는 형제님이 말하는 것을 가만히 듣고 있었습니다. 그리고 바로 이어서 형제님께서는 저에게 물어 보았습니다.

"정말로 하나님은 나를 이해하시고 나를 용서하시고 나를 있는 그대로 인정해 주시는 분이신가요? 나의 모든 것을 안아주시는 분이시나요? 내가 실수해도 그 실수를 나무라지 않으시는 분이신가요?"

형제님의 질문에 대답을 망설였습니다.

"잘 모르겠어요. 머리로는 아는데 마음에서는 진정으로 하나님이 나를 안아주시는 분이라는 사실을 느낄 수가 없어요."

인간은 하나님께서 창조하신 이유 하나만으로 누구나 할 것 없이 소중한 존재입니다. 하지만 내가 경험한 관계의 경험이 부정적일수록 하나님의 마음을 누리지 못하게 됩니다. 하나님이 아무리 우리를 사랑하셔도 우리 스스로 자신을 소중하게 생각하지 않으면 우리의 가치는 낮아지게 되는 것입니다.

누구든지 하나님의 축복을 받고 태어났지만 태어나면서부터 부모님으로부터 얻는 경험들이 진짜 자신의 모습을 가려버리기도 하고 더 좋게 만들기도 합니다.

"하나님이 자기 형상 곧 하나님의 형상대로 사람을 창조하시되 남자와 여자를 창조하시고" (창세기 1장 27절)

하나님의 형상은 외모를 가리키기도 하지만 또한 인격을 뜻하기도 합니다. 한 사람의 인격은 현재까지 축적된 관계의 경험을 나타내는 거울입니다. 다른 사람을 의심하는 인격을 가지고 있는 사람은 과거에 의심받은 경험이 많은 사람입니다. 다른 사람을 신뢰하고 긍정적으로 보는 사람은 과거에 충분한 신뢰를 경험한 사람입니다. 내가 경험한 관계로 인해서 부정적인 자존감이 만들어 졌다면 이를 긍정적인 관계의 경험을 통해 긍정적인 자존감으로 변화시킬 수 있습니다.

사랑을 주는 분에 대한 신뢰

초대교회 때 사람들은 예수님의 부활하심을 기념하기 위해서 한 장소에 모여서 축제를 벌였습니다. 축제의 장소에는 먹을 것이 있었고 춤과 노래가 있었습니다. 하지만 그 안에 중심이 되었던 것은 예수님의 십자가 사랑과 부활과 승천과 다시 오시겠다고 하셨던 약속의 말씀이었습니다. 축제를 하는 곳에 있어도 축제 안에 있는 즐거움을 경험하기 위해서는 마음의 문이 열려 있어야 합니다. 축제의 초라한 식탁에서도 마음의 문을 열고 축제에 참여하게 되면 축제 안에 있는 즐거움을 경험할 수 있습니다. 하지만 화려하게 차려진 식탁에서도 마음의 문이 열려 있지 않으면 늘 주변인으로 남아 있고 축제의 즐거움을 경험할 수 없습니다.

초대교회 사람들은 예수님을 기억하는 축제에 춤과 노래를 하면서 축제의 예수님을 기억하고 있었습니다. 하지만 예수님은 그 곳에 육신의 몸으로는 함께 있지 않으셨습니다. 오직 그들의 마음속에 예수님이 존재하셨던 것이었습니다. 사람들은 다시 오시겠다고 약속하셨던 예수님의 약속을 믿었습니다. 그리고 예수님을 기념했습니다.

> "믿는 사람이 다 함께 있어 모든 물건을 서로 통용하고 또 재산과 소유를 팔아 각 사람의 필요를 따라 나눠 주며 날마다 마음을 같이하여 성전에 모이기를 힘쓰고 집에서 떡을 떼며 기쁨과 순전한 마음으로 음식을 먹고 하나님을 찬미하며 또 온 백성에게 칭송을 받으니 주께서 구원 받는 사람을 날마다 더하게 하시니라" (사도행전 2장 44-47절)

초대교인들이 예수님을 믿고 따를 수 있었던 것은 그들의 마음속에 이미 예수님의 존재가 확고히 자리해 있었기 때문입니다. 비록 예수님과 물리적으로 함께 한 것은 아니었지만 분명 그들은 예수님 안에서 존재해 있었습니다.

예수님을 모르는 죄인 된 인간이 예수님을 만날 수 있는 길은 믿는 사람들과 함께 나누는 교제를 통해서입니다. 믿음의 사람들과 믿음의 교제를 통해서 예수님을 경험하는 것입니다. 죄인 된 사람들은 믿는 사람들과의 교제를 통해서 예수님을 만나게 됩니다. 그 관계 안에서 자신의 죄가 보이기 시작하고 삶이 회복되는 것입니다.

온전한 예배는 주님과의 만남을 이루는 것이고 예수님과의 만남 속에 나의 아픔을 씻을 수 있습니다. 예수님 안에서 얻은 좋은 경험은 새로움을 약속받는 계기가 될 수 있습니다. 하지만 마음의 문을 열지 않고 주변인으로 남아 있으면 아무리 좋은 것이 있어도 그것을 경험할 수 없습니다.

하나님을 사랑하는 마음처럼 나 자신을 사랑하고 내 자신을 사랑하는 마음처럼 하나님을 사랑해야 합니다. 나를 사랑하는 사람은 다른 사람을 사랑할 수 있습니다. 자신을 사랑하는 사람은 하나님을 온전히 섬길 수 있으며 또한 세상에 나가 당당하게 자녀된 권세를 누릴 수 있게 되는 것입니다.

> "예수께서 이르시되 네 마음을 다하고 목숨을 다하고 뜻을 다하여 주 너의 하나님을 사랑하라 하셨으니 이것이 크고 첫째 되는 계명이요 둘째도 그와 같으니 네 이웃을 네 자신 같이 사랑하라 하셨으니"(마태복음 22장 37-39절)

좋은 사람이 된다는 것은 내 자신을 사랑할 줄 알고 왜곡된 마음 없이 이웃과 세상을 볼 수 있고, 작은 일에도 긍정적인 의미를 가질 수 있는 사람이 되는 것입니다. 좋은 사람은 좋은 관계의 경험 안에서 만들어집니다. 그렇기 때문에 아이를 돌보는 사람이 정서적으로 건강한 상태여야 합니다. 왜냐하면 돌보는 사람의 정서적인 상태가 아이에게 그대로 영향을 주기 때문입니다.

수치심으로부터 해방

하루는 어느 집사님이 제게 와서 자기는 머리가 좋지 않아서 몸으로만 일을 해야 한다고 말씀하셨습니다. 사실 전 그 집사님이 머리가 좋지 않다는 생각을 해보지 못했었습니다. 왜냐하면 제가 느끼기에는 그 집사님은 남들보다 이해력도 빠르시고 기억력도 좋으신 편이었기 때문입니다. 그렇게 느끼고 있던 집사님이 정작 자기에 대해서 그렇게 말씀하시는 것을 듣고는 깜짝 놀랐습니다.

"아니에요, 집사님! 집사님은 머리가 영특하세요. 아무도 집사님에게 그런 생각을 하는 사람이 없어요."

"놀리지 마세요. 전 머리가 좋지 않은 사람이에요. 전 어릴 때부터 늘 그렇게 듣고 자라 왔어요."

이처럼 충분한 능력이 있음에도 열등감에 휩싸여 자신의 능력을 부정하는 사람들을 자주 보게 됩니다. 자기 자신을 사랑하는 마음은 삶의 긍정적인 결과를 얻어 낼 수 있는 시작이 됩니다. 자기 자신의 눈을 통해서 바라보는 본인의 혐오스러운 느낌을 가리켜서 '수치심' 이라고 합니다. 수치심이 많은 사람은 자기 스스로를 사랑하는 능력이 결핍되어 있습니다.

아이는 자신을 알아주고 이해해 주고 인정받기를 바라는 마음으로 부모와 관계를 가집니다. 아이는 부모에게 자신이 무엇이든지 할 수 있다는 과대적인 힘을 과시하려고 합니다. 그러나 엄마가 거울처럼 자신의 욕구에 온전히 반영해 주고 지지해 주지 못하게 되면 아이는 좌절과 실패를 통해 낮은 자존감과 함께 수치심을 경험하게 됩니다. (거울 자기대상 욕구)

아이는 부모를 이상화함으로써 안심하고 보호받고 싶은 욕구를 가지고 있습니다. 아이는 자신의 부모는 무엇이든지 할 수 있는 전능한 힘을 가지고 있다고 생각하고 그 부모의 힘이 곧 자신의 힘이라고 생각합니다. 이런 욕구가 결핍되면 아이는 스스로의 긴장을 조절하지 못하고 안정되지 못하는 무력감 속에서 자존감을 상실하고 수치심을 갖게 됩니다. (이상화 자기대상 욕구)

아이는 또한 자신을 지지하고 이해해 주는 부모와 본질적으로 유사하다는 느낌을 통해 자신을 확인하길 원하는 욕구가 있습니다. 이 욕구를 충족 받지 못하면 자신을 사랑하는 능력에 균열이 가게 됩니다. (쌍둥이 자기애적 욕구)

수치심의 방어기제는 격노, 완벽주의, 교만, 경멸, 권력과 통제를 추구하는 것, 비판과 책망, 타인에게 과도한 친절을 베푸는 것 등을 들 수 있습니다. 이처럼 자신의 수치심을 가리기 위해 타인에게 자신을 과시하거나 타인에게 우월감을 드러내려는 행동을 하게 됩니다.

저는 집사님의 우연한 고백을 듣고 많은 것을 생각했습니다. 어릴 때부터 아이가 듣고 자란 말이 곧 자신을 보게 되는 눈이 되는구나하고 생각했습니다. 수치심의 시작은 부모가 아이에게 무심코 내뱉는 말과 아이를 대하는 태도 때문이구나 하는 생각이 들었습니다.

'나는 건강한 사람이다', '나는 가능성이 있는 사람이다', '나는 무엇이든지 할 수 있다', '나는 좋은 사람이다' 라고 스스로 인식하는 것을 '인격의 핵' 이라고 합니다. 그러므로 건강한 '인격의 핵' 형성을 위해서는 아이를 돌보는 사람의 정서적 성숙이 필요합니다. 부모나 아이를 돌보는 사람은 항상 긍정적이고 창조적인 말로 아이에게 사랑을 주고, 자신감을 주어야 합니다. 그런 말들이 쌓여서 그 아이의 평생의 살아갈 힘이 되고 능력이 됩니다.

거짓 자기를 지닌 사람은 자기 존중감이 부족합니다. 왜냐하면 거짓 자기의 지배를 받는 사람은 다른 사람들이나 자신에게 매우 부정적이고 늘 다툼을 하기도 합니다. 그렇기 때문에 긍정적인 대인 관계를 기대하기도 힘이 듭니다.

항상 자신에 대해서 부정적인 느낌으로 살기 때문에 인생의 도전과 모험을 회피하게 되고, 그 결과 실패와 헛된 희망, 실현 불가능한 꿈을 꾸기도 합니다. 이로 인해 늘 절망감으로 살아 갑니다.

성격장애라고 명명되는 이런 행동의 특징은 많은 사람들 사이에서 일어나고 있는 현상들입니다. 자신이 자리에 없는 자리에서는 다른 사람들이 자신에 관해 좋지 않은 험담을 할 것 같은 부정적인 느낌에 지배당하고 삽니다. 왠지 다른 사람들이 자신을 싫어할 것 같은 느낌 때문에 다른 사람들에게 인정받기 위해 거짓된 모습으로 지냅니다.

상대방의 입장을 고려하지 않고 자신의 입장만 강조를 합니다. 성적 친밀감을 갖기가 힘들 뿐만 아니라 이성과의 관계를 즐거움의 대상으로만 생각합니다. 자신의 힘으로 무엇인가를 개척하는 능력이 부족하여 늘 다른 사람에게 도움을 구합니다. 이를 가리켜서 '거짓자기'라고 말합니다.

'거짓자기'의 반대말이 '참자기'라고 합니다. 참자기는 잠재적인 능력을 말하는 것이며 자신의 참자기를 찾게 되면 누구나 그렇게 살아 갈 수 있습니다. 참자기를 발견하게 되면 10가지의 특징들이 일어납니다.

첫째는 참자기의 사람은 활기 있고 기쁘게, 자발적으로 다양한 감정을 깊이 체험하는 능력을 지닙니다. 좋은 일이 생기면 행복하고, 안 좋은 일이 생기면 실망하거나 슬퍼하거나 분노할 수 있는 능력입니다. 참자기는 감정의 영향을 방해하거나 사장시키는 대신에 적절한 감정을 느끼게 합니다. 참자기는 다양한 감정을 수용하고 그런 감정의 표출을 두려워하지 않습니다.

둘째는 적절한 권리를 기대하는 능력입니다. 자신의 참자기에서 나온 목표를 달성하기 위해 주변의 도움을 받을 권리가 있다는 당당한 권리감을 갖습니다.

셋째는 자기를 활성화하고 자기주장을 할 수 있는 능력이 생겨집니다. 자신만이 가지고 있는 개성을 가지고 자신의 것을 주장하기도 하고 도전하기도 합니다. 뿐만 아니라 주변을 의식하지 않고 자신의 소망과 꿈 그리고 목표를 향해 지속적으로 포기하지 않고 도전합니다.

넷째는 자기 존중감을 갖게 됩니다.
어떤 문제나 위기를 긍정적이고 창조적이며 효과적인 방식으로 대처할 수 있음을 확신하며, 그런 자신에 대하여 확신합니다. 세상이 가치를 인정하든 안하든, 참자기는 자기 존중감을 가지고 있으면서 필요할 때는 목표를 설정하여 거기에 이를 수 있는 가치 있는 인간이라는 믿음을 가지게 합니다.

　다섯째, 고통스러운 감정을 진정시키는 능력입니다.
　참자기가 있으면 고통에 빠져 허우적대지 않습니다. 가령 고통스러운 감정에 있다고 하더라도 그 시간이 길지가 않습니다. 자신에 대해서 할 수 있다고 스스로 위로하기도 하고 잘못된 부분에 대해서는 스스로 수정하면서 늘 발전의 노력을 합니다.

　여섯째, 인생에서 전념할 만한 일을 정해 매진하는 능력입니다.
　사람은 한 가지 목표에 몰입되는 경험을 해야 합니다. 몰입될 때 그에 따른 필요를 채울 수 있는 아이디어나 할 일을 알 수 있습니다. 장애물과 실패에도 불구하고, 참자기가 강한 사람은 자신의 목표나 결정이 훌륭하고, 자신의 관심을 끄는 거라면 그 목표나 결정을 포기하지 않습니다.

　일곱째, 창조성입니다. 한 가지를 보더라도 긍정적인 면을 보고 장점을 극적으로 살려내고, 없는 것보다 있는 것을 적극적으로 활용하는 능력입니다. 인간관계에서 상대방을 향해 선입견으로 대하지 않습니다. 상대방의 장단점을 골고루 볼 수 있는 마음의 힘을 말합니다.

　여덟째, 성적 친밀감입니다. 버림받거나 휘둘릴지도 모른다는 불안에서 해방된 참으로 자유로운 사람과 친밀한 관계 속에서 참자기를 정직하고 완전하게 표현하는 능력입니다.

아홉째, 홀로 있을 수 있는 능력입니다. 참자기가 있으면 유기공포 없이 홀로 있을 수 있습니다. 혼자 있으면 불안하고 뭔가 좋지 않은 일이 일어날 것 같은 생각에서 벗어납니다. 자생적인 능력도 있으면서 다른 사람들과 교제를 하는데 어려움이 없고 하나로 융화될 수 있는 능력입니다.

열 번째, 자기의 연속성을 갖습니다.
일이 잘 풀리건 안 풀리건, 기분이 좋건 나쁘건, 실패를 수용해야 하건 성공과 더불어 살건, 참자기를 가진 사람에게는 그가 성장하고 발전할 때나 침체될 때도 한결같이 용기를 잃지 않습니다.
참자기에는 연속성이 있습니다. 참자기는 개인의 정체성 한 가운데에 확고부동한 중심을 만드는 데, 그 중심 덕분에 이런 저런 경험과 위기에도 끄떡없이 한결같은 모습을 유지할 수 있습니다.

하나님께서는 예레미야를 통해서 이스라엘을 향한 하나님의 계획을 말씀하셨습니다.

"여호와의 말씀이니라 너희를 향한 나의 생각을 내가 아나니 평안이요 재앙이 아니니라 너희에게 미래와 희망을 주는 것이니라" (예레미야 29장 11절)

이는 우상숭배로 하나님을 떠났던 이스라엘 백성들에게 하나님께서 하시는 회복의 선포입니다. 하나님께서는 회복될 이스라엘을 바라보시면서 자신을 그들의 교제의 대상으로 내놓으셨습니다.

> "너희가 내게 부르짖으며 내게 와서 기도하면 내가 너희들의 기도를 들을 것이요 너희가 온 마음으로 나를 구하면 나를 찾을 것이요 나를 만나리라" (예레미야 29장 12-13절)

하나님께서 이렇게 말씀하셨던 대상은 우상을 섬겼던 당대의 세대들이 아니었습니다. 그들의 자녀세대에게 말씀하신 것입니다. 하지만 하나님께서는 그들이 당장 모든 면에서 변할 것이라고 생각하지 않으셨습니다. 그래서 70년이라는 시간동안 하나님께서는 그들과 함께 교제하기를 원하셨습니다. 하나님과 교제하는 삶의 결과를 하나님께서는 예레미야를 통해 다시 말씀해 주셨습니다.

> "이것은 여호와의 말씀이니라 나는 너희들을 만날 것이며 너희를 포로된 중에서 다시 돌아오게 하되 내가 쫓아 보내었던 나라들과 모든 곳에서 모아 사로잡혀 떠났던 그 곳으로 돌아오게 하리라 이것은 여호와의 말씀이니라" (예레미야 29장 14절)

하나님께서는 포로된 그들을 책망하시거나 수치심을 갖도록 버려두지 않으셨습니다. 하나님께서는 이스라엘 백성들을 따뜻하게 안아주고 계셨던 것입니다. 하나님의 이스라엘 백성들을 향한 따뜻한 안아줌은 그들이 포로였다는 상황과는 관련이 없었습니다. 단지 당신의 자녀를 안아주시는 순수한 사랑이었습니다. 하나님 품에 안기게 된 이스라엘 백성들은 포로에서 자녀로 그 정체성이 변모하게 되었습니다.

예수님의 따뜻한 안아줌은 우리를 치유하는 것입니다. 예수님과 나와의 만남을 통해 또 다른 긍정적인 내가 만들어 집니다.

우리는 신앙생활을 하면서 상대방을 위한다고 권면의 말을 많이 합니다. 그러나 사람의 변화의 계기는 권면의 말에 있지 않습니다. 권면도 물론 중요하지만 권면 전에 있어야 할 것은 '따뜻한 관계' 입니다. 관계없는 권면은 아무 소용이 없습니다. 따뜻한 관계 안에서 "당신도 할 수 있어요"라는 격려를 통해 당사자에게 새로운 삶을 살 수 있는 강한 내적힘을 만들어 줄 수 있는 것입니다.

예수님은 직접적으로 그리고 본질적으로 죄에 대한 치료에 관계될 뿐만 아니라 정신병리의 치료에도 일을 하십니다. 예수님은 치료자가 아니라 치유자이며 그의 치유는 전인적 건강을 목표로 하고 있습니다.

우리 마음의 심리적인 연약함을 치료받기 위해서는 예수님 앞에서 우리의 마음을 우선적으로 비워야 합니다.

지금까지 살아오면서 부정적인 경험으로 만들어진 내면의 자료들을 주님께 인정해야 합니다. 이 부정적인 경험은 신체적, 심리적, 영적일 수 있으며 하나의 외적 사건이나 또는 부정적인 요소들로 인한 마음의 요소들입니다. 이런 경험은 순수하지 못한 생각과 감정이 만들어지게 되고 만들어진 생각과 감정은 하나님의 은총을 막아버리게 되는 요인들입니다.

그러므로 우리는 늘 주님 앞에 나를 알게 해 달라는 기도를 해야 합니다. 내가 경험한 경험들이 부정적인 경험이라고 하더라도 그것이 전부 내게 부정적인 영향만 끼쳤던 것은 아닙니다. 또한 내가 느끼기에 긍정적인 경험을 했다고 하더라도 그 긍정적인 경험이 무조건 긍정적인 영향을 주었던 것도 아닙니다.

늘 우리는 주님 앞에 우리의 경험들과 기억들을 분별하여 나를 알게 해 달라고 기도를 결단해야 합니다. 이런 기도를 한 후에 주님께서는 순간적으로 다가오는 하나님의 말씀의 위로와 능력을 주십니다. 이런 과정 속에 주님 안에 깨달음을 경험하게 되고 그 깨달음은 성령님과의 협력을 통해서 이루어지는 것입니다.

하나님의 말씀과 성령님과의 협력을 통하여 깨달음을 얻게 되고 그로 인해 평화, 감사, 사랑, 찬양, 확신, 기쁨을 가져 오는 영적인 즐거움을 경험하는 열매를 맺게 됩니다. 이는 하나님께서 우리와 함께 계신다는 단계를 넘어 내 안에 계시는 성령님을 통하여 "내 잔이 넘치나이다"라고 하나님 앞에 환호하며 하나님의 손을 잡고 춤을 추는 즐거움을 경험하는 것입니다.

4. 내 안의 그림자

희철이는 알코올 중독자인 아버지가 언어적, 육체적으로 어머니를 학대하는 것을 보고 자랐습니다. 이런 장면들은 그의 어린 시절 내내 반복되어 그의 기억에 남았습니다.

어머니가 아버지에게 두들겨 맞고 난 날이면 언제나 어머니는 희철이의 침대에 들어와 잠들곤 했습니다. 어머니는 두려움에 떨기도 하고 아파 신음소리를 내면서 희철이를 꼭 껴안고 잤습니다. 가끔 아버지는 어머니를 쫓아 들어와서는 두 사람에게 소리를 질러 대기도 했습니다. 그럴 때면 희철이는 두려움에 떨고는 했습니다. 어떤 종류의 폭력이건 가족 중 한 사람에게 행해진 학대는 나머지 가족 구성원들에게도 두려움과 공포감을 줍니다. 즉 폭력을 목격한 사람도 결국은 똑같이 폭력의 희생자라고 할 수 있습니다. 희철이는 아버지에 대한 분노감으로 성장했습니다.

폭력을 행하는 아버지를 보고 자라서 자기는 절대로 아버지처럼 아내에게 폭력을 가하지 않겠다고 다짐을 했었습니다. 시간이 지나 성인이 되어 희철이는 결혼을 하게 되었습니다. 그런데 희철이도 부부싸움만 하면 자신의 아버지와 똑같이 아내에게 폭력을 가하는 것이었습니다. 그런 자신의 모습에 희철이는 충격에 빠졌습니다.

'내가 제일 싫어하는 아버지의 모습이 나에게도 있다니!'

다시는 이러지 말아야겠다는 다짐을 했습니다. 하지만 부부간에 갈등이 있을 때면 또 다시 아버지의 모습이 똑같이 자기에게 나오는 것이었습니다. 마음으로는 이러면 안된다고 하면서도 행동으로는 아버지의 모습을 드러내는 것이었습니다.

그림자를 인식하는 사람은 없습니다. 하지만 햇빛이 비추어지는 상황이 되면 그림자는 드러납니다.

자녀는 성인이 되어서도 부모로부터 보고 자란 모습이 그림자처럼 각인되어 있습니다. 평소에는 그 그림자가 드러나지 않습니다. 하지만 내가 보았던 것과 유사한 상황이 닥치면 자신에게 드리웠던 부모의 그림자가 그대로 드러나게 됩니다.

크리스천들은 자신의 자녀를 위해 많은 기도를 합니다. 그러나 자녀를 위해 기도하는 것 이상으로 자녀에게 어떤 그림자를 남겨 주는지도 중요합니다. 그러기 위해서는 부모님들이 하나님 말씀대로 생활하는 것이 무엇보다도 가장 중요합니다. 부모가 하나님 앞에 서 있는 삶의 태도와 모습은 그 자녀의 평생 신앙에 대한 자세까지 좌우하게 됩니다.

하나님께서는 출애굽을 한 이스라엘 백성들에게 십계명을 주셨습니다. 즉, 구원 받지 않은 사람들에게 계명을 주신 것이 아니었습니다. 구원 받은 하나님의 자녀들에게 계명을 주셨던 것입니다. 하나님의 자녀들에게 하나님의 자녀답게 살아가는 삶의 태도를 가르쳐주기 위함이었습니다.

"너를 위하여 새긴 우상을 만들지 말고 또 위로 하늘에 있는 것이나 아래로 땅에 있는 것이나 땅 아래 물 속에 있는 것의 어떤 형상도 만들지 말며 그것들에게 절하지 말며 그것들을 섬기지 말라 나 네 하나님 여호와는 질투하는 하나님인즉 나를 미워하는 자의 죄를 갚되 아버지로부터 아들에게로 삼사 대까지 이르게 하거니와 나를 사랑하고

내 계명을 지키는 자에게는 천 대까지 은혜를 베푸느니라" (출애굽기 20장 4-6절)

십계명의 말씀 중 제 2계명은 '신의 형상화 금지' 계명입니다. 하나님께서는 하나님의 사랑을 통해 구원 받은 우리도 하나님을 열정적으로 사랑하기를 원하십니다. 즉, 하나님께서도 우리를 통해 자신을 향한 사랑 받기를 원하시는 것입니다. 우리가 하나님을 향해 열정적으로 사랑을 표현하는 길은 바로 하나님의 말씀을 매사에 실천하는 것입니다. 하나님은 우리를 통해 하나님의 그림자가 드러나기를 원하십니다.

죄인임을 인정하자

왕의 아들이 어떠한 연유로 왕궁 밖으로 보내져 거지의 집에서 거지의 아들로 자라게 되었습니다. 그는 자기가 거지의 아들인 줄만 알고 거지처럼 행동하고 거지처럼 생각하며 자라왔습니다. 그가 13살이 되자 이러한 사실을 알게 된 왕이 자신이 가장 아끼는 신하를 보내 왕자를 데려오도록 하였습니다.

거지왕자는 왕궁에 들어와 졸지에 깨끗이 목욕을 하고 화려한 왕자의 옷을 입게 되었습니다. 그리고 왕궁의 법도에 따라 인사하고 말하는 법을 배우게 되었는데 지저분하고 거칠게 살던 왕자는 그것을 참지 못하고 궁궐 밖으로 도망쳐 버렸습니다.

그러나 국왕은 아들의 처지를 이해하고는 다시 그의 총애하는 신하를 보냈습니다. 이번에는 급하게 서두르지 않고 궁궐 밖에서 우선 몸을 단정히 하게 교육시키고, 언어습관을 교정하며 규칙적인 생활을 하도록 기다려 주었습니다.

그렇게 당신은 '이 나라의 확실한 왕자'라는 사실을 끈질기게 교육시킨 다음에야 왕궁으로 다시 들어와 왕자가 되었으며, 나중에는 왕국을 물려받아 훌륭한 왕이 될 수 있었습니다.

우리는 구원을 통해 하나님의 자녀로 신분은 변화되었는지 몰라도 죄인 된 본성은 그대로 남아 있습니다. 그래서 죄악이 드리우는 상황에서 언제든지 죄인의 그림자가 나올 수 있다는 것입니다. 그래서 나의 힘으로는 오늘을 살아갈 수 없다는 것을 하나님 앞에 고백해야 합니다. 그리고 하나님의 은혜로 죄를 이겨야 하는 것입니다.

내가 스스로 죄 된 것들을 인식하면서 죄를 이겨 나가면 죄는 내 선에서 끊어집니다.

주님께서 죄인 된 우리의 부족함을 교정하기 위해 사용하시는 방법에는 '기다림'이 있습니다. 우리의 죄 된 근성을 바꾸시기를 원하시지만 우리를 다그치시지는 않으십니다.

"볼지어다 내가 문 밖에 서서 두드리노니 누구든지 내 음성을 듣고 문을 열면 내가 그에게로 들어가 그와 더불어 먹고 그는 나와 더불어 먹으리라" (요한계시록 3장 20절)

바벨론 포로로 끌려간 유다 사람들은 "아버지가 신 포도주를 먹었으므로 그의 아들의 이가 시다"고 생각했습니다. 자신들의 이가 신 것은 자신들의 잘못 때문이 아니듯 조상들의 죄 값 때문에 자신들이 포로로 끌려 왔다고 생각했습니다.

다시 말해서 자기들은 전혀 잘못한 것이 없는데 부모세대들이 우상을 숭배했기 때문에 자신들이 지금 죄 값을 치르고 있다고 생각한 것입니다. 이런 이스라엘에게 에스겔 선지자는 다음과 같이 일갈합니다.

> "모든 영혼이 다 내게 속한지라 아버지의 영혼이 내게 속함 같이 그의 아들의 영혼도 내게 속하였나니 범죄하는 그 영혼은 죽으리라" (에스겔 18장 4절)

내가 죄를 이기면 죄와 벌은 대물림 되지 않습니다. 그러나 복과 은총은 계속 대물림 됩니다. 이것이 하나님의 은혜입니다.

그렇기 때문에 우리가 하나님의 말씀을 잘 지키고 살면 나도 복을 받을 뿐 아니라 우리 자녀들도 대대손손 복을 받을 수 있게 됩니다. 우리는 우리의 죄 된 그림자를 우리의 힘으로는 이길 수 없습니다. 그렇기 때문에 하나님의 은혜가 필요합니다.

> "주 예수 그리스도의 은혜가 너희 심령에 있을지어다" (빌립보서 4장 23절)

왕자가 과거 거지로서 익힌 삶의 습관을 스스로 인정해야 새로이 왕자로서 필요한 삶의 법도를 배울 수 있는 것처럼, 우리도 스스로 죄 된 근성을 인정해야 하나님의 말씀으로 자녀된 삶을 살 수 있습니다. 나의 연약함을 하나님 앞에 인정할 때 하나님께서 일하시는 기회가 될 수 있습니다. 하나님의 은혜가 우리를 변화시킬 수 있는 것입니다.

하나님께서는 예수님을 통해 자신의 그림자를 비추어 주셨습니다. 예수님께서는 산상설교를 하시면서 천국의 삶을 말씀해 주셨습니다.

"예수께서 무리를 보시고 산에 올라가 앉으시니 제자들이 나아온지라 입을 열어 가르쳐 이르시되 심령이 가난한 자는 복이 있나니 천국이 그들의 것임이요 애통하는 자는 복이 있나니 그들이 위로를 받을 것임이요 온유한 자는 복이 있나니 그들이 땅을 기업으로 받을 것임이요 의에 주리고 목마른 자는 복이 있나니 그들이 배부를 것임이요 긍휼히 여기는 자는 복이 있나니 그들이 긍휼히 여김을 받을 것임이요 마음이 청결한 자는 복이 있나니 그들이 하나님을 볼 것임이요 화평하게 하는 자는 복이 있나니 그들이 하나님의 아들이라 일컬음을 받을 것임이요 의를 위하여 박해를 받은 자는 복이 있나니 천국이 그들의 것임이라" (마태복음 5장 1-10절)

하나님의 그림자를 비추기 위해서는 이와 같은 사람이 되라고 말씀하십니다. 그림자는 감춘다고 감추어지는 것이 아닙니다. 의

도적으로 드러내려고 한다고 해서 드러나는 것도 아닙니다. 예수님께서는 그리스도인들에게 너희는 세상의 빛과 소금이라고 말씀하셨습니다. 빛과 소금처럼 자신을 낮추고 세상을 밝히는 사람이 되어야 좋은 그림자를 비출 수 있습니다.

믿는 것처럼 사는 것을 말하는 것이 아닙니다. 신실한 말씀의 실천을 통해서 하나님의 그림자를 비추어야 하는 것입니다. 하지만 하나님 말씀을 실천하는 것은 나 혼자 고립된 상태에서 행하는 것이 아닙니다. 사람들과 교제하는 관계 가운데에서 실천되는 것입니다.

사람들은 외딴 산속에 혼자 있으면 자신이 온전히 홀로 존재한다고 생각합니다. 그러나 이 세상 어느 곳에 가도 사람은 혼자 있는 공간이 없습니다. 인적이 없는 산속에서도 나는 혼자가 아닙니다. 내 자신과의 관계가 있습니다.

그림자를 통한 긍정적 열매

최근 텔레비전을 보면 산속에서 혼자 지내는 사람들을 종종 봅니다. 물론 산속에서 혼자 지낸다고 해서 건강하지 못한 것은 아닙니다. 하지만 다른 사람과 관계하는 것이 싫어서 도망가고 싶은 마음으로 혼자 지내는 것은 결코 건강하다고 볼 수 없습니다.

또한 혼자 있으면 외로워서 다른 사람들을 무조건 많이 찾는 것도 건강하다고 볼 수 없습니다. 때로는 방안에 혼자 있어도 평안하고 안정감 있는 마음으로 가득하면 혼자만의 시간을 유쾌하게 보낼 수 있습니다. 성령이 임하는 사람은 자기 혼자 고립된 삶을 살지 않습니다.

> "오직 성령이 너희에게 임하시면 너희가 권능을 받고 예루살렘과 온 유대와 사마리아와 땅 끝까지 이르러 내 증인이 되리라 하시니라" (사도행전 1장 8절)

예수님께서는 예루살렘 안에서만 복음 증거하기를 원하지 않으십니다. 땅 끝까지 이르러 복음이 증거되기를 원하십니다. 성령님이 내 안에 임재하면 내 마음의 예루살렘에서 지경이 넓어져야 합니다.

예루살렘과 온 유대와 사마리아와 땅 끝을 한 마디로 말하면 열방입니다. 열방은 여러 민족을 뜻합니다. 여러 민족에게 복음을 증거하는 것은 타인과 관계함이 없이는 불가능 합니다. 관계할 수 있는 내면의 힘이 긍정적이어야 어느 사람을 만나도 복음을 증거할 수 있습니다. 우리가 타인과 교제를 통해 얻은 관계의 경험은 그림자 처럼 남아 우리의 신앙생활로 이어지게 됩니다.

저와 사역을 같이 했던 여자 전도사님은 평신도 시절 때 목사님의 설교를 들을 때마다 이해할 수 없는 내용이 있었다고 말하고는 했습니다. 궁금해서 그것이 무엇인지 물어 봤더니 "하나님은 좋으신 분"이라는 내용이 이해가 되지 않았다는 것이었습니다. 자신은 "하나님은 좋으신 분"이라는 설교를 들을 때마다 어쩔 때는 화가 날 정도였다고 합니다.

이유를 들어보니까 이해가 되었습니다.

"아버지는 집에서 술만 드셨어요. 집안 일은 늘 우리가 했죠. 특히 아버지는 내게 한 번도 사랑한다고 안아주신 적이 없어요. 늘 소리 지르고 잔소리하고 집에서 나가라고 할 때가 많았어요. 난 아버지를 미워했어요. 아니 어쩜 저주했던 것 같아요. 아버지께서 돌아가셨을 때 눈물이 나지도 않았어요. 오히려 마음이 시원했어요. 지금도 아버지를 생각하면 마음이 끔찍해요. 아버지께서 암투병으로 돌아가셨어요. 투병생활을 하면서 1년 동안 같이 살았죠. 그런데 그 시간이 제겐 지옥 같았어요. 아버지는 너한테 이런 도움 필요 없다고 말씀하셨어요. 너무 서글펐어요. 단 한 번이라도 나를 이해해 주고 나와 깊은 대화를 했으면 이렇게까지 아버지를 미워하지 않았을 거예요. 윽박지르고 잘못한 것을 지적만 하셨던 분이셨죠"

전도사님께서 경험한 아버지는 자상한 아버지가 아니었습니다. 그런데 중요한 것은 그런 아버지의 그림자가 이미 깊게 그 전도사님을 잠식했다는 것입니다.

작은 일에도 쉽게 화를 낼 때가 많았습니다. 목사님께서 잘한 것을 지적하면 목사님은 자기만 미워한다고 말할 때가 많았습니다. 이 역시 아버지의 그림자를 벗어나지 못한 모습입니다.

우리를 지배하고 있는 그림자는 어떤 그림자일까요?

성경에는 믿음의 가문을 말할 때 아브라함, 이삭, 야곱을 대표적으로 말합니다. 하나님을 잘 섬겼던 가문입니다. 이삭은 하나님을 잘 섬기는 아브라함의 모습을 보고 자랐습니다. 아브라함의 그림자가 이삭에게도 숨겨져 있습니다. 이삭 역시도 아브라함의 그림자처럼 하나님을 섬기는 모습을 통해 야곱의 그림자가 되었습니다. 또한 야곱이 하나님을 섬기는 모습이 요셉에게도 그림자처럼 이어져 내려 왔습니다.

그분들은 단순하게 자신이 하나님을 섬기는 것에서 그친 것이 아니었습니다. 하나님을 섬김에 있어서 자녀들에게 긍정적인 본보기가 되어 영향을 미친 셈입니다.

예수님께서는 십자가 처형을 당하시기 전날까지도 끝까지 하나님의 긍정적인 그림자로서의 모범을 제자들에게 보여 주셨습니다. 최후의 만찬은 예수님과 제자들이 마지막으로 교제를 하는 모습입니다. 그 자리에 모인 제자들은 하나같이 개성이 달랐으나 예수님께서는 이들을 포용하시고 사랑으로 교제하시는 모습을 제자들에게 남기신 것입니다.

그런 예수님의 그림자가 제자들에게도 영향을 주어서 제자들도 서로 다른 사람들을 배척하지 않고 사랑으로 교제하고 화합할 수 있었던 것이었습니다. 멘토의 긍정적인 모습은 나의 좋은 그림자로 체화되는 것입니다.

예수님의 모습이 하나님의 모습입니다. 예수님의 그림자는 성령의 아홉 가지 열매로 드러납니다. 우리들도 예수님의 자녀로서 나 자신과의 관계에서, 또 다른 사람들과의 관계에서 성령의 열매를 맺어야 합니다.

"오직 성령의 열매는 사랑과 희락과 화평과 오래 참음과 자비와 양선과 충성과 온유와 절제니 이같은 것을 금지할 법이 없느니라 그리스도 예수의 사람들은 육체와 함께 그 정욕과 탐심을 십자가에 못 박았느니라" (갈라디아서 5장 22-24절)

인간은 독특한 구조(structure)와 독특한 방향(direction) 두 가지를 가지고 있는 존재이기도 합니다. 구조란 창조의 질서 즉 하나님의 형상을 따라 지음 받은 개인을 의미합니다. 방향은 우리 인간 개개인은 죄의 저주아래 있거나 주의 은혜로 구속의 은총 가운데 있다는 사실입니다.

모든 창조물은 다 하나님을 향하여 있기는 하지만 그 자세는 반항적일 수도 있고 순종적일 수도 있습니다. 인간의 심리는 인간의 본성에 대한 기본적인 구조입니다. 영성은 인간이 소유하고 있는 인격의 방향입니다. 그 두 차원은 분리가 불가능합니다.

고도와 방향이 비행기의 진로에 영향을 주는 요소이듯이, 구조와 방향은 인간의 성격을 규정짓는 특징들입니다. 모든 영성은 개인의 심리적인 구조의 특성에서 작용하며 그 반대로 모든 심리적 구조의 특성에서 영성의 근거를 가지고 있습니다.

인격의 모든 면들이 다 같은 방향으로 향하지는 않습니다. 같은 방향으로 향하기가 쉽지는 않지만, 만약 그렇게 될 때 우리는 완전히 통합되고 건강한 인격을 소유하게 됩니다.

기독교 영성이 여기에 모든 것들은 예수 그리스도에게 복종하게 됨으로 가능하다고 주장하는 것입니다. 심리적으로 그리고 영성

적인 통일을 모색하는 모델은 우리가 타인과 관계를 맺을 때 갖게
되는 것과 똑같은 인격의 구조들을 가지고 하나님과의 관계를 맺
는다는 것을 암시합니다.

　만약 우리가 합리적인 사고를 가지고 하나님을 우리와 관계를
맺으시는 분으로 자각한다면, 하나님과의 관계를 맺기 위하여 새
로운 인격의 구조를 찾아 헤맬 필요는 없습니다. 왜냐하면 그런 생
각을 가지고 있는 사람이 선택할 수 있는 것은 직관, 감정, 무의식
적인 사고의 흐름이 전부이기 때문입니다.

　삽이 땅을 파거나 나무를 심기 위해 사용되는 것처럼 우리의 의
지, 정서, 학습, 상상력, 창의력 혹은 지능의 사용이나 방향은 또한
영적인 것입니다. 인간의 심리구조는 필연적으로 방향을 갖기 마
련입니다. 그 방향은 영성의 토대위에서 결정됩니다. 물론 인격의
모든 면들이 같은 방향으로 향하지는 않습니다. 그러나 그렇게 될
수 있을 때, 완전한 인격의 통합을 성취할 수 있습니다.

　그런 삶을 위해 필요한 것은 '선택' 과 '결단' 입니다.

　변화를 위한 결단은 영성적 삶의 중요한 요소입니다. 내 영혼의
치유자 되시는 예수님을 내 마음의 중심으로 모셔드림을 선택하
고 결단해야 합니다.

　"이제 사는 것은 내가 아니라 그리스도라" 하는 사도 바울의 고
백을 통하여 울려 나오는 곧 "내 안에서의 그리스도의 실현" 이라
고 하는 성숙된 영성적 삶이 보장됩니다.

'건강한 신앙생활'이란 무엇인가

다슬 2013.8

'건강한 신앙생활'이란 무엇인가

1. 현실주의적인 신앙

옛날에 마음씩 착한 신데렐라가 어머니를 여의고 아버지와 둘이 살고 있었습니다. 아버지는 곧 재혼했고 계모는 자신의 두 딸들을 데리고 소녀의 집에서 지내게 되었는데, 계모는 소녀를 아주 못마 땅해 했습니다. 그러다가 아버지마저 돌아가시자 계모는 신데렐라를 아예 다락방으로 쫓아내고 하녀처럼 부려먹기 시작했습니다.

그러던 어느 날 왕자님이 신부감을 고르는 파티가 있었습니다. 계모와 두 딸들은 파티에 가기 위해서 예쁜 옷을 고르고 또 골랐습니다.

신데렐라도 그 파티에 가고 싶어서 계모에게 부탁했습니다.

"어머니, 저도 신부감을 고르는 파티에 가고 싶어요."

하지만 계모와 두 언니들은 신데렐라에게 일부러 힘든 일을 더 시키고 파티에 오지 못하게 막았습니다. 슬픔에 빠진 신데렐라는 하염없이 울기만 하는데 어디선가 마법사가 나타났습니다.

"착한 신데렐라야! 내가 너를 왕자님의 성으로 보내 줄 테니 걱정 말거라"

마법사는 신데렐라에게 예쁜 드레스를 입혀주고 유리 구두를 신겨 주었습니다. 그리고는 쥐들이 모는 호박마차를 만들어 신데렐라를 왕자님의 성으로 보냈습니다.

하지만 마법사는 신데렐라에게 당부의 말을 건넸습니다.

"신데렐라야, 밤 12시가 되기 전에는 꼭 돌아와야 한다. 만약 밤 12시가 넘으면 마법이 풀어지고 말아"

그렇게 신데렐라는 왕자님이 있는 성으로 향했습니다. 신데렐라가 성에 도착하자 많은 아가씨들은 신데렐라를 쳐다보았고 왕자님은 너무나 아름다운 신데렐라에게 한 눈에 반했습니다. 왕자님과 대화하느라 시간가는 줄 모르던 신데렐라는 밤 12시가 되는 종소리를 듣자마자 왕자님에게 급하게 인사를 하고 궁전을 뛰쳐 나왔습니다. 신데렐라는 너무 급하게 나온 나머지 유리 구두 한 짝을 떨어뜨리고 말았습니다.

왕자님은 신데렐라를 잊을 수 없어 신데렐라가 떨어뜨린 유리구두가 딱 맞는 여성과 결혼을 하겠다며 유리구두가 맞는 여성을 찾아 돌아 다녔습니다. 그리고 드디어 신데렐라의 집에 왕자님이 도착했습니다. 두 언니들은 유리 구두를 신기 위해 안간힘을 썼지만 아무리 해도 유리구두가 맞지 않았습니다.

"이 집에 다른 아가씨는 없나요?" 왕자님은 물어 보았습니다.

"한 명 더 있기는 하지만 그 애는 별 볼일 없는 애라서 어차피 안 맞을 거예요"

"그래도 그 아가씨도 한 번 신어보는 걸로 하죠"

계모는 신데렐라를 불렀습니다. 신데렐라는 기다렸다는 듯이 유리 구두를 신었고 유리 구두는 신데렐라의 발에 꼭 맞았습니다. 왕자님과 신데렐라는 너무 기뻐했습니다. 그렇게 두 사람은 결혼해서 행복하게 살았습니다.

우리 주변에는 신데렐라처럼 자신을 어려운 처지에서 구출 해 줄 왕자님을 하염없이 기다리기만 하며 사는 사람들이 있습니다. 성공을 간절히 염원하지만 현실은 자신의 바람을 뒷받침해 줄 만한 여건이 되지 않아서 좌절감을 느끼는 사람들이 있습니다. 이상과 현실의 괴리가 너무 크다 보면 현실의 삶에 충실할 수 없게 됩니다.

혜수는 어릴 때부터 가난한 집에서 자랐습니다. 그래서 마음속으로 늘 화려하게 사는 자신의 모습을 상상해 왔습니다. 혜수의 꿈은 미국 브로드웨이에 가서 뮤지컬 배우가 되는 것이었습니다. 하나님께서 자신의 꿈을 반드시 이루어 주실 것을 한 순간도 의심해 보지 않았습니다.

지금 혜수는 작은 인터넷 회사에서 일하고 있습니다. 자신은 미국 브로드웨이에서 뮤지컬 배우를 하는 것이 목표이기 때문에, 지금 일하고 있는 회사는 그 꿈을 이루기 위한 중간 단계라고 생각했습니다.

하지만 그런 혜수의 삶은 현실적이지 못했습니다. 마음이 다른 곳에 있기 때문에 회사 일에는 늘 소극적으로 임할 수 밖에 없었습니다. 근무시간에 배우가 될 수 있는 방법에 대해서만 생각하고 관련된 사이트에 들어가서 뮤지컬에 관한 자료만 찾아보고는 했습니다. 그런 모습을 보고 있는 회사 동료들은 항상 마음이 불편했습니다.

하나님께서는 작은 꿈을 이루는 사람에게 큰 꿈을 이룰 수 있는 기회를 주십니다. 결국 혜수는 아직도 뮤지컬 배우가 되지 못했습니다. 큰 이상에 비해서 현실에 대한 자세가 너무도 불성실했기 때문입니다.

"그 주인이 이르되 잘하였도다 착하고 충성된 종아 네가 적은 일에 충성하였으매 내가 많은 것을 네게 맡기리니 네 주인의 즐거움에 참여할지어다 하고" (마태복음 25장 23절)

현재에 충실히 임하세요

"그의 부모가 해마다 유월절이 되면 예루살렘으로 가더니 예수께서 열두 살 되었을 때에 그들이 이 절기의 관례를 따라 올라갔다가 그 날들을 마치고 돌아갈 때에 아이 예수는 예루살렘에 머무셨더라 그 부모는 이를 알지 못하고 동행 중에 있는 줄로 생각하고 하룻길을 간 후 친족과 아는 자 중에서 찾되 만나지 못하매 찾으면서 예루살렘에 돌아갔더니 사흘 후에 성전에서 만난즉 그가 선생들 중에 앉으사 그들에게 듣기도 하시며 묻기도 하시니 듣는 자가 다 그 지혜와 대답을 놀랍게 여기더라 그의 부모가 보고 놀라며 그의 어머니는 이르되 아이야 어찌하여 우리에게 이렇게 하였느냐 보라 네 아버지와 내가 근심하여 너를 찾았노라 예수께서 이르시되 어찌하여 나를 찾으셨나이까 내가 내 아버지 집에 있어야 될 줄을 알지 못하셨나이까 하시니 그 부모가 그가 하신 말씀을 깨닫지 못하더라" (누가복음 2장 41-50절)

예수님께서는 자신이 해야 할 사명을 분명히 아셨습니다. 하지만 예수님께서는 자신의 사명을 안다고 해서 당장 하나님의 일을 하지 않으셨습니다. 자신의 때를 기다리셨던 것입니다. 어린 예수님께서 지금 해야 될 일은 집으로 돌아가시는 것이었습니다. 그리고 때가 될 때까지 한 가정의 아들로서 평범한 삶을 살아가는 것이었습니다.

예수님께서는 공생에 사역을 시작하기 오래 전에 이미 자신의 임무를 아셨습니다.

"만일 내가 내 아버지의 일을 행하지 아니하거든 나를 믿지 말려니와" (요한복음 10장 37절)

"죄를 짓는 자는 마귀에게 속하나니 마귀는 처음부터 범죄함이라 하나님의 아들이 나타나신 것은 마귀의 일을 멸하려 하심이라" (요한1

서 3장 8절)

예수님의 임무는 아버지의 일을 행하는 것이고 마귀의 일을 멸하는 것이었습니다. 예수님께서 이 땅에 오신 목적은 바로 이 두 가지입니다. 예수님께서는 자신의 임무를 잘 감당을 해서 하나님 아버지를 기쁘게 해드리고자 하는 열정을 가지고 계셨습니다.

하지만 예수님께서는 지금의 우선순위를 정확하게 아셨습니다. 예수님께서는 충동적인 행동을 하셨거나, 초연함이 없는 열정을 내세우지도 않으셨습니다.

그러나 예수님께서는 자신이 일해야 될 때가 되었을 때는 자신이 해야 될 일을 피하지 않으셨습니다. 천국 복음을 가르치고, 선포하고, 병든 자들을 고쳐주는 사역을 통해서 하나님의 나라를 전하는 일에 온전히 자신을 바치셨습니다. 그래서 자신을 찾는 그 누구도 결코 피하지 않으셨습니다.

자존감이 약한 사람은 늘 충동적으로 행동하고 초연함이 없어서 행동의 실수가 많습니다.

"예수께서 산에서 내려 오시니 수많은 무리가 따르니라 한 나병환자가 나아와 절하며 이르되 주여 원하시면 저를 깨끗하게 하실 수 있나이다 하거늘 예수께서 손을 내밀어 그에게 대시며 이르시되 내가 원하노니 깨끗함을 받으라 하시니 즉시 그의 나병이 깨끗하여진지라" (마태복음 8장 1-3절)

"예수께서 이르시되 죽은 자들이 그들의 죽은 자들을 장사하게 하고 너는 나를 따르라 하시니라 배에 오르시매 제자들이 따랐더니 바다에 큰 놀이 일어나 배가 물결에 덮이게 되었으되 예수께서는 주무시는지라 그 제자들이 나아와 깨우며 이르되 주여 구원하소서 우리가 죽겠나이다" (마가복음 8장 22-25절)

"열두 해를 혈루증으로 앓아 온 한 여자가 있어 많은 의사에게 많은 괴로움을 받았고 가진 것도 다 허비하였으되 아무 효험이 없고 도리어 더 중하여졌던 차에 예수의 소문을 듣고 무리 가운데 끼어 뒤로 와서 그의 옷에 손을 대니 이는 내가 그의 옷에만 손을 대어도 구원을 받으리라 생각함일러라 이에 그의 혈루 근원이 곧 마르매 병이 나은 줄을 몸에 깨달으니라" (마가복음 5장 25-29절)

"예수께서 꾸짖어 이르시되 잠잠하고 그 사람에게서 나오라 하시니 더러운 귀신이 그 사람에게 경련을 일으키고 큰 소리를 지르며 나오는지라" (마가복음 1장 25-26절)

예수님께서는 나병환자를 만나셨을 때나, 맹인을 만나셨을 때나, 귀신들린 사람을 만나셨을 때마다 자신이 해야 될 일을 남에게 미루지 않으셨습니다. 자신이 지금 해야 될 일을 충실히 감당하셨습니다. 예수님께서 보여주신 모습은 현실주의적인 신앙의 모습을 보여주신 것입니다.

현실주의는 지금 내가 해야 될 일들을 피하지 않는 것입니다. 하지만 현실도피는 지금 내가 해야 될 일을 회피하고 이기적으로 행동하는 것입니다.

신데렐라와 같은 마음으로 하나님을 믿는 사람들은 자신을 부엌에서 꺼내 줄 왕자만을 막연하게 기다리기만 합니다. 즉 현실도피를 하려는 것입니다.

학생으로서 하나님께 영광을 돌리는 방법은 간단합니다. 학생으로서 제 역할을 감당해야 합니다. 아내와 남편으로서 하나님께 영광을 돌리는 방법은 서로 배우자를 사랑하고 가정을 건강히 지키는 것입니다.

모두가 성공을 꿈꾸고 자신은 특별한 일을 할 것이라고 기대합니다. 그러나 꿈을 꾸는 것은 좋지만 꿈을 이루기 위해 준비해야할 일들에는 전혀 관심이 없습니다. 그런 자신의 모습을 모르고 지내면서 자신의 인생은 왜 이렇게 고난이 많은지 모르겠다고 불평하는 사람들이 너무 많습니다.

"배가 이미 육지에서 수 리나 떠나서 바람이 거스르므로 물결로 말미암아 고난을 당하더라 밤 사경에 예수께서 바다 위로 걸어서 제자들에게 오시니 제자들이 그가 바다 위로 걸어오심을 보고 놀라 유령이라 하며 무서워하여 소리 지르거늘 예수께서 즉시 이르시되 안심하라 나니 두려워하지 말라 베드로가 대답하여 이르되 주여 만일 주님이시거든 나를 명하사 물 위로 오라 하소서 하니 오라 하시니 베드로가 배에서 내려 물 위로 걸어서 예수께로 가되 바람을 보고 무서워빠져 가는지라 소리 질러 이르되 주여 나를 구원하소서 하니 예수께서 즉시 손을 내밀어 그를 붙잡으시며 이르시되 믿음이 작은 자여 왜 의심하였느냐 하시고 배에 함께 오르매 바람이 그치는지라" (마태복음 14장 24-32절)

예수님께서는 물에 빠진 현재의 상황을 피하지 않으셨습니다. 왜냐하면 그들을 구하는 것이야말로 예수님께서 지금 하셔야 될 일이기 때문입니다.

'파랑새'는 벨기에의 극작가인 모리스 마테를링크가 쓴 아동극입니다. 주인공 치르치르와 미치르 남매는 크리스마스 이브에 꿈을 꾸게 됩니다. 요정의 안내를 받아 행복의 상징인 파랑새를 찾아나선 남매는 여러 곳을 전전하면서 수없이 많은 어려움을 겪습니다. 그러나 그 어느 곳에서도 파랑새는 없었습니다. 잠에서 깨어나니 머리맡 창가의 새장에는 비둘기가 평화롭게 놀고 있었습니다. 치르치르와 미치르는 자기들이 찾아 헤매던 파랑새가 바로 그 비둘기였음을 깨닫게 됩니다. 행복은 멀리 있는 것이 아니라 바로 가까이 있는 것입니다.

"파랑새나 쫓고 있군" 하면 자기의 주변이나 현실에서 만족하지 못하고 비현실적인 계획과 희망으로 멀리 있는 행복을 찾아 헤매는 것을 빗댄 것입니다.

낙천적이고 적극적인 사람들은 결코 파랑새가 나타나기만을 기다리지 않습니다. 가까이 있는 비둘기를 파랑새로 볼 수 있는 사람은 밖에 나가서도 파랑새를 찾을 수 있습니다.

긍정적인 의미를 부여하기

요셉이 한 나라의 총리로 사용되기 위해서는 많은 고난이 필요했습니다. 요셉 자신이 고난 당해야 했던 이유를 깨닫게 된 것이 창세기 45장 5절에서 8절까지 나옵니다.

> "당신들이 나를 이 곳에 팔았다고 해서 근심하지 마소서 한탄하지 마소서 하나님이 생명을 구원하시려고 나를 당신들보다 먼저 보내셨나이다 이 땅에 이 년 동안 흉년이 들었으나 아직 오 년은 밭갈이도 못하고 추수도 못할지라 하나님이 큰 구원으로 당신들의 생명을 보존하고 당신들의 후손을 세상에 두시려고 나를 당신들보다 먼저 보내셨나니 그런즉 나를 이리로 보낸 이는 당신들이 아니요 하나님이시라 하나님이 나를 바로에게 아버지로 삼으시고 그 온 집의 주로 삼으시며 애굽 온 땅의 통치자로 삼으셨나이다" (창세기 45장 5-8절)

요셉이 애굽까지 팔려와 고난을 겪은 이야기이지만 삶을 보는 관점에 따라 해석이 달라질 수 있습니다. 요셉은 절망적인 상황에서도 결코 타인을 원망하지 않았습니다. "너희들이 나를 팔았지? 내가 얼마나 고생을 한 줄 알아"하는 차원이 아니었습니다. 똑같은 사실을 놓고도 이렇게 다르게 해석할 수 있는 것이 신앙입니다.

사실 애굽으로 팔려 가기전의 요셉은 대인관계에 있어서 서툰 부분이 많았습니다. 쉽게 말해서 인격적으로 미성숙한 상태였습니다. 하지만 요셉의 내면에는 아버지 야곱이라는 존재가 긍정적으로 자리해 있었습니다. 어릴 때부터 아버지와 긍정적인 관계를 형성해 가며 성장하였습니다.

원치 않는 애굽에서의 고된 노예 생활이었지만 요셉은 아버지의 가르침을 굳게 지키며 의지했습니다. (대상항상성) 요셉의 마음 중심에 잡혀 있는 아버지는 보디발 장군 집에서의 노예 생활을 성실히 살아갈 수 있었던 원동력이 되었으며, 보디발 장군의 아내가 성적 유혹을 했을 때도 쓰러지지 않는 내적 기초가 되었습니다. 더나아가 애굽의 총리가 되어 하나님의 영광을 만방에 드러낼 수 있었습니다.

삶의 현장에서 내가 원하지 않았던 일들이 일어나더라도 긍정적인 의미를 부여할 수 있는 힘의 기초에는 건강한 내면의 세계가 있는 것입니다. 건강한 내면의 세계는 타인과의 관계에서 얻은 좋은 경험들이 쌓여져 형성되고, 이를 통해 세상을 긍정적이면서도 왜곡된 시선 없이 볼 수 있는 것입니다.

고전 신화 중에 많이 알려져 있는 이야기가 있습니다. 물의 요정 리리오페와 강의 신 신케피소스의 아들인 나르키소스가 있었습니다. 나르키소스가 성장하여 열 여섯살이 되자 자신의 아름다운 외모에 반한 많은 소녀들과 젊은이들이 그를 열망했으나, 나르키소스는 그가 가진 강한 자존심과 거만함 때문에 그 누구에게도 관심이 없었습니다.

어느 날 나르키소스는 사냥을 하다가 더위에 지쳐 맑은 샘으로 가서 갈증을 식히기 위해 물을 마시려다가 물에 비친 자신의 모습을 보고 그 아름다움에 매료되었습니다. 그는 샘물 안의 그 대상에게 연거푸 입을 맞추려 했고 그의 목을 끌어안으려고 물 속에 두 팔을 담갔지만 입을 맞출 수도 없었고 껴안을 수도 없었습니다.

결국 그는 자기 자신도 모르게 자기를 열망하게 되었습니다. 자신을 칭찬하면서 자기 스스로 칭찬받고, 자기 자신이 열망의 주체이면서 동시에 열망의 대상 또한 자기 자신이었던 것입니다. 나르키소스는 샘물을 떠날 수 없었고 날마다 자신의 형상을 보면서 자신에 대한 사랑으로 애태우고 괴로워하다가 샘가에서 스스로 두 눈을 감고 말았습니다. 에코도, 물의 요정들도, 또 나무의 요정들도 모두 그의 죽음을 슬퍼하고 애도하며 장례를 준비했습니다. 그러나 그의 시신은 어디에도 없었습니다. 대신 그 곳에는 노란 중심부가 하얀 꽃잎들로 둘러싸인 꽃 한 송이가 남았습니다. 이후 그 꽃을 수선화(나르키소스)라고 부르게 되었습니다.

비록 고전적인 신화이지만 나르키소스의 이야기는 인간의 심리에 대해 많은 점을 시사하고 있습니다. 어떻게 보면 참으로 애달프고도 가슴 아픈 이야기지만 이 고전적인 신화에서 나타나는 나르키소스의 이야기 안에는 에코의 애절한 사랑을 포함하여 타인에 대한 무정하고도 교만한 태도, 자기 자신의 아름다움에 대한 오만한 자신감, 그리고 자신을 비추어 주는 자기 자신에 대한 열망 등이 함축되어 있기 때문입니다.

나르키소스의 신화에서 유래한 나르시시즘이라는 (혹은 나르시시스트라는) 용어는 자기애라는 용어로부터 느껴지듯, 일상생활에서 자기중심적이며 대인관계에서 배타적이고 이기적인 성향들을 상대적으로 부정적으로 나타낼 때 주로 사용되는 용어가 되었습니다.

자기심리학자 하인즈 코헛(Heinz Kohut)은 자신은 무엇이든지 할 수 있다는 심리적인 기제를 만드는 전능감에 찬 '과대자기' 와, 성장을 할 때 힘 있는 부모의 모습을 통해서 얻을 수 있는 '부모의 이상적인 모습' 을 부모가 성장과정에 적절한 시기에 채워주지 못하면, 그로 인한 후유증으로 미성숙한 '자기애' 로부터 좋지 않은 발달이 일어난다고 설명하고 있습니다.

부모로부터 건강한 관계 경험을 하는 것은 중요합니다. 하지만 관계경험이 너무 과하거나 부족하게 되면 부정적인 모습이 만들어지게 됩니다. 자기 자신을 과하게 사랑하는 사람은 심리적으로 굉장히 나약해서 비난을 전혀 수용하지 못합니다. 작은 실수나 결정을 지적당하면 마치 자기 전부가 부정당한 듯이 느낍니다. 자신에 대한 비난을 들으면 자신의 실수를 수용하거나 인정하지 않고 무조건 화부터 냅니다. 그러다가 자기 스스로 생각해도 더 이상 피할 데가 없다고 느껴지고 아무도 자신을 인정하지 않는 것 같으면 상실감에 사로잡혀 침체의 늪에서 헤어 나오지를 못합니다. 따라서 타인으로부터 무엇인가를 배우지를 못합니다.

하나님보다 내 자신을 너무 사랑하게 되는 것은 영적인 교만입니다. 자신을 너무 사랑하지 않는 것도 문제가 되지만 자신을 스스로 너무 사랑하는 것도 문제가 될 수 있습니다.

자기애가 강한 사람은 다른 사람의 말을 듣지 못합니다. 자기가 생각하는 것은 무조건 다 옳다고 고집합니다. 자신을 객관적으로 보지 못하고 타인의 충고를 경청하지 못해 결국은 실패와 고립에 이르게 됩니다. 아무리 좋은 말을 해주어도 듣는 사람이 건성으로 듣게 되면 아무 소용이 없습니다.

믿음 역시도 듣는 마음에서부터 시작됩니다.

> "그러므로 믿음은 들음에서 나며 들음은 그리스도의 말씀으로 말미암았느니라" (로마서 10장 17절)

듣는다는 것은 귀로 듣는 것을 말하는 것이 아닙니다. 마음의 귀로 듣는 것을 일컫는 것입니다. 하지만 육신의 귀가 아닌 듣는 마음이 병들어 있다면 그 마음의 병의 뿌리를 새롭게 만들어야 하는 것입니다.

사람들은 환경의 어려움을 이기기 위해서 환경의 변화를 위해 기도합니다. 하지만 환경은 그 환경을 바라보는 내 자신이 변화가 되지 못하면 삶의 변화는 진정으로 일어나지 못합니다. 그렇지만 나를 안다는 것은 아주 어려운 일입니다. 나를 알수록 우리에게는 하나님의 은혜가 필요합니다. 팍팍한 현실에서 도피하고 싶고, 삶에서 긍정적인 의미를 찾지 못한다면 그런 내 자신을 하나님 안에서 인정하는 것부터 변화를 시작해야 합니다. 그리고 부정적인 태도가 내 인생 경험 중 어디서부터 시작되었는지를 알아야 합니다.

하나님 앞에 나의 약함과 아픔을 인정하는 것은 결코 쉽지 않습니다. 하지만 나의 약함을 인정하게 되면 기도의 내용이 달라집니다.

완벽주의적인 성격 때문에 주변 사람들을 힘들게 했던 찬수는 사람들이 자신을 피하는 이유를 몰랐습니다. 우연한 기회로 심리상담을 하게 되었습니다. 상담이 진행되어지면서 스스로 자신의 모습을 보게 되었습니다. 지금까지 자신이 완벽을 추구하는 성격이라는 사실을 알기는 했지만, 이로 인해 자신이 주변 사람들을 힘들게 만들고 있었다는 사실을 전혀 모르고 지냈습니다.

완벽주의적인 성격을 스스로 알게 되었지만 그것을 스스로 인정하기까지는 시간이 오래 걸렸습니다. 하지만, 그런 자신에 대한 인식의 차원을 넘어 인정하기 시작하면서부터 기도의 내용이 달라지기 시작했습니다.

"하나님! 저는 제가 하나님의 일을 성실히 한다고 생각했습니다. 그래서 하나님께서 저를 보시면서 기뻐하신다고 생각했었습니다. 하지만 저의 열심은 가짜였습니다. 저를 위한 것이었습니다. 그 사실을 몰랐습니다. 저의 완벽주의적인 성품으로 인해 동역자들이 상처받는다는 사실을 몰랐습니다. 저를 용서해 주세요. 저의 힘으로는 그런 저를 바꿀 수 없습니다. 하나님 도와주세요. 제게 은혜를 주세요"

회개를 한다는 것은 생각과 행동을 주님이 좋아하시는 것으로 바꾸는 것입니다. 하지만 단순히 행동으로 드러나는 것만을 회개하는 것은 나를 변화시키는 회개로 이어질 수 없습니다. 나의 무의식을 인식하면서 그 모습을 인정하고 하나님께 도움을 구해야 합니다. 주님께 의지해야 합니다.

2. 무조건 운다고 해서 자신이 변하나?

스크루지라는 굉장한 구두쇠 할아버지가 살았습니다. 영국 런던에서 스크루지와 마레는 오랫동안 함께 장사를 해 왔는데, 스크루지는 친구 마레의 장례식 날에도 장사를 할 정도로 지독한 구두쇠였습니다.

크리스마스이브에 조카가 찾아와 자신을 집으로 초대하지만 초대를 거부하고 장사를 하다가 집으로 돌아갑니다. 집으로 돌아오자 죽은 친구 마레가 유령으로 나타나 욕심의 포로가 되면 인생의 기회를 놓치고 후회한다고 말합니다.

인류를 사랑하는 일이야 말로 가치 있다고 말하며 앞으로 세 사람의 유령이 나타날 것이라고 말합니다. 그리고 그 유령의 말을 듣지 않으면, 자신처럼 쇠사슬을 끌고 다니는 형벌을 받게 된다고 알려 줍니다. 이후 스크루지는 세 명의 유령과 만나게 되면서 자신의 과거, 현재, 미래의 모습과 마주칩니다. 스크루지는 아무도 자신의 죽음을 슬퍼하지 않고, 물건을 훔쳐가는 사람들을 보면서 마음이 변화되고 꿈에서 깨어납니다.

꿈에서 깨어난 스크루지는 직원의 월급을 올려주고 초대를 뿌리쳤던 조카의 집에 들러 함께 크리스마스를 축하하고 거액의 기부금을 냅니다. 세상을 사랑과 감사, 축복의 눈으로 보는 법을 배운 것입니다.

스크루지 자신이 스스로 자신의 모습을 보기 전에는 자신이 얼마나 심각한 구두쇠였는지 몰랐었습니다. 어쩌면 스크루지는 스스로 '나는 왜 인색한 마음을 가지고 있지?' 라는 인식을 하고 지내지 않았을지도 모릅니다. 하지만 어느 날 자신의 모습을 자신이 돌아보게 되면서 스스로 자신의 문제점을 깨닫기 시작했습니다. 그리고 '내가 이렇게 살면 안되겠구나' 하는 성찰을 할 수 있게 되었습니다.

스크루지는 태어나면서부터 구두쇠로 태어나지는 않았을 것입니다. 자신의 꿈도 단지 구두쇠는 아니었을 것입니다. 인생을 살아오면서 자신이 구두쇠가 될 수 밖에 없었던 환경의 영향이나 고난이 있었을 것입니다. 스크루지는 자신이 '이렇게 살면 안되겠구나' 하고 결심은 했지만 자신이 구두쇠로 살게 된 원인이 무엇이었는지 모른다면 그 결심은 오래가지 못합니다. 뿌리 없는 열매는 없습니다. 삶의 열매를 새롭게 하기 위해서는 뿌리의 상태를 새롭게 해야 합니다.

어느 마을에 동굴이 있었습니다. 마을 사람들은 그 동굴 안에 괴물이 살고 있다고 말하고는 했습니다. 산등성이에 해가 비치면 괴물처럼 보이는 그림자가 마을에 나타나는 것입니다. 그런데 어느 날 호기심 많은 한 소년은 정말 동굴 안에 괴물이 살고 있는지 궁금했습니다. 그래서 동굴 안에 들어가 보아야겠다고 마음을 먹고 동굴 안으로 들어가기 시작했습니다. 막상 동굴 안에 들어와 보니 동굴 안은 너무도 조용했습니다. 소년은 편안한 마음으로 동굴 안으로 계속해서 들어가 보기로 했습니다.

그런데 앞에 생쥐 한 마리가 지나가는 것이었습니다. 소년은 생쥐가 어디까지 가나 지켜보고 있었습니다. 그랬더니 동굴 위로 올라가서 가만히 앉아 있는 것이었습니다. 동굴 위를 보니까 구멍이 뚫려 있었습니다. 그 구멍 중앙에 생쥐가 앉아 있었습니다. 그 때 마침 해가 동굴 꼭대기를 비치기 시작하자 소년은 깜짝 놀랐습니다.

"어! 저 그림자는 마음에서 보았던 괴물 그림자인데!"

소년은 마을에서 보았던 괴물 그림자의 정체를 알게 되었습니다. 괴물 그림자의 정체는 생쥐였습니다. 생쥐가 동굴 맨 위에 있는 구멍에 앉아 있을 때 햇빛이 비치게 되면 그 그림자가 괴물처럼 보였던 것입니다. 마을 사람들이 두려워했던 괴물은 아무것도 아닌 생쥐였습니다.

우리 안에는 동굴이 있습니다. 동굴 안에 생쥐가 있듯이 우리 마음 동굴 안에도 생쥐가 살고 있습니다. 나를 괴롭히는 성격적인 장애의 원인인 생쥐를 발견하지 못하면 결코 영속적인 변화를 기대할 수 없습니다.

변화를 위해서 하나님께 늘 기도하면서도 변화되지 않는 자신의 모습을 보면서 실망하는 분들이 많이 있습니다. 열매만 보고 기도하면 아무 일이 일어나지 않습니다. 뿌리를 알아야 변화될 수 있습니다.

자기 스스로 자신의 모습을 보는 것은 쉽지 않습니다. 사실 고통 스러울 때가 더 많습니다. 하지만 고통스럽다고 해서 원인을 제거 하지 않으면 병든 마음으로 계속해서 살아가게 될 것입니다. 아픔 은 잠깐이지만 아프고 나서 회복되면 그 축복은 영원한 것입니다.

변화를 위한 세 가지 종류의 바퀴

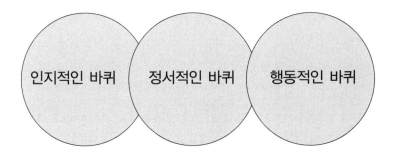

사람의 변화는 인지적인 요인, 정서적인 요인 그리고 행동적인 요인들이 상호적으로 작용하여 일어나는 것입니다. 단순히 원인 을 알았다고 해서 변화가 일어나는 것은 아닙니다. 원인을 깨닫고 감정적으로 치우쳐서 순간적으로 울고 감정을 발산했기는 했어도 그 사실이 꼭 변화를 가져왔다고 생각하면 안됩니다. 그렇다고 무 조건 원인에 대응되는 행동을 한다고 해서 변화가 일어났다고 생각하면 안됩니다.

성경에 변화를 받아 새로운 삶을 사는 인물 중에 가장 좋은 예는 사도 바울입니다. 사도 바울은 그 어느 사도보다 더 큰 공을 세운 사람입니다. 그는 율법을 전하지 않았습니다. 그는 사람들에게 윤리를 전하지 않았습니다. 사도바울은 살아있는 예수를 증거하고, 사람들을 예수 그리스도의 보혈로 변화시키고, 땅 끝까지 복음을 전했습니다. 그 과정에 많은 저항과 핍박과 어려움을 당했으나, 굴복하지 않고 끝까지 싸웠습니다. 사도 바울은 순교당하는 마지막 순간까지도 예수 그리스도의 복음을 놓지 않았습니다. 그는 3차례 전도 여행을 떠나면서 수많은 교회를 세우고 많은 영혼들을 예수님께로 인도했습니다.

"그들이 히브리인이냐 나도 그러하며 그들이 이스라엘인이냐 나도 그러하며 그들이 아브라함의 후손이냐 나도 그러하며 그들이 그리스도의 일꾼이냐 정신 없는 말을 하거니와 나는 더욱 그러하도다 내가 수고를 넘치도록 하고 옥에 갇히기도 더 많이 하고 매도 수없이 맞고 여러 번 죽을 뻔하였으니 유대인들에게 사십에서 하나 감한 매를 다섯 번 맞았으며 세 번 태장으로 맞고 한 번 돌로 맞고 세 번 파선하고 일 주야를 깊은 바다에서 지냈으며 여러 번 여행하면서 강의 위험과 강도의 위험과 동족의 위험과 이방인의 위험과 시내의 위험과 광야의 위험과 바다의 위험과 거짓 형제 중의 위험을 당하고 또 수고하며 애쓰고 여러 번 자지 못하고 주리며 목마르고 여러 번 굶고 춥고 헐벗었노라 이 외의 일은 고사하고 아직도 날마다 내 속에 눌리는 일이 있으니 곧 모든 교회를 위하여 염려하는 것이라 누가 약하면 내가 약

하지 아니하며 누가 실족하게 되면 내가 애타지 아니하더냐"(고린도
후서 11장 22-29절)

그 많은 업적과 공로를 쌓았음에도 불구하고 그는 모든 공로를
자신이 취하지 않았습니다. 공손하게 사도 바울은 자신을 낮추고
오로지 하나님만을 높였습니다.

"그러나 내가 나 된 것은 하나님의 은혜로 된 것이니 내게 주신 그의
은혜가 헛되지 아니하여 내가 모든 사도보다 더 많이 수고하였으나
내가 한 것이 아니요 오직 나와 함께 하신 하나님의 은혜로라"(고린
도전서 15장 10절)

사도 바울은 예수님을 만나기 전에는 복음을 핍박했던 사람이었
지만 다메섹에서 예수님을 인격적으로 만나면서 본인의 뿌리가
근본적으로 바뀌었습니다. 사도 바울은 순간의 감정의 동요로 변
화한 것이 아니었습니다. 왜냐하면 하나님께서는 치료하시는 '야
훼 라파' 하나님이시지만 사도 바울의 육신의 질병은 고쳐주시지
않았습니다.
그럼에도 불구하고 사도 바울은 복음을 위해서 살았습니다. 연
약한 육신이 예전에는 삶의 불만이었는지 몰라도 변화한 이후에
는 연약한 육신 때문에 하나님께 쓰임 받는 도구가 되었다는 사실
을 알았습니다. 즉 자신의 삶의 조건을 왜곡되지 않고 균형 감각
있게 볼 수 있는 힘이 생긴 것입니다.

사도 바울은 과거의 자화상을 완전히 털어버리고 새 사람으로 출발했습니다.

그가 사도가 되기 전에는 이름이 '사울'이었습니다. 그는 예수 믿는 사람들을 핍박하면서 많은 세금을 거두어 들였습니다. 일부는 부당한 세금이었을 것입니다. 수많은 그리스도인들을 핍박하고 구속한 사울은 하나님 앞에 큰 죄를 지은 죄인입니다. 하지만 그는 다메섹 도상에서 예수님을 만나고 인생이 완전히 바뀝니다. 다메섹 도상에서 갑자기 태양빛 보다 더 밝은 빛이 비취더니 사도 바울을 덮쳤습니다. 사도 바울은 너무나 고통스러웠습니다. 그 와중에 음성이 들렸습니다.

"사울아, 사울아, 네가 어찌하여 나를 핍박하느냐?"

사도 바울은 놀래 대답하기를

"누구십니까?"

음성은 "나는 네가 핍박하는 예수라"고 했습니다. 바울은 다메섹 도상에서 예수를 만나고 시력을 잃었습니다. 앞이 하나도 보이지 않았습니다. 아주 캄캄했습니다. 그러자 예수님은 아나니아를 통하여 사도 바울의 눈을 다시 뜨게 만들어 주셨습니다. 그 후로 사도바울은 위대한 하나님의 사역가가 된 것입니다. 그는 가는 곳마다 교회를 세우고 신약성경의 60%를 혼자서 쓰는 놀라운 전도자가 되었던 것입니다.

만약 사도바울이 하나님을 만나지 않았다면 이런 이적은 없었을 것입니다. 사울은 다메섹 도상에서 겪은 사건 이후로 완전히 새 사람이 되었습니다. 따라서 그는 복음을 증거하는 새로움과 새 사람이 되는 것을 많이 강조하였습니다.

"그런즉 누구든지 그리스도 안에 있으면 새로운 피조물이라 이전 것
은 지나갔으니 보라 새 것이 되었도다" (고린도후서 5장 17절)

"너희가 서로 거짓말을 하지 말라 옛 사람과 그 행위를 벗어 버리고
새 사람을 입었으니 이는 자기를 창조하신 이의 형상을 따라 지식에
까지 새롭게 하심을 입은 자니라" (골로새서 3장 9-10절)

사울이 다메섹 도상에서 들은 예수님의 음성은 "사울아 네가 왜
나를 핍박하느냐?"였습니다. 사울은 자신이 교회를 핍박하는 모습
을 보았던 것입니다. 말씀에 비춰진 나의 모습을 인정하게 된 것입
니다.

"이러한 일은 우리의 본보기가 되어 우리로 하여금 그들이 악을 즐겨 한
것 같이 즐겨 하는 자가 되지 않게 하려 함이니" (고린도전서 10장 6절)

우리의 근본을 바꿀 수 있는 방법은 기도와 말씀입니다.

"하나님의 말씀과 기도로 거룩하여짐이라" (디모데전서 4장 5절)

하지만 말씀과 기도로 나를 점검하기 위해서 무조건 기도하는
방법만으로는 부족합니다. 하나님께 "이런 모습을 고쳐 주세요"

라고 무조건 기도한다고 해서 변화가 일어나는 것은 아닙니다. 이런 나의 모습이 만들어진 원인이 무엇인지 하나님께 물어 보아야 합니다. 즉, 내가 성장하면서 만났던 사람들과의 관계로 인해 부정적으로 형성되어진 과거의 시간을 통해 나를 보아야 합니다. 또한 기본적인 부족한 욕구충족으로 만들어진 성격을 반드시 알아야 합니다. 그리고 그것을 기본적인 나의 재료로 가지고 기도하며 말씀으로 재무장해야 합니다. 본인 스스로 말씀에 비춰진 나의 모습이 왜 이렇게 되었는지 그런 자신의 모습을 직면해야 합니다.

저는 내적치료 프로그램에 여러 번 참여 했었습니다. 자신의 연약한 부분을 하나님께 고백하면서 회개의 눈물을 흘리기도 했고 다른 사람들이 은혜를 경험하는 것도 보았습니다. 하지만 그 은혜가 오랫동안 지속되지 못한다는 것 또한 알게 되었습니다.

그 이유는 간단했습니다.

우리들은 항상 단순히 외면적인 것에만 집중하여 회개했던 것입니다. 좋지 않은 현상이 있는 내 안의 쥐를 잡기보다는 밖으로 보이는 것들을 가지고만 회개하려다 보니 시간이 지나면 원상태로 돌아가는 경우가 많았습니다.

자기 자신을 보면서 자신이 막연히 불쌍히 여겨져서 우는 것은 그 자체로는 아무런 변화를 일으키는 것이 아닙니다. 울고 있을 때는 많은 심경의 변화가 일어난 것 같지만 시간이 지나면 식어지는 경우가 대부분입니다. 냉정하고 객관적으로 자신을 알아가고 그 가운데에서 마음의 변화가 자연스럽게 일어나고 이는 행동으로 이어지는 것입니다.

변화는 조용히 일어납니다.

　매사에 우유부단한 남편 때문에 고민인 집사님을 만나게 되었습니다. 자신의 남편은 늘 우유부단해서 난처한 상황이 한두 번이 아니었다는 것입니다. 남편은 친구들이 돈을 빌려달라고 해도 거절하지 못하고 가장으로서 결정을 해야 될 상황에서 결정하지 못하는 모습을 자주 보여 주었습니다.

　사실 남편의 어머니는 강한 성격을 가지고 있었습니다. 자기주장이 강한 어머니 밑에서 성장한 남편은 한 번도 자신의 주장을 내세운 경험이 없었습니다. 자기가 무엇인가를 하려고 하면 어머니가 먼저 나서서 자기가 해야 될 일을 대신 해주기도 했었습니다. 그래서 성인이 되어서도 자신이 해결해야 될 일을 스스로 해결을 하지 못하는 우유부단한 모습을 갖게 되었습니다. 집안에 결정해야 될 일이 있으면 어머니께 물어 봐야 한다고 말하기도 합니다.

　남편의 변화를 위해 기도하려면 이처럼 남편이 이렇게 된 원인을 알고 구체적으로 하나님께 기도해야 합니다. 기도할 때 무조건 말을 많이 한다고 해서 변화가 일어나는 것이 아닙니다. 원인을 정확하게 알고 기도할 때 성령님께서 역사하십니다.

> "또 기도할 때에 이방인과 같이 중언부언하지 말라 그들은 말을 많이 하여야 들으실 줄 생각하느니라"(마태복음 6장 7절)

　남편이 술을 너무 많이 마셔서 늘 고민인 아내분과 상담을 했었습니다. 아무리 자기가 잔소리를 해도 남편이 술 마시는 것을 절제하지 못한다는 것이었습니다. 남편이 그리 술을 마시는 이유가 무엇이라고 생각하는지 여쭤보았습니다.

처음에는 시원하게 대답을 못했습니다. 왜냐하면 술 마시는 것만 가지고 고민을 했었지 왜 남편이 그리 술을 절제하지 못하고 마시는 지에 대해서는 생각해 보지 않았기 때문입니다. 남편이 술을 절제하지 못하는 이유를 생각해 보던 중 남편이 어릴 때부터 어머니의 사랑을 충분히 받지 못하고 성장했다는 것을 알게 되었습니다.

어머니께 받지 못했던 사랑을 성인이 되어서 어머니 외에 다른 것으로 채우려고 했던 것입니다. 생각해 보니 자신은 남편에게 잔소리만 많이 했지 어머니 같은 따뜻함으로 남편과 함께 있어 보지 않았다는 고백을 하게 되었습니다.

아내 분은 자신이 잔소리를 했던 것은 남편을 위해서 잔소리하기 보다는 나를 위해서 잔소리했던 것 같다고 하였습니다. 왜냐하면 남편이 다른 사람이 보더라도 자신을 부럽게 볼 수 있는 남편이 되기를 바랐는데 현실은 그렇지 못하다고 생각하여 늘 불만스러웠다는 것입니다. 그래서 남편에게 따뜻한 말 한번 제대로 해주지 못했다는 것이었습니다. 그런 남편을 위해서 할 수 있는 것이 무엇이 있을지에 대해서 같이 생각했습니다.

"어머니 같은 따뜻함을 줄 수 있는 아내가 되어야겠어요. 생각해 보니 남편이 많이 외로웠을 것 같아요"

그 뒤로 그분은 남편에게 따뜻한 밥을 준비하기도 하고 남편이 친구들과 만나 술을 마시고 들어가겠다고 해도 기꺼이 수용하기 시작했습니다.

처음에는 그런 아내를 남편이 어색해 했습니다. 그러나 지속적으로 남편을 따뜻하게 위하려는 아내를 보면서 남편은 마음속에 은혜를 경험하게 되었습니다. 그러면서 남편은 스스로 자신을 돌아보기 시작했습니다.

"내가 이러면 안되겠다"

마침내 지금은 집사 직분을 받고 매 주일 교회에서 신실하게 봉사하시는 변화된 모습이 되었습니다.

하나님 임재 앞에 선 사람은 얼굴에 빛이 납니다.

> "이 말씀을 하신 후 팔 일쯤 되어 예수께서 베드로와 요한과 야고보를 데리고 기도하시러 산에 올라가사 기도하실 때에 용모가 변화되고 그 옷이 희어져 광채가 나더라" (누가복음 9장 28-29절)

우리의 변화는 우리의 일이 아니라 하나님의 일입니다. 또한 우리의 목표는 우리 스스로 우리의 얼굴을 밝게 만드는 것이 아닙니다. 우리는 준비되고 자원하는 마음으로 하나님 앞에 서서 우리의 연약함을 인정하고 하나님의 도움을 구해야 하는 것입니다. 그러면 하나님은 일하십니다. 하나님께서 우리의 눈물을 닦아 주십니다. 우리가 온전히 하나님 앞에 예배드릴 때 우리의 얼굴을 변화시켜 주실 것입니다.

바로 앞에 놓여 있는 임박한 목표와 궁극적인 목표 사이에는 차이가 있습니다. 임박한 목표에서 성공할 때 궁극적인 목표에 도달하는 일이 가능해 집니다. 그러나 임박한 목표에서 실패할 때 궁극적인 목표에 도달하기는 어렵습니다.

이와 마찬가지로 구원은 그리스도께서 이 땅에 오신 궁극적인 목표가 아닙니다. 그것은 임박한 목표입니다. 하나님의 궁극적인 목표는 중생한 사람들을 성령으로 충만하게 하여 건강하고 긍정적인 '하나님의 나라' 를 건설하고 확장하는 것입니다.

> "그 너비와 길이와 높이와 깊이가 어떠함을 깨달아 하나님의 모든 충만하신 것으로 너희에게 충만하게 하시기를 구하노라"(에베소서 3장 19절)

하나님의 사랑이 나를 새롭게 할 수 있고 무의식적인 연약한 나의 모습을 볼 수 있는 믿음의 능력이 될 수 있습니다.

> "이것이 네 몸에 양약이 되어 네 골수를 윤택하게 하리라"(잠언 3장 8절)

3. 나의 감정을 인정하시는 하나님

몇 년 전 한 여성을 만났습니다. 그 사람은 자기가 정말 "아니요"라고 말해야 할 때도 "예"라고만 말하는 자신의 모습을 고민이라는 것이었습니다. 그러다 보니 자신의 인생을 늘 다른 사람이 원하는 대로만 살고 있었습니다.

친구들이 영화 보러 가자고 하면 본인은 음악회를 가고 싶으면서도 영화를 보러 가서는 음악회를 보러 갔어야 했는데 하는 후회를 하며 시간만 때우고는 했습니다. 자기를 위한 선택을 할 수 있는 방법을 배우고 싶은 때가 더 많아졌지만 자기주장을 펼치는 데는 늘 자신이 없었습니다. 왜냐하면 혹시라도 자기주장을 펼치게 되면 주위 사람들이 자신을 싫어할 것 같다는 두려움이 늘 있었기 때문입니다.

하나님께서는 하나님 안에서 살기를 원하시지만 또한 우리의 개성을 존중하십니다. 만약 하나님께서 우리의 개성을 존중하지 않으신다면 우리의 감정을 듣지 않으실 것입니다.

> "여호와의 말씀이 내게 임하니라 이르시되 내가 너를 모태에 짓기 전에 너를 알았고 네가 배에서 나오기 전에 너를 성별하였고 너를 여러 나라의 선지자로 세웠노라 하시기로 내가 이르되 슬프도소이다 주 여호와여 보소서 나는 아이라 말할 줄을 알지 못하나이다 하니 여호와께서 내게 이르시되 너는 아이라 말하지 말고 내가 너를 누구에게 보내든지 너는 가며 내가 네게 무엇을 명령하든지 너는 말할지니라 너는 그들 때문에 두려워하지 말라 내가 너와 함께 하여 너를 구원하리라 나 여호와의 말이니라 하시고" (예레미야 1장 4-8절)

하나님께서는 예레미야를 하나님의 말씀을 선포하는 선지자로 선택하셨습니다. 하지만 하나님의 말씀에도 불구하고 예레미야는 자신은 아이라고 하나님 앞에 고백합니다.

"내가 이르되 슬프도소이다 주 여호와여 보소서 나는 아이라 말할 줄을 알지 못하나이다 하니" (예레미야 1장 6절)

예레미야는 하나님의 부름에 두려움으로 가득했습니다. 왜냐하면 자신은 하나님의 일을 감당할 수 있을 만큼 "준비되지 못한 아이 같은 존재입니다"라는 이유와 "자신은 모압이나 에돔, 다메섹, 블레셋, 암몬과 같은 나라를 상대해서 투쟁해 본 경험이 없었습니다"라는 이유 때문이었습니다.

그런 예레미야에게 하나님께서는 말씀하십니다.

"너는 그들 때문에 두려워하지 말라 내가 너와 함께 하여 너를 구원하리라 나 여호와의 말이니라 하시고" (예레미야 1장 8절)

제가 어렸을 때 동네형들과 딱지치기 게임을 자주 했었습니다. 딱지치기를 할 때마다 늘 편가르기를 했었는데 저는 언제나 맨 마지막에 지목되는 인물이었습니다. 그런데 어느날, 한 번은 다른 아이들은 모두 이 편 저 편으로 갈렸는데 저만 남아서 중간에 서 있는 신세가 되었던 적이 있었습니다. 양쪽 대표가 누가 저를 선택할지를 놓고 왈가왈부하고 있었습니다. 그 때 내게 문득 떠오른 생각은 누구든 나를 택하면 불리해진다는 사실이었습니다. 양쪽에서 저 하나를 놓고 계속 말싸움이 격렬해지면서 저는 있으나마나 한 존재에서 해가 되는 존재로 전락해진 것 같은 기분이었습니다.

하지만 하나님과의 경우는 그렇지 않습니다. 없어도 되는 존재나 해가 되는 존재가 아닙니다. 왜냐하면 나만이 채울 수 있는 구별된 자리가 있기 때문입니다. 나만이 가지고 있는 소중한 것이 분명 있기 때문입니다. 내가 실제로 어떤 일에 쓸모 있는 존재가 되기도 전에 내가 하나님이 하시는 일에 유익한 존재라고 그분이 친히 정하신 것입니다. 우리가 태어나기도 전에 우리를 하나님의 특별한 사랑받는 구별된 자녀로 선택하신 것입니다.

하나님께서 예레미야와 함께 하시겠다는 약속은 두려워 하고 있는 예레미야의 마음속에서 함께 하시겠다는 약속이십니다.

> "내가 너를 모태에 짓기 전에 너를 알았고 네가 배에서 나오기 전에 너를 성별하였고 너를 여러 나라의 선지자로 세웠노라 하시기로" (예레미야 1장 5절)

'우리가 할 수 있다고 생각하는 일' 과 '하나님이 우리를 불러 시키시는 일 사이에는 엄청나게 큰 차이가' 있다는 생각이 듭니다. 하나님이 보시기에는 할 수 있는데 우리는 주님의 부르심에 자신은 늘 부적격자라고 말합니다. 이는 겸손과 다른 것입니다. 배우려는 마음으로 마음을 낮추는 것은 겸손이지만 자신을 비하하는 것은 결코 겸손이 아닙니다.

하나님을 버리고 우상을 섬기는 이스라엘 사람들에게 하나님의 말씀을 전하는 과정이 쉽지만은 않았을 것입니다. 그런 절망의 순간이 있을 때마다 저 멀리에서 함께 하시는 것이 아니라 나의 절망

안에서 함께 하시겠다는 것입니다.

하나님은 주시는 분입니다. 그분은 우리에게 과분할 정도로 사랑을 주십니다. 하나님께서는 우리를 사랑하셔서 자신의 독생자 예수님을 우리에게 보내주셔서 십자가에서 사탄의 모든 저주를 이기셨습니다.

사실 우리가 지금 살고 있는 인생도 하나님께서 우리에게 주어진 삶입니다. 하나님께서 오늘도 우리의 생명을 허락하시고 오늘을 주셨기 때문에 우리가 예배드릴 수 있는 것입니다. 하나님께서는 우리에게 모든 삶을 주셨는데 거기에 삶의 선물도 주셨습니다.

율법으로부터 해방

아주 엄격한 부모님 밑에서 성장한 분이 있었습니다. 칭찬보다는 꾸중을 많이 하셨고 허용보다는 제한을 많이 하시는 부모님이었습니다. 그 분은 부산하고 주의력도 떨어지는 면이 있었는데 반면에 어머니는 아주 꼼꼼하고 완벽주의에 가까운 성격이었습니다. 어려서부터 자식의 일거수일투족은 어머니를 만족시키지 못했고 항상 "왜 그렇게 모자라느냐, 넌 제대로 하는 것이 하나도 없다, 네가 그래서 사회생활을 할 수 있겠느냐?" 등의 이야기를 듣고 자랐다고 합니다.

그런 과정 속에서 '나는 무능하다' 라는 생각의 틀이 형성되었고 '사람들이 나를 좋아하지 않는다' 는 생각의 틀이 형성 되었습니다. 이런 자신에 대한 부정적인 생각의 틀은 매사에 그분의 일거수

일투족을 지배해 사람들 앞에 서는 것을 항상 자신 없게 만들었습니다.

사람들을 처음 만나는 장소에 나가게 되면 부정적인 생각의 틀 때문에 반사적으로 자신을 사람들이 싫어할 거라고 생각하며 늘 불안해 하고, 그 불안을 줄이기 위해 그 상황을 회피했습니다. 사람들 앞에서 긴장하고 불안해 하는 것은 사람들 앞에서 무엇인가 실수하고 사람들이 그런 모습을 좋지 않게 볼 거라 생각해서인데, 그 이유는 바로 자신은 무능하다는 생각의 틀을 가지고 세상을 바라보기 때문입니다.

사람들은 유아기 때 자신을 대하던 엄마의 돌봄(환경 엄마)에 대한 반응을 무의식적으로 가지고 있습니다. 강하고 엄한 돌봄을 받았던 사람들은 성인이 되어서도 그런 사람들에게 의식적인 감정과 태도를 드러냅니다. 뿐만 아니라, 하나님과의 관계에서도 자신이 무엇인가를 잘못하면 하나님이 자신을 징계하실 것이라고만 생각합니다.

하나님께서 이스라엘 백성들을 우상숭배로 인해서 징계하신 것은 이스라엘 백성들을 향한 큰 구원의 계획 가운데에 일부분일 뿐이었습니다. 이스라엘 백성들이 하나님만을 의지하고, 하나님만을 향하고, 하나님만을 인정하는 삶을 살아가기를 원하시는 마음으로 행하셨던 징계였습니다. 이스라엘 백성들을 멸망시키기 위해서 행하셨던 징계는 결코 아니었습니다.

전이란 유아기에 직접적인 관계를 맺었던 대상 경험을 치료자에게나 목회자에게 전치시키는 감정을 말합니다. 즉 유아 시절에 경험했던 "대상으로서의 엄마"에 대한 반응을 말합니다.

　제가 대학생일 때 가깝게 지낸 친구가 있었습니다. 늘 성실하고 책임감 있고 밝고 긍정적인 모습 때문에 호감이 갔었습니다. 우연한 기회로 그 친구와 친하게 되어서 교제를 할 수 있는 시간이 많았습니다. 저는 그 친구를 전도하고 싶었습니다. 그래서 그 친구를 위해 기도를 시작했습니다. 그리고 용기를 내어 교회에 가자고 말을 했습니다.

　사실 제가 그 친구에게 교회에 가자고 말을 하면 혹시라도 관계가 멀어질까봐 내심 걱정을 했었습니다. 그런데 제 제안에 쉽게 교회를 가겠다고 말을 하는 것이었습니다. 그래서 약속 날짜를 정하고 교회를 갔습니다.

　예배를 마치고 교회 근처에 있는 식당에서 식사를 하는데 그 친구의 얼굴이 왠지 무겁게 보였습니다. 지금까지 보아왔던 친구의 모습이 아니었습니다. 식사를 마치고 집으로 돌아가려는데 그 친구가 제게 이렇게 말을 하는 것이었습니다.

　"미안한데 아무래도 난 교회를 갈 수 없을 것 같아!"

　처음으로 교회를 오는 것이라서 모든 것이 어색할 것이라고 생각을 했었기 때문에 그 친구의 말이 저를 놀라게 하지는 않았습니다. 하지만 그 뒤에 이어서 하는 말이 저를 놀라게 했습니다.

　"오늘 목사님을 보는데 마치 우리 아버지를 보는 것 같았어!"

　저는 그 친구의 말을 이해할 수 없었습니다.

　"우리 아버지는 굉장히 엄하신 분이셨어. 물론 내가 중학생일 때 돌아가셨지만. 아버지에게 받았던 아픔이 아직도 내게 남아 있거든. 그런데 오늘 목사님의 인생이나 말투가 마치 우리 아버지를 만난 것 같았어. 갑자기 무서운 생각이 들었는데 예전에 아버지에게 혼났던 기억들이 자꾸 생각이 나더라고."

저는 그 친구의 말을 그때 당시에는 이해를 하지 못했습니다. 하지만 지금 돌아보면 그 친구의 마음을 이제야 충분히 이해할 수 있었습니다.

'지금—여기' 라는 원리가 있습니다.

'지금—여기' 원리는 과거의 관계를 현재와 더불어 모두 포함하고 있는 것입니다. 과거에 경험했던 관계적인 기억들이 지금 그리고 여기서 되살아 나는 것을 가리키는 것입니다. 나를 이해하고 안다는 것은 지금의 모습만을 가지고 이해하면 안됩니다. 과거의 모습을 함께 알아야 지금의 모습을 알 수 있고 함께 이해할 수 있는 것입니다. 과거에 의미 있는 대인관계의 질적인 경험은 현재 생활에 중요한 자료가 되어지는 것입니다.

거친 관계의 경험을 많이 한 사람들은 자신이 돌봄을 받고 있고 타인에게 필요한 존재라는 인식을 못하고 성장합니다. 이러한 부정적인 대상경험은 타인에게 투사되어 부정적인 것이 어릴 때만 있는 모습이 아니라 성인이 되어서도 동일하게 생각하고 삽니다.

엄한 부모로부터 돌봄을 받아온 사람들은 성인이 되어서도 강박적이고 율법적인 모습을 많이 가지고 있습니다. 자신이 하고 싶은 것이 있지만 늘 그것에 대해서 억눌리고 성장을 해서 성인이 되어서는 누구에게도 간섭받고 싶어하지 않고, 자기가 하고 싶은 것이 현실에 맞지 않더라도 무모하게 하려는 경향이 있습니다.

자신을 아이 같은 존재라고 생각하는 예레미야에게 하나님께서는 가능성을 말씀하고 계십니다.

> "여호와께서 그의 손을 내밀어 내 입에 대시며 여호와께서 내게 이르시되 보라 내가 내 말을 네 입에 두었노라 보라 내가 오늘 너를 여러 나라와 여러 왕국 위에 세워 네가 그것들을 뽑고 파괴하며 파멸하고 넘어뜨리며 건설하고 심게 하였느니라 하시니라"(예레미야 1장 9-10절)

하나님께서는 예레미야를 말씀을 통해서 선지자로 부르셨습니다. 예레미야는 눈에 보이는 하나님을 만난 것이 아니었습니다. 눈으로는 하나님을 볼 수 없었지만 마음에서는 하나님이 함께 하심을 믿었습니다. 하나님은 말씀을 통해서 하나님을 의지하지만 홀로 있을 수 있는 예레미야를 만들어 주셨습니다. 어디서든지 당당하게 하나님의 말씀을 전할 예레미야를 만들어 주신 것이었습니다.

선지자의 삶은 하나님께서 명하는 곳에 가서 하라는 말만을 하고 살아야 하는 삶입니다. 인간적인 외로움과 절망은 이미 예비된 삶입니다. 따라서 홀로 있을 수 있는 능력이 없다면 늘 불안하고 불안한 마음을 달래기 위해서 비정상적인 방법을 선택할 수밖에 없다는 것을 아셨습니다.

그리고 하나님을 모르는 사람들에게 하나님의 말씀을 전하기 위해서 지혜롭게 자신의 주장을 펼치기 원하셨습니다. 예레미야의 마음속에는 하나님이 늘 나와 함께 하고 계신다는 마음이 새겨지기를 원하신 것입니다. 그래서 하나님께서는 자신이 아이라고 고백한 예레미야의 마음을 인정하시고 말씀의 위로와 평안을 주셨습니다.

영혼의 쉼

하나님께서는 인간을 본인이 안전하다고 느껴지는 곳에서 쉼을 얻을 수 있도록 창조하셨습니다. 영적인 편안함은 내가 누군가를 신뢰할 수 있는 내적인 힘에서부터 시작되는 것입니다. 누군가를 너무 신뢰하는 것도 문제겠지만 너무 신뢰하지 못하는 것도 문제입니다.

또한 나를 보는 눈이 긍정적일 때 영적인 쉼을 얻을 수 있습니다. 자신을 긍정적으로 바라보고 세상과 하나님을 신뢰할 수 있는 능력은 나와 함께 하시는 하나님과의 관계를 통해서 만들어 질 수 있는 것입니다. 하나님과의 온전한 관계 안에서 치료되는 것은 하나님과의 관계뿐만 아니라 인간관계의 상처들도 포함되는 것입니다.

하나님 안에서 관계가 건강하게 형성되어 있는 사람은 천국에 대한 확신이 있습니다. 천국 소속감이 자신의 영적 자존감으로, 기둥으로 서 있게 됩니다. 하나님의 능력 안에서 구원받은 사람들은 하나님에게 보호받고 있고, 하늘 처소에 앉아 있는 자신의 영적 자리에 앉아서 세상을 지배하게 됩니다. 그런 사람들에게는 사탄이 감히 침범하지 못합니다.

겉으로 봐서는 믿음이 좋아 보여도 정작 영적인 곤고함으로 지내는 사람들이 많습니다. 본인의 영적인 자리가 확실히 서 있지 못하게 되면 건강한 '영적인 쉼'을 기대할 수 없습니다. 천국 소속감은 나를 건강하게 할 뿐만 아니라 타인과 세상을 향해 건강한 관계를 맺을 수 있는 영적 힘의 기초가 될 수 있습니다.

천국 소속감을 통해서 나보다 형편과 조건이 좋은 사람을 만났을 때도 마음에 어려움 없이 관계를 맺을 수 있습니다. 하나님의 은혜로만 경험할 수 있는 '영혼의 쉼'은 '차원'이 다른 삶을 살 수 있는 원동력이 됩니다.

'영혼의 쉼'은 하나님께서 주시는 은혜로만 가능합니다. 즉 평강의 상태를 뜻합니다. 평강한 상태에서 시작 되어지는 일들은 언제나 힘이 있고 추진력이 강합니다. 무엇인가를 시작하기 전에는 내면의 질서를 먼저 세우고 시작되어야 합니다.

사무엘상 30장은 브솔 시내라는 장소에서 일어난 일들을 기록하고 있습니다. 다윗은 브솔 시내에서 일어난 일들을 신앙의 뿌리로 삼았습니다. 다시 말해서, 하나님이 만드신 우리 인간의 본질적인 죄의 속성을 돌아보고 새롭게 태어나게 해 준 영적으로 큰 의미 있는 장소입니다. 다윗과 600명의 부하들은 가족과 아이들을 무방비 상태로 시글락에 놓아두고 군사 작전을 위해 가드의 아기스 왕과 함께 먼 곳으로 떠나 있던 상태였습니다. 그런데 이 때, 이스라엘

과 오랜 원수 관계였던 아말렉 사람들이 쳐들어와 여자와 아이들을 노예로 끌고 갔고 물건들을 모두 가져 갔습니다.

다윗의 부하들이 다시 시글낙에 돌아왔을 때 자신들을 기다리고 있던 것은 완전히 파편화된 마을뿐이었습니다. 다윗은 사울의 추적 때문에 10년 동안 광야생활을 하면서 사회에서 힘들고 어려운 사람들을 만나기 시작하면서 600명의 사람들이 모여들게 되었습니다. 그리고 그들과 함께 광야생활을 했었습니다. 600명의 사람들은 다윗의 지도하에서 아름다움과 거룩함을 알아보는 법을 배웠고, 기도하는 삶을 익혔으며 함께 구원과 섭리의 길을 걸었던 사람들이었습니다.

그들이 다윗을 처음 만났을 때는 '환난당한 자, 빚진 자, 마음이 원통한 자들' 이었던 상태에서 서서히 우정과 사랑의 공동체로 변했습니다.

그런데 이번 아말렉 사람들의 침공으로 겪게 된 재앙으로 그들의 집과 가족뿐 아니라 그동안 서서히 형성되어 온 그들의 신앙마저 초토화 되고 말았습니다. 600명의 부하들은 절망에 휩싸였고, 그 절망은 다윗을 향해 거대한 분노로 돌변하게 되었습니다. 어쨌든 다윗은 그들의 지도자였고, 마을을 무방비 상태로 두고 떠난 책임은 다윗에게 있었기 때문입니다.

다윗은 이런 현실적인 상황 때문에 마음이 힘들었습니다. 다윗이 느끼기에도 이 마을에는 앞으로 아무 희망이 없어 보였습니다. 뿐만 아니라, 다윗 자신도 지도자로서 다시 새롭게 시작할 수 있을지에 대한 불확실한 마음이 자신의 마음을 짓누르고 있었습니다.

그 때 다윗은 두 가지 선택을 합니다.

첫 번째 선택은 하나님께 '기도'를 선택했고 두 번째 선택은 제사장인 '아비아달'을 찾아가 문제를 극복할 수 있는 조언을 선택했습니다.

"백성들이 자녀들 때문에 마음이 슬퍼서 다윗을 돌로 치자 하니 다윗이 크게 다급하였으나 그의 하나님 여호와를 힘입고 용기를 얻었더라" (사무엘상 30장 6절)

"다윗이 아히멜렉의 아들 제사장 아비아달에게 이르되 원하건대 에봇을 내게로 가져오라 아비아달이 에봇을 다윗에게로 가져가매" (사무엘상 30장 7절)

다윗은 외부적인 세계가 완전히 무너져 이로 인해 자신이 겪고 있는 아픈 그 마음에 하나님을 모셔 들였고, 자신의 내면세계로 되돌아가 자신의 중심적 정체성을 다시 세웠습니다.

다시 말해서 하나님께 기도하며, 목회자와 상담하고 자신의 내면세계에 기초를 회복하기 위한 선택을 한 것입니다. 그 결과 다윗은 정체성이 회복된 상태에서 하나님의 계획을 듣게 되는 열매를 맺게 되었습니다.

"다윗이 여호와께 묻자와 이르되 내가 이 군대를 추격하면 따라잡겠나이까 하니 여호와께서 그에게 대답하시되 그를 쫓아가라 네가 반

드시 따라잡고 도로 찾으리라" (사무엘상 30장 8절)

 지금 내 현실에 놓여 있는 재난에 대처하는 구체적인 활동 계획
이 잡힌 것입니다. 우리가 어떤 일을 하든지 우리가 느껴지는 감정
으로 일을 하는 것보다는 우선 더 나은 내면의 기초를 세우고 일을
시작해야 됩니다.

 다윗의 계획은 기도와 상담으로 인한 안정된 마음에서 세웠던
것입니다. 이를 가리켜서 '고원경험' 이라고 말합니다. 자신의 상
처를 직면하고 부족한 것을 인정하는 과정은 고통이 따릅니다. 진
정한 비전을 이루는 길은 자신의 내면을 성찰하고 자신을 알아갈
때 성장을 이룰 수 있는 것입니다.

 세상을 조건이 아닌 영적인 확신으로 사는 사람은 같은 삶을 살
지만 누리는 삶의 차원이 다릅니다. 어린아이가 배고프다고 부모
에게 짜증내는 것은 어릴 때는 이해할 수 있지만, 성인이 되어서
그렇게 행동한다면 누구에게도 이해받지 못할 것입니다.

 자기가 배고프다고 울기만 하는 성인은 아이의 상태에서 머물러
있는 것입니다. 저는 개인적으로 감사하는 삶은 차원 높은 삶을 누
리는 것이라고 생각합니다. 자신의 삶의 여건이 안정되었을 때 누
리는 평안은 누구나가 할 수 있는 것이지만 어려운 조건에서도 감
사하는 삶을 산다는 것은 말처럼 쉬운 것이 아닙니다.

 "감사로 제사를 드리는 자가 나를 영화롭게 하나니 그의 행위를 옳게
 하는 자에게 내가 하나님의 구원을 보이리라" (시편 50편 23절)

저는 사역을 하면서 자신의 꿈과 비전이 보이지 않아서 방황하는 청년들을 만나게 됩니다. 자신의 꿈과 비전은 '영혼의 쉼'을 통한 영적인 확신으로 이루어지는 것입니다. 하나님께서는 우리의 선택을 존중하십니다. 내가 왼쪽에 있든 오른쪽에 있든 하나님께서는 있는 그대로 나를 존중하십니다. 하지만 '영혼의 쉼'이 없이 불안한 마음으로 선택한 길은 언제나 실패합니다.

대체적으로 여성분들이 백화점 세일기간에 쇼핑을 좋아합니다. 쇼핑하는 시간이 여유롭게 남아 있을 때 쇼핑을 하면서 고르는 물건은 대체적으로 실수가 없습니다. 하지만 세일 마감이 가까워지는 순간에 조급한 마음에 구입한 물건은 살 때는 좋은 것 같지만 집에서 보면 대체적으로 잘못 고른 것이 많습니다. 우리 삶의 자리에서도 어디로 가야 할지 몰라서 조급한 마음으로 선택을 하게 된 길은 하나님께서 기뻐하시는 길이 아닙니다.

혹시 꿈과 비전 때문에 힘드십니까? 하나님을 집중 하십시오. 성령님을 내 마음 속에 모셔 들이십시오. 나를 사랑하시는 분이 나와 함께 있다는 사실만 기억해도 마음에 든든한 힘이 되는 것처럼, 나를 위해 십자가에서 죽으신 예수님의 사랑이 내 마음에 지배하게 되면 나는 이미 꿈을 이룬 자입니다.

생각 바꾸기

구역장님이 새 가족 양육을 위해 새 가족과 만남을 가지고 있었습니다. 한 시간 정도 나눔이 잘 진행되고 있었는데 새 가족이 갑자기 시계를 보았습니다. 구역장님은 그 모습을 보고 '저 사람이 나와 있는 것이 지루하구나' 하는 생각을 했습니다. 나를 싫어하는데 예의상 앉아 있다고 생각하니 창피해지고 나를 거절할 것 같아 불안해졌습니다. 몸에 긴장도 되고 당황하게 되었습니다. 무슨 말을 해야 할 것 같은데 긴장이 되니까 나눔을 갖기가 더 어려워졌습니다.

사실 새 가족은 아무런 이야기도 하지 않았습니다. 구역장님은 새 가족이 시계를 보는 모습을 보고 자신과 있는 것을 지루하게 여긴다고 지레짐작한 것 뿐입니다. 오히려 실상은 한 시간 동안 나눔을 잘 하고 있었던 상황이었습니다.

그런데 구역장님은 상대가 지루해 한다는 생각을 하게 되면서 새 가족이 예의상 있어 주는 것 같아서 수치심을 느꼈고 자신을 거절할 것 같은 불안감을 가지게 되었습니다. 사실 이 상황에서 새 가족이 시계를 볼 수 있는 경우의 수는 너무나 많습니다.

그냥 아무 생각 없이 무심코 시계를 봤을 수도 있고, 화장실에 가고 싶어 시계를 봤을 수도 있습니다. 누군가에게 전화 올 일이 있어 시계를 봤을 수도 있습니다. 그럼에도 불구하고 나와 있는 것이 지루하다는 생각을 100%의 가능성으로 믿으면 창피함이나 불안감은 필연코 따라오는 감정이 될 것입니다. 하지만 화장실에 가고 싶어서, 혹은 여타의 다른 이유로 시계를 봤다고 생각하면 내가 창피해 하거나 불안해질 이유가 없을 것입니다.

확인된 것이 아니니까 여러 가지 가능성 중에 하나일 뿐이고 나와 있는 것이 지루해서 그런 행동을 했을 가능성이 25%정도 있다고 생각하면 내 불안감이나 창피함도 25% 정도만 느끼게 되는 것입니다.

내 생각이 무조건 틀리다고 생각할 필요는 없습니다. 반대로 무조건 맞는다고 생각할 필요도 없습니다. 여러 가지 대안적인 생각 중에 하나일 뿐이라는 접근이 감정의 왜곡을 막고 상황을 객관적으로 볼 수 있는 힘을 줄 것입니다.

모세는 입이 아둔하기 때문에 자신이 하나님의 말씀을 선포해봤자 효과가 없을 것이라고 생각했습니다. 모세가 입이 아둔하다는 것은 객관적인 사실이었습니다. 하지만 하나님께는 모세를 도울 아론을 예비하셨습니다.

> "모세가 이르되 오 주여 보낼 만한 자를 보내소서 여호와께서 모세를 향하여 노하여 이르시되 레위 사람 네 형 아론이 있지 아니하냐 그가 말 잘 하는 것을 내가 아노라 그가 너를 만나러 나오나니 그가 너를 볼 때에 그의 마음에 기쁨이 있을 것이라 너는 그에게 말하고 그의 입에 할 말을 주라 내가 네 입과 그의 입에 함께 있어서 너희들이 행할 일을 가르치리라" (출애굽기 4장 13-15절)

모세에게 없는 것은 아론이 있고, 아론에게 없는 것은 모세에게 있었던 것입니다. 하나님 앞에 우리는 객관적인 나의 모습을 알아야 합니다. 나에게는 좋은 습관도 있고 나쁜 습관도 있는 것입니다.

우리는 하나님 안에서 적극적으로 나도 모르는 나의 모습을 알아가려고 노력해야 합니다. 부정적인 면만 있고 긍정적인 것은 아무 것도 없는 사람은 이 세상에 없습니다. 사람은 양면성이 있다는 사실을 늘 기억해야 합니다. 내 안에 상처가 있는 것은 아픔이기도 하지만 오히려 그 상처를 통해서 하나님께서 나를 사용하시는 통로가 될 수 있습니다. 우리의 생각이 올바르게 하나님의 은혜로 다루어지게 되면 잘못된 생각에 대한 믿음은 줄어들고 타당한 생각에 대한 믿음은 커지게 됩니다.

모세는 하나님의 선택을 받고 자신의 아둔한 입을 대신할 아론과 함께 바로에게 갔습니다.

"그 후에 모세와 아론이 바로에게 가서 이르되 이스라엘의 하나님 여호와께서 이렇게 말씀하시기를 내 백성을 보내라 그러면 그들이 광야에서 내 앞에 절기를 지킬 것이니라 하셨나이다" (출애굽기 5장 1절)

하나님을 모르는 바로는 하나님을 대적하였습니다. 모세는 하나님께서 선포하라고 하셨던 말씀을 선포하였습니다. 하지만 바로는 마음을 바꾸지 않았습니다. 그 날 이후로 바로는 더욱 이스라엘 백성들을 고난에 빠뜨렸습니다.

"바로가 또 이르되 이제 이 땅의 백성이 많아졌거늘 너희가 그들로 노역을 쉬게 하는도다 하고 바로가 그 날에 백성의 감독들과 기록원들에게 명령하여 이르되 너희는 백성에게 다시는 벽돌에 쓸 짚을 전과 같이 주지 말고 그들이 가서 스스로 짚을 줍게 하라 또 그들이 전에 만든 벽돌 수효대로 그들에게 만들게 하고 감하지 말라 그들이 게으르므로 소리 질러 이르기를 우리가 가서 우리 하나님께 제사를 드리자 하나니 그 사람들의 노동을 무겁게 함으로 수고롭게 하여 그들로 거짓말을 듣지 않게 하라" (출애굽기 5장 5-9절)

모세는 이런 결과를 이해할 수 없었습니다. 그래서 하나님께 기도하였습니다.

"모세가 여호와께 돌아와서 아뢰되 주여 어찌하여 이 백성이 학대를 당하게 하셨나이까 어찌하여 나를 보내셨나이까 내가 바로에게 들어가서 주의 이름으로 말한 후로부터 그가 이 백성을 더 학대하며 주께서도 주의 백성을 구원하지 아니하시나이다" (출애굽기 5장 22-23절)

모세는 이런 결과가 아둔한 입을 가지고 있는 자신이 말했기 때문이라고 자책하고 있습니다. 하지만 하나님께서는 그런 모세에게 든든한 버팀목 역할을 해주시고 확신을 주셨습니다.

"여호와께서 모세에게 이르시되 이제 내가 바로에게 하는 일을 네가 보리라 강한 손으로 말미암아 바로가 그들을 보내리라 강한 손으로 말미암아 바로가 그들을 그의 땅에서 쫓아내리라" (출애굽기 6장 1절)

좋은 부모가 될 수 있는 중요한 요소는 바로 튼튼한 버팀목 역할을 해주는 것입니다. 자녀가 힘들어서 부모에게 기대려고 하는데,

정작 부모는 버텨줄 힘이 없어서 흔들거린다면 자녀는 부모라는 버팀목을 신뢰할 수 없을 것입니다.

하나님께서는 그런 모세를 보시면서 전혀 당황해 하지 않으셨습니다. 오히려 자신에게 기대고 있는 모세에게 새로운 힘을 공급해 주고 계셨습니다. 그리고 하나님께서는 다시 가서 하나님의 말씀을 전하라고 모세를 바로에게 보내십니다. 그런 와중에 하나님께서는 모세가 반드시 기억했으면 하는 말씀이 있으셨습니다.

"하나님이 모세에게 말씀하여 이르시되 나는 여호와이니라"(6장 2절)

믿음의 조상들에게 약속을 지키신 것처럼 자기 백성을 비참함에서 벗어나게 하여 약속의 땅으로 인도하시리라는 변치 않는 하나님의 권능을 기억하게 하셨던 것입니다.

하지만 실패를 겪은 모세는 자신감이 없었습니다. 고된 노역으로 인해서 마음에 상처 받은 이스라엘 백성들이 자신의 말을 듣지 않는데, 하물며 바로는 내 말을 듣겠느냐고 하나님께 고백합니다.

그러면서 하나님께 자신의 아둔한 입 때문에 하나님의 비전을 올바르게 이루지 못할 것 같다고 자신의 상처를 고백합니다.

"모세가 여호와 앞에 아뢰어 이르되 이스라엘 자손도 내 말을 듣지 아니하였거든 바로가 어찌 들으리이까 나는 입이 둔한 자니이다"(출애굽기 6장 12절)

모세는 입이 아둔한 자신이 하나님의 일을 하는 것에 대해서 일어날 결과를 미리 마음속에 상정하고 일을 하였던 것입니다. 생각의 시작이 이미 패배를 인정했던 것입 니다.

하지만 하나님께서는 모세가 믿음으로 일을 하기 원하셨습니다. 객관적으로 가지고 있는 조건 때문에 발이 묶여 버린다면 아무런 일도 해낼 수 없습니다. 사람의 생각이 바뀌는 것은 쉽지가 않습니다. 하지만 생각을 바꿀 수 있는 방법은 새로운 관계의 경험으로 이룰 수 있습니다. 하나님께서는 그런 모세를 질책하지 않으셨습니다. 모세를 수용해 주셨습니다.

그리고 하나님께서는 계속해서 명령하셨습니다. 모세는 나를 사랑해 주시는 하나님의 말씀을 신뢰하기 시작했습니다. 그리고 용기가 생겨나기 시작했습니다.

"그래! 나는 입이 아둔하지만 전능하신 하나님이 계시잖아! 다시 한 번 도전하는 거야!"

이제는 모세가 믿음으로 하나님의 일을 할 수 있게 되었습니다. 실제 상황은 변한 것이 없지만 자신이 알고 있는 객관적인 사실을 가지고 일을 했던 모세와, 믿음의 눈을 떠서 그 사실을 극복하고 일을 하는 모세가 행했던 결과는 완전히 달랐습니다. 모세는 바로에게 가서 자신 있게 하나님의 기적을 행하기 시작했습니다.

모세가 기적을 행한 것이 중요한 것이 아닙니다. 모세가 온전히 하나님을 신뢰하고 믿음으로 기적을 행한 것이 중요한 것입니다. 믿음은 보이지 않는 세계로 내리는 닻입니다. 믿음은 보이지 않는 세계로부터 시작하여 보이는 세계를 향해 나아가게 합니다. 믿음은 깨달은 바를 실현시키는 능력입니다.

"이는 우리가 믿음으로 행하고 보는 것으로 행하지 아니함이로라"
(고린도후서 5장 7절)

우리는 믿음을 통해 은혜로 거듭나야 합니다. 거듭나는 경험은 우리로 하여금 마음으로 보는 일을 가능케 합니다.

"예수께서 대답하여 이르시되 진실로 진실로 네게 이르노니 사람이 거듭나지 아니하면 하나님의 나라를 볼 수 없느니라" (요한복음 3장 3절)

믿음은 단지 우리를 하나님의 가족이 되게 하기 위해서만 의도되지 않습니다. 오히려 믿음은 하나님의 가족에게는 자연스럽게 나타나는 특성입니다.

믿음은 보게 하며 하나님 나라에 초점을 둡니다. 우리는 믿음을 통해서 아버지의 모든 자원과 아버지가 베푸시려는 모든 혜택을 얻을 수 있습니다.

"그런즉 너희는 먼저 그의 나라와 그의 의를 구하라 그리하면 이 모든 것을 너희에게 더하시리라" (마태복음 6장 33절)

펭귄이 먹이를 얻으려면 바다에 뛰어 들어야 합니다. 집단생활을 하는 펭귄은 먹이를 구하러 갈 때도 떼를 지어 가는데 막상 빙

판 끝에 다다르면 섣불리 뛰어들지 못하고 서로 눈치만 봅니다. 바다 속에는 먹이도 있지만 바다표범, 범고래와 같은 천적들도 그들을 노리고 있기 때문입니다. 그렇게 한참을 머뭇거리다가 한 마리가 과감하게 뛰어들면 그제야 연이어 다이빙을 하는데, 수십 수백 마리의 펭귄이 한꺼번에 입수하는 장면은 장관을 연출해 냅니다.

이렇듯 모두가 주저할 때 용기 내어 도전하는 한 사람을 가리켜 영어의 관용어로 '첫 번째 펭귄'(First Penguin)이라 합니다.

사역을 하면서 가끔은 자신의 학력을 열등감으로 가지고 있는 분들을 만나게 됩니다. 무슨 일을 맡겨드리려고 해도 자신은 배우지 못했기 때문에 이런 일을 할 수 없다고 늘 말합니다. 겉으로는 믿음 생활을 하는 분들이시지만 속마음에서는 자신이 가지고 있는 객관적인 사실에서 벗어나지 못하고 있습니다.

그런 조건을 가지고 일을 하다가도 누군가가 무슨 말을 하게 되면 "저 사람이 내가 배우지 못했다고 나를 무시하나"라는 생각에서 벗어나지를 못합니다.

하나님께서 우리에게 원하시는 것은 우리가 온전히 믿음으로 사는 것입니다. 바다 속에 들어가고 싶어도 망설이는 펭귄의 모습으로 남아 있을지, 아니면 첫 번째 펭귄처럼 용감하게 바다 속을 들어가는 펭귄이 나의 모습이 될지는 본인들이 선택하는 것입니다.

아들과 딸들은 부모에게 무척 소중한 존재입니다. 저는 부모가 되기 전에 모든 아이가 다 예쁘게 생겼다고 생각하고 살았습니다. 그런데 제가 막상 부모가 되어 보니 이 세상에서 가장 예쁘게 생긴 아이는 제 아이 한 명 밖에 없어 보입니다. 부모의 마음이 모두가 그런 것 같습니다.

아이들을 바라보는 부모의 관점에서 볼 때 우리의 가치는 너무나 놀랍고 위대한 존재입니다. 저는 요즘 부모님이 자녀를 바라보는 마음으로 우리 자녀가 살아간다면 행복하게 살 수 있겠다는 생각을 많이 합니다.

그러나 우리는 모두 열등감을 품고 성장합니다. 우리 삶이 형성되는 시기에 나에 대해 부정적인 말을 듣게 되면 자연스럽게 열등감이라는 것이 만들어 집니다. 열등감은 '남과 비교하는 마음' 입니다.

열등감은 객관적 조건의 문제가 아닙니다. 자신의 외모, 자신의 학력, 자신의 경제적 형편이 문제가 아닙니다. 열등감은 관점의 문제입니다. 자신을 어떤 시각으로 보느냐의 문제입니다.

똑같이 고졸 학력을 가진 두 사람이 있었습니다. 한 사람은 고졸 학력 때문에 지독한 열등감을 느끼고 있다가 누가 자기 학력을 알까 봐 모임에도 나가지 않았습니다. 그러나 다른 사람은 같은 고졸인데도 자신의 학력을 부끄럽게 생각하지 않고 떳떳하고 당당합니다. 이 두 사람의 차이는 학력 자체라기보다는 학력을 보는 관점의 차이입니다.

우리가 열등감으로 산다면 우리는 자유를 거의 경험하지 못하고 삽니다. 나에 대해서 늘 불충분하다는 느낌으로 살기 때문에 자녀가 아니라 종으로 사는 것입니다.

복음은 구속의 이야기를 함으로써 그런 식으로 종이 되는 것을 반대합니다.

"이와 같이 우리도 어렸을 때에 이 세상의 초등학문 아래에 있어서 종 노릇 하였더니 때가 차매 하나님이 그 아들을 보내사 여자에게서 나게 하시고 율법 아래에 나게 하신 것은 율법 아래에 있는 자들을 속량하시고 우리로 아들의 명분을 얻게 하려 하심이라"(갈라디아서 4장 3-5절)

이 말씀은 우리를 향한 하나님의 위대한 사역을 말씀하고 계십니다. 그 사역은 우리가 가치 있는 존재임을 알게 하는 하나님의 사역입니다. 그 사역을 한 단어로 '속량하다'라고 말합니다.

우리는 구속받기 위해 선택되었습니다. 우리를 속량하시기 위해서 예수님께서 십자가 사랑으로 종의 상태에서 해방시키기 위해 죄의 값을 대신 지불하셨습니다. 우리는 이제 아들이 되었고 자녀가 되었으므로 그 관계에서는 늘 그렇듯이 특별한 돌봄과 세심한 관심을 받습니다. 나와 같은 존재가 없습니다. 이것은 내가 다른 사람보다 더 나은 존재라는 의미가 아니라 내가 독특한 존재라는 의미입니다. 그러한 가치 의식으로 이전보다 더 깊고 넓은 영역에서 자유를 경험하기 바랍니다.

4. 내가 힘들 때 기대고 싶은 버팀목

아이는 욕구의 결핍을 울음으로 표현합니다. 그때 아이는 어머니의 반응에 따라 자기(self)를 형성합니다. 아이가 배고파서 우는 것은 단순히 먹을 것만을 위한 것이 아닙니다. 따뜻하게 나를 안아 주면서 먹을 것을 달라는 아이의 요청입니다.

어머니가 안정감 있게 자신을 안아주며 젖을 먹이게 되면 아이는 어머니의 안정감을 경험하게 됩니다. 하지만 울고 있는 자신보다 어머니가 더 불안해 하며 젖을 먹이면 아이는 어머니의 불안함을 경험하게 됩니다.

또한 젖을 먹여주는 어머니는 늘 일관성이 있어야 합니다. 어떨 때는 안정감 있는 정서로 젖을 먹이고, 어떨 때는 불안정한 정서로 젖을 먹이면 아이는 엄마를 믿지 못합니다. 자신의 엄마가 어떤 엄마인지 혼동하게 됩니다.

항상 안정감을 가지고 일관성 있게 아이에게 젖을 먹이는 어머니는 아이에게 든든한 버팀목이 되어주는 것입니다. 내가 무언가 필요해서 어머니를 찾으면 그 어머니는 언제든지 내 곁에 계시고, 언제나 나를 사랑하시는 분이라는 신뢰감을 형성해 주는 것입니다. 변함없이 꾸준한 사랑이 아이에게는 기댈 수 있는 신뢰의 기초가 됩니다.

> "예수 그리스도는 어제나 오늘이나 영원토록 동일하시니라" (히브리서 13장 8절)

> "내가 볼 때에 그의 발 앞에 엎드러져 죽은 자 같이 되매 그가 오른손을 내게 얹고 이르시되 두려워하지 말라 나는 처음이요 마지막이니" (요한계시록 1장 17절)

믿음생활은 주님을 신뢰하는 생활입니다. 눈에 보이지 않고 손에 잡히는 것은 없지만 하나님은 지금 나와 함께 하고 계심을 믿는 삶인 것입니다. 그런데 내 인생에 일관성 있게 버팀목이 되어준 사랑의 경험이 부족하다면 하나님을 향한 신뢰감 형성에 문제가 생기게 됩니다. 왜냐하면 인간관계의 경험이 하나님의 사랑을 경험하게 되는 재료이기 때문입니다.

하나님께서는 모세를 통한 가나안 정복의 꿈을 여호수아가 이어가기를 원하셨습니다. 모세는 가나안땅을 눈앞에서 보는 것으로 멈추어야 했습니다. 모세가 죽고 이스라엘의 새로운 리더는 여호수아가 되었습니다.

그동안 하나님께서는 모세를 통해서 홍해를 가르고 만나를 주시면서 출애굽 여정을 함께 하셨습니다. 모세와 함께 했던 하나님이 이제 여호수아와 함께 하시면서 하나님의 꿈을 이루시겠다고 말씀하셨습니다. 하지만 여호수아는 두려웠습니다.

하나님께서 정말로 모세를 통해 일하셨던 것처럼 나와 함께 일해주실까? 하는 의문도 있었습니다. 뿐만 아니라 여호수아는 모세의 수하일 때부터 이스라엘 백성의 연약한 성품도 보았습니다.

배가 고프면 배가 고프다고 원망하고 물이 없으면 물이 없다고 모세에게 원망하는 모습을 보았습니다. 그런 백성들을 이끌고 내가 하나님의 비전을 이룰 수 있을까? 하는 복잡한 염려가 여호수아를 두렵게 했습니다. 그때 하나님께서는 여호수아에게 일관성 있게 버팀목이 되어 주십니다.

"네 평생에 너를 능히 대적할 자가 없으리니 내가 모세와 함께 있었던 것 같이 너와 함께 있을 것임이니라 내가 너를 떠나지 아니하며 버리지 아니하리니 강하고 담대하라 너는 내가 그들의 조상에게 맹세하여 그들에게 주리라 한 땅을 이 백성에게 차지하게 하리라"(여호수아 1장 5-6절)

하나님께서는 일관성 있게 너를 지지하겠다고 여호수아에게 말씀하셨습니다. 너의 아픔과 어려움에 함께 견디어 주겠다고 약속하신 것입니다.

그 말씀을 들은 여호수아는 어떤 마음이 들었을까요? 하나님의 비전을 향해 걸어 갈 수 있는 용기가 생겼습니다. 하나님께서는 모세만 사랑하셨던 것이 아니라 나도 사랑하시는구나 하는 확신이 들었을 것입니다.

사랑의 확신이 현재를 이기고 미래를 향하는 전환점이 되는 것입니다.

"내가 네게 명령한 것이 아니냐 강하고 담대하라 두려워하지 말며 놀라지 말라 네가 어디로 가든지 네 하나님 여호와가 너와 함께 하느니라 하시니라"(여호수아 1장 9절).

일관되게 변함없는 사랑은 마음을 희망차게 만들어 줍니다. 그리고 삶의 의미를 새롭게 바꾸어 줍니다. 이는 결국 누군가를 향한 절대적인 신뢰감이 만들어지는 것입니다. 영적인 세계에서는 이를 가리켜서 '믿음'이라고 말합니다.

예수님께서는 승천하시기전 갈릴리에서 제자들에게 전적으로 선교를 위임하셨습니다.

"제자들에게 하늘과 땅의 모든 권세를 주었으니 너희는 가서 모든 민족을 제자로 삼아 아버지와 아들과 성령의 이름으로 침례를 베풀고 내가 너희에게 분부한 모든 것을 가르쳐 지키게 하라"고 명령하셨습니다. 그러시면서 바로 이어서 말씀하십니다.

> "예수께서 나아와 말씀하여 이르시되 하늘과 땅의 모든 권세를 내게 주셨으니 그러므로 너희는 가서 모든 민족을 제자로 삼아 아버지와 아들과 성령의 이름으로 세례를 베풀고 내가 너희에게 분부한 모든 것을 가르쳐 지키게 하라 볼지어다 내가 세상 끝날까지 너희와 항상 함께 있으리라 하시니라" (마태복음 28장 18-20절)

믿음은 하나님께서 크든 작든 어떠한 장애물도 제거할 수 있다는 흔들리지 않는 확신을 말합니다. 예수님께서는 제자들이 성령님을 통해 받는 믿음의 은사를 가지고 하나님 나라를 증거하기 원하셨습니다. 그 능력의 근원이 성령님이십니다. 하지만 그 능력을 믿지 못하면 능력을 행할 수 없다는 것을 아셨습니다.

그래서 예수님께서는 인간적인 모습으로 제자들과 함께 하시면서 신뢰와 확신을 제자들에게 주셨습니다. 왜냐하면 예수님이 곧 성령님이시기 때문입니다.

예수님께서는 승천하셔서 육신의 몸은 없지만 자신의 영인 성령님이 함께 하시겠다고 말씀하십니다. 성령님이 제자들의 사명에 버팀목이 되어 주시겠다는 것입니다.

복음사역을 감당할 때마다 아픔을 견뎌주는 지지대가 되어 주시겠다고 약속하신 것입니다. 그 사실이 복음을 들고 산을 넘을 수 있는 능력이 될 수 있었던 것입니다.

> "내가 예언하는 능력이 있어 모든 비밀과 모든 지식을 알고 또 산을 옮길 만한 모든 믿음이 있을지라도 사랑이 없으면 내가 아무 것도 아니요"(고린도전서 13장 2절)

능력의 근원은 하나님을 향한 사랑입니다. 즉, 사랑 안에서 만들어진 신뢰감입니다.

사역을 하면서 어려움을 만날 때가 종종 있습니다. 정성을 들이며 사역을 하지만 가끔 의도와 다른 결과가 있을 때는 실망하게 될 때가 있습니다.

그 때마다 부르는 찬양입니다.

> "1절 당신이 지쳐서 기도 할 수 없고
> 눈물이 빗물처럼 흘러내릴 때
> 주님은 아시네 당신의 약함을
> 사랑으로 돌봐주시네
> 누군가 널 위하여 누군가 기도하네
> 네가 홀로 외로워서 마음이 무너질 때

누군가 널 위하여 기도하네

2절 당신이 외로이 홀로 남았을 때
당신은 누구에게 위로를 얻나
주님은 아시네 당신의 마음을
그대 홀로 있지 못 함을
조용히 그대 위해 누군가 기도하네
네가 홀로 외로워서 마음이 무너질 때
누군가 널 위하여 기도하네"

"그를 향하여 우리가 가진 바 담대함이 이것이니 그의 뜻대로 무엇을 구하면 들으심이라" (요한일서 5장 14절)

예수님은 우리의 기도를 들으십니다. 우리가 기도하면 우리들 마음의 소리를 듣고 나를 이해하고 안아주시는 존재에 대한 확신을 심어주시는 분이십니다. 사람은 누군가 내 말을 진심으로 들어주는 사람이 있을 때 행복감을 경험한다고 합니다.

사역의 현장 속에 버팀목이 되시고 내 속사정을 이해해 주시는 하나님의 존재가 삶의 의미가 될 때마다 새로운 용기가 샘솟습니다. 그러므로 우리 삶에 버팀목이 되어주는 사람이 누구냐가 중요합니다.

아이에게는 아무 힘이 없습니다. 버팀목 역할을 하는 대상으로부터 흐르는 사랑을 일방적으로 받기만 해야 됩니다. 따라서 버팀목이 되어주는 사람이 정서적으로 어떤 상태에 있느냐가 굉장히 중요합니다. 버팀목이 되어주는 대상이 건강하면 아이는 건강한 경험을 할 수 있지만 불행히도 버팀목의 대상이 건강하지 못하다면 그것을 받는 아이 또한 마찬가지가 될 것입니다.

현대인들은 풍요로운 것 같지만 사실 빈곤한 삶을 살고 있습니다. 문화적으로 누리는 것은 분명 전에 비해서 풍족하지만 버팀목이 되어 기댈 수 있는 공간은 점점 부족해지고 있습니다. 가정조차도 버팀목의 공간으로 기능하지 못하는 경우가 많습니다.

하지만 예수님께서는 과학의 발전과 세월의 흐름과는 상관없이 일관되게 건강한 사랑으로 우리의 버팀목이 되시는 분이십니다. 영원히 내게 평강의 마음을 줄 수 있는 절대자가 필요합니다.

"여호와는 그의 얼굴을 네게 비추사 은혜 베푸시기를 원하며 여호와는 그 얼굴을 네게로 향하여 드사 평강 주시기를 원하노라 할지니라 하라"(민수기 6장 25-26절)

사람은 자신의 내면세계에 있는 것을 통해 사랑을 합니다. 정서적으로 불안함이 많은 사람은 불안한 사랑이 자녀에게 흘러가고, 강박적인 마음이 많은 사람은 강박적으로 사랑을 경험합니다. 그래서 그 자녀들도 강박적인 성품의 소유자가 됩니다.

하지만 평강의 마음으로 양육 받은 사람은 편안하고 건강한 상태를 유지할 수 있는 자녀로 양육을 하게 됩니다.

"하나님이 모세에게 이르시되 나는 스스로 있는 자이니라 또 이르시되 너는 이스라엘 자손에게 이같이 이르기를 스스로 있는 자가 나를 너희에게 보내셨다 하라" (출애굽기 3장 14절)

하나님께서는 자신을 가리켜 '나는 스스로 있는 자' 라고 말씀하십니다. 인간은 혼자 있을 때 90%이상 부정적인 생각을 한다고 합니다. 그 사람의 존재감이 건강한지 확인 할 수 있는 방법 중 하나는 혼자 있을 때 혼자만의 공간에서 어떻게 보내는지 보는 방법입니다. 하나님은 건강하신 분이십니다. 그래서 당당하게 '나는 스스로 있는 자' 라고 말씀하십니다.

우리가 고통가운데 있을 때 언제든지 찾아와도 변하지 않고 일관되게 건강한 사랑을 줄 수 있는 유일한 존재라고 말씀하고 있는 것입니다. 사람은 외적으로 건강해 보여도 실제 건강함은 아무도 보장 할 수 없습니다.

엄마의 마음 상태가 좋을 때는 아이가 울어도 부담스럽지 않지만 마음 상태가 나쁘면 조금만 울어도 아이에게 부정적인 반응을 보일 때가 많습니다. 하나님께서는 당신의 기분에 따라서 우리를 돌봐주시는 분이 아니십니다.

"누가 우리를 그리스도의 사랑에서 끊으리요 환난이나 곤고나 박해나 기근이나 적신이나 위험이나 칼이랴 기록된 바 우리가 종일 주를 위하여 죽임을 당하게 되며 도살 당할 양 같이 여김을 받았나이다 함과 같으니라 그러나 이 모든 일에 우리를 사랑하시는 이로 말미암아 우리가 넉넉히 이기느니라 내가 확신하노니 사망이나 생명이나 천사들이나 권세자들이나 현재 일이나 장래 일이나 능력이나 높음이나 깊음이나 다른 어떤 피조물이라도 우리를 우리 주 그리스도 예수 안에 있는 하나님의 사랑에서 끊을 수 없으리라"(로마서 8장 35~39절)

주님께서는 어떤 상황이든 전능하신 하나님께서 우리를 지키시고 넉넉히 이기게 하시고 지켜 주겠다고 말씀하고 계십니다.

우리는 변함없이 우리를 사랑하시는 하나님, 모든 상황에서 우리를 건지실 하나님 이분을 우리 삶의 버팀목으로 삼고 당당한 삶을 살아가야 합니다.

5. 나도 할 수 있습니다

전능감은 무엇이든지 할 수 있다는 자신감을 말합니다. 자신은 능력이 있고 무엇이든지 할 수 있는 존재라고 여기며 자신을 사랑하는 마음입니다.

전능감 형성이 잘 되어 있는 사람은 매사에 자신감이 있고 삶의 모습이 당당합니다. 반면에 전능감 형성이 부족하면 무슨 일이든지 자신 없고 주눅 들어 보이는 모습으로 살아갑니다.

전능감은 어머니의 양육의 질에 따라서 만들어 집니다.

어릴 때 슈퍼맨 영화를 좋아 했었습니다. 슈퍼맨 영화를 보고 나면 내 자신이 슈퍼맨이 된 것 같은 느낌이 들었었습니다. 그래서 어머니 앞에서 슈퍼맨처럼 날아다니고 이불을 던지는 흉내를 내고는 했었습니다. 간혹 슈퍼맨이 된 것 같은 느낌이 들어서 담벼락에서 뛰어내렸던 기억이 납니다. 어른들 눈에는 이해되지 않는 모습입니다. 그때 어머니의 반응이 중요합니다.

지혜로운 어머니는 "우리 아들이 슈퍼맨이구나! 슈퍼맨처럼 힘이 쎄네!"라는 반응을 보여주고, 아이들은 어머니 앞에서 더 자신 있게 놀게 됩니다.

하지만 지혜롭지 못한 어머니는 아이에게 현실감을 가르쳐 주려고 합니다.

"애야, 너는 슈퍼맨이 아니야! 이런 모습은 다른 사람들한테 부끄러운 모습이야! 얌전히 앉아 있어!"라고 반응을 보입니다. 이런 반응에 아이들은 전능감을 상실하게 됩니다.

어머니의 적절한 칭찬과 지지가 아이들의 전능감을 만들어 줄 수 있는 것입니다.

제 아내는 인터넷상에서 여성의류를 판매하는 사업을 합니다. 맨손으로 시작을 해서 그래도 지금은 나름대로 자리를 잡았습니다. 그런데 아내가 이번에 새로운 사업 구상을 하게 되었습니다. 인터넷 시장에서 손꼽히는 업체가 되는 것을 바라보고 있다고 제게 자신의 꿈을 이야기 해줍니다. 하지만 저는 그 이야기를 들으면서 정말 '그런 일이 현실적으로 가능할까?' 하는 생각이 듭니다.

그런데 제 아내는 제게 놀라운 말을 했습니다.

"여보, 나는 그 꿈이 왠지 이루어질 것 같아요. 기대가 되고 가슴이 설레요. 하나님께서 도와주실 것이라고 확신해요."

제 아내는 전능감 형성이 잘 되어 있습니다. 부모님으로부터 많은 칭찬과 격려를 받고 자란 결과입니다. 그래서 항상 새로운 것을 향해 도전할 수 있는 자신감이 있습니다. 자신을 향한 긍정적인 자신감이 새로운 것을 도전할 수 있는 용기를 만들어 주는 것입니다.

저는 영성심리치료를 전공하고 있습니다. 매주 월요일 아침 9시 30분부터 12시까지 지도교수님과 그룹 스터디를 합니다.

한번은 교수님께서 자신이 상담한 사례를 들려 주셨습니다. 일상의 삶에서 누구나 경험할 수 있는 상담사례를 말씀해 주셨는데 갑자기 저에게 그 사례를 듣고 심리를 분석해 보라고 말씀하셨습니다. 그런데 전 교수님의 질문에 대해서 쉽게 대답을 못했습니다. 왜냐하면 제 머리 속에는 틀리면 어떻게 하지? 하는 걱정과 교수님께서 나에게 갖는 기대를 채우지 못하면 어떻게 하지? 하는 걱정이 먼저 앞섰기 때문입니다.

사실 저는 충분히 그 상담 사례를 듣고 심리분석을 할 수 있었습니다. 하지만 제 머리 속을 지배한 염려 때문에 쉽게 답변을 못하는 제 자신을 발견하게 되었습니다. 교수님께 다른 사람에게 먼저 시켜 달라고 부탁을 했는데 다른 사람이 답변한 답이 제가 생각했던 것과 같은 것이었습니다. 또한 교수님께서 원하셨던 답도 그것이었습니다.

그 순간 저는 너무 안타깝고 제 자신이 너무 답답하였습니다. 틀리더라도 자신의 생각을 소신껏 말했어야 하는데 무언가 잘 해야 하는데, 틀리면 안되는데 라는 마음이 결국 답변을 못하고 마는 결과를 가져 왔습니다.

이스라엘 백성들이 430년 동안 애굽에서 종살이 했습니다. 그들을 하나님께서 놀라운 은혜로 구원하여 주시고 약속의 땅 가나안의 입구까지 인도해 주셨습니다. 그 가나안 입구에서 이스라엘은 열두 명의 정탐꾼을 보냅니다.

그런데 열두 명 중에 열 명이 돌아와서 부정적인 보고를 합니다. "그 땅은 우리를 삼키는 땅입니다. 그곳에 있는 사람들은 다 거인입니다. 우리는 메뚜기와 같습니다." 이처럼 부정적이고 절망적인 보고를 합니다.

여호수아와 갈렙만이 "아닙니다. 하나님께서 우리에게 주신 땅입니다. 들어갑시다."라는 긍정적인 보고를 하고 나머지 열 사람은 부정적인 보고를 하니까 모든 이스라엘 백성들이 통곡하고 울며 모세에게 대들었습니다. "우리 장례 치를 곳이 없어서 여기까지 이끌어 왔느냐?"

하나님은 심히 슬퍼하셨습니다. 그래서 그들을 다시 뒤로 돌아가게 하셔서 거기까지 오는데 2년, 광야에서 38년, 총 40년을 광야에서 떠돌면서 심판받고 죽게 하시고 여호수아와 갈렙, 그리고 20세 미만의 자녀들만 그 후에 장성하여 가나안 땅에 들어가도록 인도해 주신 것입니다

"모세와 아론이 이스라엘 자손의 온 회중 앞에서 엎드린지라 그 땅을 정탐한 자 중 눈의 아들 여호수아와 여분네의 아들 갈렙이 자기들의 옷을 찢고 이스라엘 자손의 온 회중에게 말하여 이르되 우리가 두루 다니며 정탐한 땅은 심히 아름다운 땅이라 여호와께서 우리를 기뻐하시면 우리를 그 땅으로 인도하여 들이시고 그 땅을 우리에게 주시

리라 이는 과연 젖과 꿀이 흐르는 땅이니라 다만 여호와를 거역하지는 말라 또 그 땅 백성을 두려워하지 말라 그들은 우리의 먹이라 그들의 보호자는 그들에게서 떠났고 여호와는 우리와 함께 하시느니라 그들을 두려워하지 말라 하나" (민수기 14장 5-9절)

할 수 있다는 하나님의 말씀을 들었을 때 칭찬과 격려를 받고 자란 사람은 무슨 일이든지 할 수 있다는 자신감이 새로이 만들어집니다. 하지만 전능감이 없는 사람은 할 수 있다는 말씀을 들어도 마음으로 공감을 하지 못하는 경우가 많습니다.

하나님께서는 우리를 세우기 위해서 먼저 칭찬을 하면서 세우십니다.

"도가니로 은을, 풀무로 금을, 칭찬으로 사람을 단련하느니라" (잠언 27장 21절)

무엇이든지 할 수 있다는 자신감을 주시는 것입니다. 수동적인 삶이 아닌 능동적인 삶을 살기를 원하시는 것입니다. 우리의 부정적인 경험이 '전능감'을 가로 막는 것입니다. 그래서 우리는 우리 자신의 생각으로 살면 안됩니다. 오직 하나님의 믿음으로 살아야 하는 것입니다.

"두려워하지 말라 내가 너와 함께 함이라 놀라지 말라 나는 네 하나님이 됨이라 내가 너를 굳세게 하리라 참으로 너를 도와 주리라 참으

로 나의 의로운 오른손으로 너를 붙들리라" (이사야 41장 10절)

자신의 미래에 대해서 생각되어지는 흐름을 '청사진' 이라고 말합니다. 사람은 자신만이 가지고 있는 청사진을 다 가지고 있습니다. 청사진에 따라서 자신의 존재가치, 창조적인 가능성, 무엇인가를 이해하고 수용하는 마음의 여유, 무엇인가를 선택하는 행동 양식 등 심리적인 구조가 만들어지게 됩니다.

결국 스스로 미래를 바라보고 있는 청사진이 밝고 긍정적이어야 합니다. 청사진이 부정적인데 미래가 긍정적인 열매를 가져올 수 없습니다.

사람은 누구나 성공을 추구합니다. 성공을 원하는 것은 인간의 기본적인 욕구입니다. 밝은 미래를 원한다면 그에 따른 믿음이 있어야 합니다. 자신의 심리적인 구조는 약해서 자연스럽게 흐르는 생각이 부정적이라면 자신의 내면을 치료받고 회복해야 합니다. 하지만 그것은 개인의 힘으로는 불가능합니다. 혹시 가능한 부분이 있더라도 분명 인간의 힘으로는 분명한 한계가 있습니다. 우리는 우리의 영적 근본을 알아야만 진정한 치유를 통한 회복의 삶을 보장 받을 수 있습니다.

사도신경은 우리의 영적 근본을 알게 하고 초월적인 능력을 경험하게 하는 기초석이 됩니다.

"전능하사 천지를 만드신 하나님 아버지를 내가 믿사오며 그 외아들 우리 주 예수 그리스도를 믿사오니 이는 성령으로 잉태하사 동정녀 마리아에게 나시고 본디오 빌라도에게 고난을 받으사 십자가에 못박혀 죽으시고 장사한지 사흘 만에 죽은 자 가운데서 다시 살아나시며 하늘에 오르사 전능하신 하나님 우편에 앉아 계시다가 저리로서 산 자와 죽은 자를 심판하러 오시리라. 성령을 믿사오며 거룩한 공회와 성도가 서로 교통하는 것과 죄를 사하여 주시는 것과 몸이 다시 사는 것과 영원히 사는 것을 믿사옵나이다"

하나님 자녀의 청사진을 그대로 보여주고 있는 것이 바로 사도신경입니다. '천국의 소속감', '나를 사랑하는 존재에 대한 확신 그리고 그로 인한 공급되는 에너지', '영원한 내 삶', '나의 모든 약함을 이해하시고 용서해 주시는 하나님의 은혜'는 나의 영적인 뿌리를 새롭게 할 수 있습니다. 그 결과 내 미래를 향한 청사진도 새롭게 그려지게 됩니다.

'회복의 아름다움'이
기대되는 삶

다슬 2013.8

'회복의 아름다움' 이 기대되는 삶

1. 선택받은 자에 대한 인식의 회복

예수님을 믿든 믿지 않던 모든 사람은 관계를 맺고 살아야 합니다. 예수님을 잘 믿는 사람이라 해도 관계 안에서 시험에 들기도 하고 스트레스를 받기도 합니다. 특히 부모나 형제, 배우자, 교인들 같이 매우 가까운 사람과의 관계에서 오는 스트레스는 더 심각하게 다가옵니다.

길거리에서 지나가는 행인들과 좋지 않은 일로 다툴 수는 있어도 그들 때문에 깊은 상처를 받지는 않습니다. 왜냐하면 나와 관계를 하는 관계의 깊이가 다르기 때문입니다. 나와 가까운 사람들 사이에서 상처를 받게 되는 공통적인 이유라고 할 수 있는 것은 바로

서운함입니다. 서운함은 원망을 가져오고, 원망은 화를 동반합니다. 또 그 화가 해결되지 못하고 자신에게로 향하면 우울해지고 비참하게 되기까지 합니다.

하나님 안에서 교제를 하고 있는 커플이 있었습니다. 한번은 자매가 찾아왔습니다. 지금 교제하고 있는 남자친구에 관한 문제 때문에 찾아온 것이었습니다.

"남자친구는 저를 좋아하지 않는 것 같아요"

서로 예쁘게 교제하고 있는 줄로만 알았는데 뜻밖의 말을 듣게 된 것이었습니다. 이유를 들어보니 이런 내용이었습니다.

얼마 전에 자신의 생일에 남자친구가 선물을 해준 것이 자기가 해준 것에 비해 지나치게 소홀한 것 같았다는 이야기였습니다.

서운함이라는 감정 밑에는 '내가 이렇게 했는데 어떻게 나에게 이럴 수 있지' 라는 생각이 있습니다. 서운함은 항상 나 자신은 희생하고 있는데 정작 상대방에게 그 희생이 무시된다는 감정을 만들어 냅니다. 사람은 자존감이 낮아질수록 서운함을 느끼는 횟수가 많아지며 그 자체가 서운함을 유발하는 이유가 되기도 합니다.

제가 중학생일 때 아버지 생신을 깜박 잊은 적이 있었습니다. 아버지께 너무 죄송해서 목욕을 가면 등도 더 세게 밀어드리고 안마도 하고 그랬던 기억이 있습니다. 그때 아버지는 제게 아쉬움은 있으셨겠지만 자신의 생일을 잊어먹었다고 서운하셔서 화를 내시지는 않으셨습니다.

그런데 요즘은 좀 다릅니다. 같은 아버지이신데도 가끔 제가 실

수 할 때면 섭섭하다는 말씀을 자주 하시는 것입니다. 그런 아버지를 보면서 느끼는 것은 이제는 아버지도 연세가 드셨구나 하는 생각입니다. 그리고 더욱 잘 해 드려야겠다는 생각이 듭니다.

결국 내가 당당하고 자존감이 있고 능력이 있다고 느낄 때는 서운함보다는 아쉬움을 느끼는 정도이지만, 내가 약해져 있고 자존감이 낮아진 상태에서는 아쉬움보다는 서운함을 더 잘 느끼게 되는 것입니다. 그렇기 때문에 우리는 하나님 안에서 온전한 자존감을 유지해야 합니다.

"그러나 너희는 택하신 족속이요 왕 같은 제사장들이요 거룩한 나라요 그의 소유가 된 백성이니 이는 너희를 어두운 데서 불러 내어 그의 기이한 빛에 들어가게 하신 이의 아름다운 덕을 선포하게 하려 하심이라" (베드로전서 2장 9절)

하나님의 긍휼로 선택된 나

저는 초등학교 다닐 때 매년 운동회에서 반 계주 주자로 뽑혔었습니다. 그 당시 저는 반을 대표해서 선택이 되었다는 사실에 자부심을 느꼈습니다. 반을 대표해서 계주 주자로 선택된 것은 '지성적인 선택'의 결과였습니다. 초등학생이었을 당시 저는 친구들에 비해서 신체적으로 키도 크고 힘도 쎄서 달리기를 잘 했기 때문입니다. 선생님이나 친구들이 저를 향한 긍휼한 마음으로 선택했던 것은 아니었습니다.

하지만 하나님께서 죄 된 저를 선택하신 선택은 절대적 은혜를 통한 선택이었습니다. 절대적인 은혜에는 저를 향한 긍휼의 마음이 있으셨던 것이었습니다. 우리의 지성으로는 하나님께서 '왜 나 같은 사람'을 선택했는지에 대해서 결코 이해할 수 없습니다. '선택받은 민족', '선택받은 재능', '선택받은 직원' 등에 대해서 들을 때마다 거의 자동적으로 엘리트 의식과 함께 우리 마음에 풍성함을 불러 줍니다.

그렇기 때문에 나는 하나님으로부터 선택받은 자임을 진리로 붙잡아야 합니다. 이 진리는 바로 내가 사랑받는 자로서의 삶을 영위해 나갈 수 있는 기초가 될 수 있습니다. 내 삶의 현장에서 선택 받았다는 의식을 놓치게 되면 삶의 유혹에 쓰러지기 쉽고, 하나님의 기뻐하시는 모습을 잃어 버릴 수 있습니다.

예수님께서는 공생애 사역을 감당하시기 전 세례 요한으로부터 세례를 받았습니다. 세례를 받는 예수님에게 하늘로부터 성령이 비둘기 같이 내려와서 예수님 위에 머물렀습니다.

"요한이 또 증언하여 이르되 내가 보매 성령이 비둘기 같이 하늘로부터 내려와서 그의 위에 머물렀더라"(요한복음 1장 32절)

그리고 하늘로부터 소리가 났습니다. 그 소리는 "너는 내 사랑하는 아들이라 내가 너를 기뻐하노라"였습니다.

"하늘로부터 소리가 나기를 너는 내 사랑하는 아들이라 내가 너를 기뻐하노라 하시니라" (마가복음 1장 11절)

예수님께서 하나님으로부터 들은 음성은 아버지인 하나님께서 자신을 사랑하신다는 음성이었습니다. 하나님이 자신을 긍휼하게 보신다는 것을 예수님께서는 진리로 붙잡으셨습니다. 그 진리는 앞으로 예수님께서 사역을 하시면서 힘들고 어려운 것들을 이겨 나갈 수 있는 힘이 되었습니다.

나를 향한 아버지의 사랑이 중심이 되어 선포되어진 말씀은 성령에 이끌리어 사막에서 사단의 시험을 이길 수 있는 능력의 말씀이 되었습니다.

"성령이 곧 예수를 광야로 몰아내신지라 광야에서 사십 일을 계시면서 사탄에게 시험을 받으시며 들짐승과 함께 계시니 천사들이 수종들더라" (마가복음 1장 12-13절)

뿐만 아니라 예수님 마음에 중심으로 잡혀 있는 하나님 사랑은 끝까지 자신의 사명을 감당할 수 있는 힘이 되어, 십자가에서 우리를 위해 대신 죽으실 수 있었던 능력이 되었습니다.

하나님께서 예수님에게 주시는 사랑은 하늘에서 예수님을 내려보시는 수직적인 사랑이 아니었습니다. 부족하고 연약한 나의 마음을 이해 하시는 수평적인 마음으로 주시는 사랑이었습니다. 예수님께서는 하나님으로부터 환영받는 존재였습니다.

저는 가끔 목회를 30년 이상 하시는 목사님들을 보면서 대단하다는 생각을 합니다. 왜냐하면 사실 사역은 겉으로는 보이지 않는 어려움이 산재해 있기 때문입니다. 나와 다른 사람들을 예수님의 마음으로 품어주고 기도한다는 것이 이론적으로는 쉬울 수 있어도 막상 현실에서는 어려울 때가 많이 있습니다. 그분들이 목회를 중간에 포기하지 않으시고 꾸준하게 30년 이상 걸어올 수 있었던 힘의 근원은 하나님이 나를 사랑하신다는 확고한 믿음이 아닐까 합니다.

사람들은 자신을 사랑하고 인정해 주는 사람들을 위해서 무언가 보답하려고 한다고 합니다. 내가 무엇이라고 '나를 위해 오셔서', '나를 위해 죽으시고', '나를 위해 승천하셔서 천국을 예비하시고', '다시 오시겠다' 고 말씀하시는 예수님의 사랑이 목회를 할 수 있는 힘이라고 생각합니다.

> "자녀이면 또한 상속자 곧 하나님의 상속자요 그리스도와 함께 한 상속자니 우리가 그와 함께 영광을 받기 위하여 고난도 함께 받아야 할 것이니라 생각하건대 현재의 고난은 장차 우리에게 나타날 영광과 비교할 수 없도다" (로마서 8장 17~18절)

극도로 고통스러운 현실 속에서, 세상이 우리를 택하지 않을 때라도 우리는 하나님의 선택받은 자들이라는 진리를 과감하게 붙들어야 합니다.

참된 정체성을 불러 일으키는 존재

내가 하나님으로부터 사랑받는 존재임을 상기시켜 주는 대상은 제 아내입니다. 사역을 하면서 가끔 힘이 들 때 제 아내가 제게 해주는 말은 '하나님이 당신을 많이 사랑하세요' 라는 응원입니다. 하나님께서 성경을 통해서 이미 말씀하셨지만 믿음의 사람인 제 아내를 통해서 듣는 음성은 제게 큰 도움이 됩니다.

하나님은 인간에게 관심이 많으십니다. 창세기를 보면 하나님께서는 천지창조를 직접 행하셨습니다. 그런데 천지창조를 마치시고 난 후에는 사람을 통해서 하나님께서는 하나님의 일을 이루시는 것을 보게 됩니다.

그러고 보면 우리 주변에는 하나님의 진리를 상기시켜 줄 수 있는 믿음의 대상들이 참 많습니다. 교회, 믿음의 공동체, 가족, 친구, 선생님 이 모두가 우리의 진리를 기억나게 도와줄 수 있는 대상들입니다. 인간의 관계 안에서 경험할 수 있는 관계적인 신비로운 즐거움입니다.

제가 만나고 있는 성도님 한 분은 신앙생활은 오래하셨지만 믿는 사람들과 관계를 전혀 하지 않고 지냈습니다. 사람들을 만나려고 생각하지도 않았습니다. 그렇다고 해서 개인적으로 믿음 생활을 열심히 했던 것도 아니었습니다. 늘 피해 의식으로만 살았습니다.

"내 인생은 왜 항상 좋지 않은 일만 일어나지?", "나는 이 세상에서 가장 불행한 사람이야!"라고 하는 생각으로 살았습니다.

2년 전 쯤에 상담을 통해서 자신을 알게 하고 하나님의 마음을 품고 열심히 기도도 해 드렸습니다. 그러면서 조금씩 마음의 문을 열고 사람들과 교제를 하기 시작하셨습니다. 교제를 하면서 타인에게 마음의 문을 열고 점점 자신에 대해서 차츰 느끼기 시작하셨습니다. 그러면서 제게 이렇게 말씀하셨습니다.

"이 세상에서 저만 가장 힘든 인생을 산다고 생각했어요. 알고 봤더니 저보다 더 한 사람들도 많더라구요. 저보다 더 힘든 상처를 안고 사는 사람들도 저렇게 믿음으로 살아가려고 노력하는 모습을 보면서 제 자신에 대해서 많이 생각하게 되었어요."

사실 이 분은 심각한 우울증 환자이십니다. 자신이 왜 우울증이 걸리게 되었고, 내 안에 연약한 모습이 무엇 때문에 만들어 졌는지 전혀 모르고 살았던 것이었습니다. 기도를 해보기도 했지만 자신이 기대했던 만큼 결과가 없어서 늘 신앙생활에 대해서 활기가 없었습니다.

하지만 그러한 자신의 모습을 스스로 보기 시작했습니다. 비록 자신의 모습을 볼 때는 힘들고 마음이 아팠지만 아픔은 잠시라는 생각을 가지고 하나님을 의지하는 마음을 가지게 되었습니다. 그리고 그런 모습을 차츰 인정하시기 시작했습니다.

"하나님, 이제는 주님의 도움이 필요합니다. 저를 도와주세요. 제 힘으로는 이런 나의 모습을 이길 수 없네요. 주님의 은혜가 필요합니다.”

얼마 전에는 집사님께서 제게 이런 말씀을 하시는 것이었습니다.

“전 이제 천국이 제 안에 있어요. 전 하나님이 저를 너무 사랑하고 있다는 것을 믿어요. 그리고 천국의 소속된 마음을 가지고 살 거예요”라고 고백하시는 것이었습니다.

이런 고백을 하시는 집사님 얼굴에는 환한 빛이 나는 것 같았습니다. 사실 이전에 집사님의 얼굴을 볼 때마다 항상 피곤해 보이고 무언가에 쫓기는 표정으로 지낼 때가 많았습니다.

사도 바울은 천국에 대한 소속감이 분명한 사람이었습니다. 그래서 어떤 상황에서 어떤 사람을 만나더라도 땅의 것에 메이지 않는 인생을 살았습니다.

> “나는 비천에 처할 줄도 알고 풍부에 처할 줄도 알아 모든 일 곧 배부름과 배고픔과 풍부와 궁핍에도 처할 줄 아는 일체의 비결을 배웠노라 내게 능력 주시는 자 안에서 내가 모든 것을 할 수 있느니라”(빌립보서 4장 12-13절)

천국 소속감은 하나님의 사랑이 밑거름이 되는 것이지만 믿음의 사람들과의 관계를 거부한 채로는 일어나지 않습니다. 경쟁적인 관계가 아닌 수용적인 관계 안에서 누릴 수 있는 즐거움입니다.

나는 우연히 생긴 존재가 아닌 하나님께서 가지고 계신 철저한 창조의 섭리 안에서 만들어진 귀한 존재임을 늘 마음에서 간직해야 하는 것입니다. 그 때 마음속에 바꿀 수 없는 큰 기쁨이 일어나게 됩니다. 그리고 어떤 상황이든, 어떤 조건이든 연연하지 않고 고양된 삶을 누릴 수 있게 되는 것입니다.

감사의 즐거움

우리가 하나님으로부터 선택받았다는 사실을 붙들었다면 다른 사람들 역시도 나와 같은 삶을 살기를 원한다는 것을 인식할 수 있어야 합니다.

하나님이 나를 사랑하신다는 사실을 일깨워 준 사람들을 향해서 늘 감사하는 마음을 가지고 살아야 합니다. 또한 나 역시도 그 사실을 모르고 사는 사람들을 향해서 진리의 말씀을 전할 수 있는 열정이 있어야 합니다.

나 같은 사람을 선택해 주신 하나님의 사랑에 대해서 그저 감사하기만 하고, 다른 사람에게 그 사랑을 전하려는 열정적인 모습이 없다면 그런 사람은 사랑의 열매를 기대할 수 없을 것입니다.

축구 국가대표 선수가 자신을 대표선수로 선택한 감독님에게 감사하는 마음을 표현하는 방법은 경기장에서 최선을 다해 자신의 재능을 발휘하는 것입니다. 열심히 연습하고 성실히 경기에 임한다면 어떤 식으로든 인정받고 기대에 부응할 수 있게 됩니다. 그것은 경기 결과와는 상관이 없는 것입니다. 평소에 열심히 연습하고 성실하게 그 경기를 임하는 선수는 관중들의 박수를 기대할 수 있습니다.

하나님께 감사함을 입은 우리가 할 수 있는 일은 열매를 맺든지 그렇지 못하든지 하나님을 우리 삶의 푯대로 삼고 주 뜻 안에서 최선을 다하며 살아가는 것입니다.

> "푯대를 향하여 그리스도 예수 안에서 하나님이 위에서 부르신 부름의 상을 위하여 달려가노라"(빌립보서 3장 14절)

하나님께서는 우리에게 결단의 자유를 허락하셨습니다. 감사의 조건이 있을 수 있는 곳에서도 원망을 선택할 수 있고, 불평을 선택할 수 있고, 의심을 선택할 수 있습니다. 그 때 우리는 날마다 감사를 선택해야 합니다.

내가 섬기는 목사님의 존재를 감사하고, 내가 사랑하고 나를 사랑하는 배우자가 있다는 것을 감사하고, 내가 다닐 수 있는 학교가 있다는 것을 감사하고, 내 나라와 민족이 존재하고 있음을 감사하며 매 순간마다 감사를 선택해야 합니다. 하나님께서 제게 주신 달란트는 영성심리치료입니다. 그러나 단지 심리치료를 위해서만 심리치료를 하는 것이 아닙니다. 심리적인 치료를 통해서 궁극적으로 하나님을 깊이 경험하게 하는 것이 저의 비전입니다.

제가 만난 사람들을 통해서 가지게 된 치료의 기준은 열심히 봉사하는 것만은 아닙니다. 물론 봉사를 하지 않았던 사람들이 봉사를 하기 시작하고, 선교와 전도를 하지 않았던 사람이 선교와 전도를 하기 시작한 것도 감사할 일입니다. 하지만 그 밑거름 안에 감사가 없는 봉사와 선교 그리고 전도는 아무 의미가 없습니다.

원망과 불평으로 삶을 살았던 사람들이 조금씩 '감사하다' 는 고백을 할 때 "이제야 하나님께서 일을 하셨구나" 하는 생각을 합니다. 감사가 없는 관계는 오래 지속 될 수 없습니다.

"감사로 제사를 드리는 자가 나를 영화롭게 하나니 그의 행위를 옳게 하는 자에게 내가 하나님의 구원을 보이리라" (시편 50편 23절)

감사는 억지로 한다고 되는 문제가 아닙니다. 나를 알고 하나님의 은혜를 고백할 때 마음에서 우러나는 감사를 할 수 있습니다.

2. 축복받은 자에 대한 인식의 회복

축복의 선포

얼마 전 하나님께서 저의 가정에 둘째를 선물로 허락해 주셨습니다. 이름을 '신우' 라고 지었습니다. 부모가 되어야 부모의 마음을 안다고 합니다. 초보 아빠지만 저희 부부에게 허락하신 하나님의 귀한 자녀들이 존재하고 있는 것만으로 너무 감사하다는 생각을 하게 되었습니다. 그리고 자녀들을 위해서 기도합니다.

"시온아, 신우야! 네 삶에서 어떤 일이 일어나건, 성공을 하건 하지 않건, 중요한 인물이 되던 그렇지 않든, 건강하든 그렇지 않든, 네 엄마와 내가 너를 얼마나 사랑하는지 항상 기억하렴."

하나님께서는 죄 많은 세상에서 하나님의 자녀로서 살아가는 우리를 축복하십니다. '축복의 선포'는 '누군가의 좋은 점'을 이야기하는 것입니다. 상호 관계 안에서의 축복을 선포하는 것은 칭찬 이상의 의미이며 상대방의 존재를 인정해 주는 것 그 이상의 의미입니다.

더욱 근본적으로는 축복받는 사람이 사랑 받고 있는 존재임을 상기시켜 주는 것입니다. 누리고 있는 축복은 나의 존재의 가치를 확인시켜 주고 있는 그대로 내 자신을 사랑할 수 있는 원동력이 됩니다.

10년 전쯤 제자 훈련을 받으면서 공동체 훈련 안에서 저를 향한 축복의 선포를 많이 받게 되었습니다.

"승연이는 하나님의 기뻐하시는 작품이야! 누가 뭐라 해도 승연이는 하나님이 기뻐하셔. 승연이는 하나님의 귀한 존재야"

그 축복의 메시지는 습관적으로 주었던 축복의 선포가 아니었습니다. 진정으로 저를 위해서 선포해 주었던 가슴으로부터 우러나온 축복의 메시지였습니다. 훈련을 마치고 집에 오면서 저의 존재 가치에 대해서 다시 한 번 생각해 보았습니다.

"정말 내가 하나님의 기쁨의 도구인가? 정말 하나님께서 나를 보시고 기뻐하신다고?"

이전에 생각해 보지 못한 생각이 나를 풍성하게 만들어 주고 있었습니다. 그 사실이 나를 뿌듯하게 했습니다.

사실 사람들은 의무감으로 하나님을 섬기려고 합니다. 하나님께서는 내가 존재하고 있음을 축복하십니다. 하지만 우리는 그 하나님의 마음을 모르고 의무감으로 하나님을 섬기려고 할 때가 많습니다. 마치 수능 시험을 앞두고 있는 학생 같은 마음으로 평생을 사는 사람이 많습니다.

고등부 사역을 하면서 고3 학생들이 가지고 있는 두려움은 수능시험이 아니었습니다. 수능시험 자체에 두려움을 느끼는 것이 아니라 수능을 보고 난 후 결과에 대해서 감당해야 될 시선에 대해 두려워하는 것이었습니다. 늘 자신에 대한 어머니의 기대를 가지고 있었던 학생은 '어머니의 기대에 실망을 주면 어떻게 하지?' 하는 두려움을 느꼈습니다. 재수 생활에 대한 막연한 두려움, 자유롭지 못하게 생활해야 하는 것에 대한 두려움을 가지고 있었습니다.

학생들이 가지고 있는 생각의 기준되는 시점은 현재가 아니라 미래였습니다. 현재 시험도 보지 않았지만 이미 학생들의 생각은 시험을 망치고 사람들에게 실망을 주고 인생에서 실패자가 되어 있는 시점까지 닿아 있었습니다.

사람들은 구체화 되어 있지 않은 현실적인 문제에 대해서는 걱정은 하지만 두려워 하지는 않습니다. 하지만 막연하게 실패할 것 같다고 하는 생각이야말로 그들에게 두려움을 느끼게 합니다.

축복을 받는 것과 행하는 것은 아주 중요합니다. 나를 축복할 수 있는 사람은 내 형편에 상관없이 내 삶을 축복할 수 있습니다. 왜냐하면 하나님의 존재 안에서 하나님의 축복을 누리기 때문입니다.

있는 그대로 나를 축복하기

두려움을 극복하는 방법은 지금 내가 할 수 있는 최소한의 것을 찾아서 실천하는 것입니다.

대학진학을 준비하고 있는 재수생을 상담했었습니다. 사실 이 학생은 대학을 진학하고 싶은 마음은 가득했습니다. 하지만 이 학생은 수능을 철저하게 준비하지 못했습니다. 사실 이 학생에게 있어서 수능 시험을 철저히 준비하지 못한 것은 중요하지 않았습니다. 자신의 미래에 대한 생각이 부정적이었던 것이 더욱 나쁘게 작용했습니다.

자신은 왠지 대학을 떨어질 것 같다고 생각하는 사고가 수능에 대해서 막연한 두려움을 느끼게 했습니다. 뿐만 아니라 스스로 자신에 대해서 열등감을 가지고 과소평가 하는 모습이었습니다. 그래서 대학은 가고 싶지만 준비된 것이 없어서 수능을 회피하려는 마음에서 벗어나지 못하고 있는 것이었습니다.

상담을 하면서 그 학생의 생각의 시점을 미래에 대한 시점에서 현재에 대한 시점으로 옮기려고 했습니다.

"수능시험을 실패할 것 같은 두려움을 극복하기 위해서 지금 네가 할 수 있는 것은 뭐라고 생각하니?"

"우선적으로는 지금 하고 있는 아르바이트를 그만두는 것이에요"

"그럼 아르바이트를 그만 두고 무엇을 할 거야?"

"저는 영어는 자신 있는데 과학이 자신이 없어요"

"그럼 과학을 중점적으로 공부하면서 수능을 준비하는 것은 어때? 용기를 가져, 기도 많이 할게. 그리고 앞으로 수능 시험을 보기 전까지 구체적인 계획을 한 번 세워보자"

현재 내가 할 수 있는 것을 하기 위해서 노력하는 태도는 설사 올 해 수능에서 좋지 않은 결과를 가져 올지라도 다음번의 수능시험을 기대할 수 있는 기초가 됩니다. 그리고 "할 수 있다는 믿음을 가져야" 합니다.

> "예수께서 이르시되 할 수 있거든이 무슨 말이냐 믿는 자에게는 능히 하지 못할 일이 없느니라 하시니" (마가복음 9장 23절)

이 학생의 경우 자신이 감당해야 하는 현실적인 것들을 준비하면서 수능을 치렀습니다. 그리고 대학생이 되었습니다. 수능 시험이 두려워서 지금 내가 할 수 있는 것을 놓치는 것은 어리석은 일입니다.

설사 수능을 잘 보지 못해도 거기서 끝나는 것이 아니라 공부할 수 있는 기회는 또 있고, 자신의 선택에 따라 맞는 대학교를 가서 자신의 재능을 살릴 수도 있으며, 대학원이나 편입을 통해 더 좋은 학교를 갈 수도 있다는 것을 생각해야 합니다.

대학을 다닐 때 가까운 친구 중에 "자신은 꼭 성공해야 한다고" 주변 사람들에게 말하는 친구가 있었습니다. 자신은 꼭 성공해야 하기 때문에 무엇이든지 열심히 노력해야 한다는 것이었습니다.

열심히 노력하는 것은 좋은 모습입니다. 하지만 강박적인 명제에 사로잡혀 열심을 내는 것은 건강한 삶을 사는 방법이 아닙니다.

그 친구에게 나중에 들은 이야기지만 "꼭 성공해야겠다는 생각이 자신에게는 늘 부담감으로 여겨졌다"라는 고백을 들었습니다.

운동선수가 반드시 좋은 성적을 내야 한다는 부담감에서 벗어나지 못하면 좋은 성적을 기대할 수 없습니다. 사업에서 반드시 성공해야 한다는 강박적인 생각은 건강한 사업 마인드에 도움이 되지 못합니다. 수능 시험을 반드시 잘 치러야 한다는 부담감에 사로잡혀 시험을 준비하는 것 역시도 좋은 성적을 내는 것과는 거리가 먼 것입니다.

예수님께서는 공중의 나는 새나 백합화의 비유를 드시면서 강박이 아닌 자유함에 관해서 말씀하셨습니다.

"그러므로 내가 너희에게 이르노니 목숨을 위하여 무엇을 먹을까 무엇을 마실까 몸을 위하여 무엇을 입을까 염려하지 말라 목숨이 음식보다 중하지 아니하며 몸이 의복보다 중하지 아니하냐 공중의 새를 보라 심지도 않고 거두지도 않고 창고에 모아들이지도 아니하되 너희 하늘 아버지께서 기르시나니 너희는 이것들보다 귀하지 아니하냐 너희 중에 누가 염려함으로 그 키를 한 자라도 더할 수 있겠느냐 또 너희가 어찌 의복을 위하여 염려하느냐 들의 백합화가 어떻게 자라는가 생각하여 보라 수고도 아니하고 길쌈도 아니하느니라 그러나 내가 너희에게 말하노니 솔로몬의 모든 영광으로도 입은 것이 이 꽃 하나만 같지 못하였느니라 오늘 있다가 내일 아궁이에 던져지는 들풀도 하나님이 이렇게 입히시거든 하물며 너희일까보냐 믿음이 작은 자들아 그러므로 염려하여 이르기를 무엇을 먹을까 무엇을 마실까 무엇을 입을까 하지 말라 이는 다 이방인들이 구하는 것이라 너희 하늘 아버지께서 이 모든 것이 너희에게 있어야 할 줄을 아시느니라 그런즉 너희는 먼저 그의 나라와 그의 의를 구하라 그리하면 이 모든 것을 너희에게 더하시리라 그러므로 내일 일을 위하여 염려하지 말라 내일 일은 내일이 염려할 것이요 한 날의 괴로움은 그 날로 족하니라" (마태복음 6장 25-34절)

들에 핀 백합화나 하늘에 나는 새들은 목표에 대한 강박적인 마음으로 삶을 누리는 것이 아닙니다. 어제보다 오늘 더 아름답고 높은 하늘을 날려고 노력하지 않습니다. 그냥 자신의 모습을 있는 그대로 인정하고 삶을 누리는 것 뿐입니다. 하지만 그런 와중에 어제보다 오늘 더 아름다운 백합화가 되어 있고, 어제 보다 오늘 더 높이 나는 새가 되어 있습니다.

강박이 아닌 자유함은 내 삶을 살찌우는 것입니다. 그렇기 때문에 나를 축복해야 합니다. 나를 축복할 수 있는 사람은 하나님의 선한 계획들을 이루어 드리는 통로로 쓰임 받게 됩니다.

30대 주부 민희는 자신은 늘 부족하다고 생각하고 자랐습니다. 1남 3녀 중에 자신이 가장 부족하기 때문에 열심히 무엇인가를 해야지만 인정받을 수 있다는 강박적인 부담감을 안고 살았습니다.

고등학교 때 이런 강박적인 부담감은 반항적인 마음으로 변했습니다. 인정해 주지 않는 부모를 원망하게 되었고 매사에 무기력해지고 공부에도 관심이 없어졌습니다. 당연히 성적은 떨어졌습니다. 대학 입학시험을 보고 자신이 원하지 않은 대학에 가게 되어서야 자신의 행동을 후회했습니다. 그런데 원하지 않은 대학은 또 다른 학벌에 대한 열등감으로 민희를 괴롭혔습니다.

인정받지 못했다는 생각, 좋은 대학을 나오지 못했다는 생각은 자신을 무능하게 만들었습니다. 매사에 완벽해야 한다는 생각 때문에 작은 실수나 부정적인 결과를 용납하기 어렵게 되었습니다. 그녀는 늘 전투적인 표정과 자세로 삶을 살아가며 삶의 여유라고는 전혀 누리지 못하고 있습니다.

교회 사역을 하면서 많은 사역자를 만납니다. 하나님 안에서 온전한 정체성을 가지고 있는 사역자는 늘 편안하게 사역을 합니다. 그리고 열매도 좋습니다. 하지만 늘 완벽한 사역을 추구하는 사역자들은 여유가 없습니다. 성도들에게 무리한 요구를 하기도 하고 결과에 대한 만족함이 전혀 없습니다.

많은 것을 준비했다고 모든 것이 다 잘되는 것은 아닙니다. 준비를 하는 나의 마음의 시작이 더 중요합니다. 하나님께서 주시는 평안으로 현재에 충실하는 것이 바로 성공된 미래를 준비하는 지름길입니다.

> "모든 지킬 만한 것 중에 더욱 네 마음을 지키라 생명의 근원이 이에서 남이니라" (잠언 4장 23절)

하나님 안에서 머물기

하나님 안에서 머물 수 있는 계기는 기도에서 시작됩니다. 기도를 통해 하나님 안에 머물면서 하나님의 음성을 듣고 매일매일 새로워질 수 있습니다. 하나님께서 내게 주시는 축복의 음성은 누군가에 의한 강요가 아닙니다. 하나님의 절대적 주권 안에서 주시는 하나님의 축복입니다.

> "야곱아 너를 창조하신 여호와께서 지금 말씀하시느니라 이스라엘아 너를 지으신 이가 말씀하시느니라 너는 두려워하지 말라 내가 너를 구속하였고 내가 너를 지명하여 불렀나니 너는 내 것이라"(이사야 43장 1절)

나를 지으신 하나님께서 내게 '너는 내 것'이라고 말씀하시는 축복은 더 이상의 바꿀 수 있는 기쁨이 없습니다. 주님께서 주시는 음성만으로 우리는 만족을 누릴 수 있습니다.

하나님의 사랑은 변함 없지만 그 사랑을 받는 우리는 변덕스러울 때가 많습니다. 주님이 주시는 음성에 만족을 누리지 못한다면 다른 무엇인가를 찾아 끊임없이 찾아다닐 것입니다. 기도하는 사람은 하나님의 음성을 듣고 그 음성 안에서 머물고 그 음성으로 삶에서 승리를 할 수 있습니다.

하나님으로부터 축복을 받는 사람은 어디를 가든 축복의 말을 합니다. 다른 사람들을 무시하는 말을 하지 않습니다.

내 남편의 사랑에 만족을 누리는 아내는 다른 사람에게 눈을 돌리지 않습니다. 하나님 사랑에 만족을 누리는 사람은 다른 것을 향해 우상을 섬기지 않습니다.

우리는 하나님의 축복을 누릴 수 있는 존재입니다. 왜냐하면 하나님이 우리를 사랑하시기 때문입니다. 그 사랑은 내게 주시는 일방적인 하나님의 크신 사랑입니다. 그것은 내게 축복의 음성이고, 하나님 안에서 하나님의 사랑과 만족을 누릴 수 있는 사랑입니다. 그리고 때로는 하나님의 나라를 위해 고난 또한 감당할 수 있는 능력이 되는 것입니다.

3. 상처에 대한 바른 인식의 회복

반복 될 것 같은 느낌

미국에서 유학중이던 한 학생이 상담을 요청했습니다. 중학교 때 혼자 유학을 가서 중학교, 고등학교를 우수한 성적으로 졸업하고 명문대학교에 입학을 했습니다. 고등학교 때까지는 노력한 만큼 좋은 성적을 거두었습니다. 하지만 대학에 진학해서는 좀 달랐습니다. 자기와 같은 우수한 학생들이 모여 있었고, 자기처럼 모든 학생들이 열심히 공부에 매진하는 환경이었습니다. 우수한 학생들만 모여 있는 곳에서 우수한 성적을 거둔다는 것은 쉬운 일이 아니었습니다.

대학에서는 자신이 기대한 만큼 성적이 나오지 않았습니다. 오랜 세월 동안 가족과 떨어져 늘 외로웠었는데 성적마저 생각만큼 나오지 않자 그동안 쌓였던 외로움이 우울증까지 불러오게 되었습니다. 할 수 없이 학업을 중단하고 한국으로 돌아왔습니다.

최고가 되고 모두에게 인정받아야 안전해 질 수 있다는 믿음을 가지고 있던 학생은 노력해도 이룰 수 없는 상황을 받아들일 수가 없었습니다. 최고가 되어 인정 받아야 한다는 강박적인 부담은 막연한 두려움과 공포가 되어 학생의 영적인 마음가짐을 불안정하게 만들었습니다.

학생의 우울함과 불안감은 무기력증으로 이어졌고 시험 중에 시험을 포기하고 삶의 의욕을 상실해 버리게 되었습니다. 학생의 정신상태가 이상하다는 것을 알게 된 학교 측에서는 이 학생에게 치료를 권했고 상담을 받으면서 우울증은 조금씩 좋아졌습니다.

그러던 중에 학교를 휴학하고 한국에 있는 가족에게로 돌아온 것이었습니다. 1년 정도 한국에 있으면서 영적으로나 심리적으로 안정을 되찾아 갔습니다. 하지만 중요한 것은 다시 미국으로 돌아가려 하니까 고개를 드는 불안감이었습니다. 1년 전에 있었던 일들이 다시 반복되지는 않을까 하는 막연한 두려움에 시달리게 된 것입니다.

과연 돌아가서 내가 잘 할 수 있을까? 또 실패하면 어떻게 하지? 이런 고민을 하고 있을 때 저를 만나게 된 것입니다.

이 학생은 한국에 계속 있어야 할지 아니면 다시 돌아가야 할지 선택을 못하고 있었던 것이었습니다. 학생의 고민을 들으면서 앞으로 선택할 것에 대한 두려움 보다는, 과거에 우울증을 대처했던 방식에 대해서 좀 더 이야기를 나누었습니다.

사실 이 학생은 자신이 우울증을 겪을 것이라고는 생각하지 못했었습니다. 그래서 우울증에 대한 사전 지식도 없었고 우울증을 대처하는 방법 또한 몰랐었습니다.

하지만 지금은 달랐습니다. 우울증을 겪으면서 내가 왜 우울증이 오게 되었는지를 알고 그 문제를 대처하는 방법도 깨닫게 되었습니다. 그래서 이 학생은 자신이 더 이상 앞을 가로막는 문제에 압도되어 아무것도 할 수 없는 무기력한 존재가 아님을 인식할 수 있었습니다.

과거에 좋지 않았던 것들이 다시 반복될 것 같은 두려움은 누구나 동일하게 느끼는 감정입니다. 하지만 그 두려움 때문에 아무것도 시작하지 않는다면 나에게는 더 이상 발전의 가능성이 사라지는 것입니다.

무엇인가 새로운 것을 시도한다는 것은 용기가 필요합니다. 인간은 낯설음을 불편해 하고 익숙함에 안주하려고 합니다. 변화가 자신에게 도움이 된다는 것을 알아도 선뜻 움직이지 못합니다. 두려움을 극복한다는 것은 두려운 상황을 회피하지 않고 직면해서 극복하는 것이라고 할 수 있습니다. 두려운 상황을 회피하는 것은 인간의 본능입니다. 하지만 회피한다고 해서 지속적인 두려움을 이길 수 있는 것은 아닙니다. 직면한 문제를 회피하면 잠시 마음의 안정은 가질 수 있어도 똑같은 상황이 주어지면 두려움 때문에 더욱 무너지게 됩니다.

상처를 해결하는 두 가지 방법

문제를 피하지 말고 문제에 맞서야 합니다. 그리고 과거와 다른 방법을 냉정하게 생각해야 합니다.

문제를 해결 할 수 있는 방법에는 두 가지가 있습니다.

첫 번째 방법은 '방법의 변화' 라는 것입니다. 그동안의 문제를 해결하기 위해서 사용했던 방법의 적합성을 따져보아 문제가 있다면 그 방법을 변화시키는 것입니다.

두 번째는 '마음의 변화' 가 있습니다. 자신이 아무리 노력해도 바뀌지 않는 환경이라는 것이 존재합니다.

예를 들어 남편이나 아내라는 환경은 자신의 노력만으로 바꿀 수 없는 것입니다. 이 때 상대방을 나의 힘으로 바꾸려 들지 말고 내 마음부터 바꾸는 것이 부부치료의 핵심 원리입니다.

문제를 해결하는 방법은 방법을 바꾸는 방법과 나의 마음을 바꾸는 것으로 나눌 수 있습니다.

"이스라엘 자손의 온 회중이 여호와의 명령대로 신 광야에서 떠나 그 노정대로 행하여 르비딤에 장막을 쳤으나 백성이 마실 물이 없는지라 백성이 모세와 다투어 이르되 우리에게 물을 주어 마시게 하라 모세가 그들에게 이르되 너희가 어찌하여 나와 다투느냐 너희가 어찌하여 여호와를 시험하느냐 거기서 백성이 목이 말라 물을 찾으매 그들이 모세에게 대하여 원망하여 이르되 당신이 어찌하여 우리를 애굽에서 인도해 내어서 우리와 우리 자녀와 우리 가축이 목말라 죽게 하느냐 모세가 여호와께 부르짖어 이르되 내가 이 백성에게 어떻게 하리이까 그들이 조금 있으면 내게 돌을 던지겠나이다" (출애굽기 17장 1-4절)

이스라엘 백성들은 모세와 함께 출애굽을 했습니다. 출애굽을 하는 과정 안에서 그들은 친히 하나님의 역사를 보았습니다. 그리고 하나님께서 이스라엘 백성들이 배고플 때 만나와 메추라기를 주시면서 그들은 자신들이 필요한 것이 있으면 하나님께서 채워주신다는 체험도 하였습니다.

그리고 하나님의 인도하심으로 '후원하다, 돕다' 는 뜻을 가지고 있는 '르비딤' 이란 지역에서 장막을 쳤습니다. 그런데 그곳에서 그들은 또 인간의 연약함을 모세에게 보여줍니다.

"이스라엘 자손의 온 회중이 여호와의 명령대로 신 광야에서 떠나 그 노정대로 행하여 르비딤에 장막을 쳤으나 백성이 마실 물이 없는지라 백성이 모세와 다투어 이르되 우리에게 물을 주어 마시게 하라 모세가 그들에게 이르되 너희가 어찌하여 나와 다투느냐 너희가 어찌하여 여호와를 시험하느냐" (출애굽기 17장 1-2절)

이스라엘 백성들은 하나님의 명령을 따라 르비딤에 도착했었지만 그곳에는 마실 물이 없었습니다. 이스라엘 백성들은 하나님의 역사로 '내가 너희와 함께 하고 있다' 는 하나님의 마음을 받았지만 시련이 닥치니까 또다시 불평을 하기 시작한 것입니다. 이스라엘 백성들의 원망과 불평에 모세는 하나님께 기도하기 시작합니다.

"모세가 여호와께 부르짖어 이르되 내가 이 백성에게 어떻게 하리이까 그들이 조금 있으면 내게 돌을 던지겠나이다"(출애굽기 17장 4절)

새로운 땅에서 새로운 시련이 시작된 것입니다.

하나님은 모세의 중보 기도를 들으시고 그에게 이스라엘 장로들을 동반하고 나일 강을 치던 지팡이를 가지고 호렙산으로 가서 반석을 치라고 명령하십니다.

지팡이는 말씀을 가리키는 말입니다. 결국 말씀으로 반석을 치라는 것이었습니다. 말씀으로 기적을 일으키라고 말씀하고 있는 것입니다. 다시 말해서 말씀이 이스라엘 백성들을 살릴 수 있는 '물'이라고 말씀하고 계십니다.

모세가 선택한 방법은 방법의 변화가 아니라 마음의 변화였습니다. 모세는 문제를 만났을 때 어떤 문제든지 하나님께 기도하면서 문제를 풀어 갔습니다. 르비딤에서 겪었던 새로운 상황에서도 모세가 문제를 푸는 방법은 하나님께 기도하는 것이었습니다. 하지만 모세에게는 마음의 변화가 좀 더 필요 했었습니다.

여러분, 아무리 믿음이 좋다고 생각되는 사람도 막상 새로운 문제를 만나면 두렵고 떨리는 마음은 같습니다. 예전에는 말씀으로 기적을 행했는데 이번에도 말씀으로 기적을 일으킬 수 있을까?

하나님께서 반드시 남편을 변화시켜 줄거라 확실히 믿는 성도님이 계셨습니다. 남편은 늘 폭력적이고 툭하면 술을 마셨습니다. 그런 남편을 위해 기도하는 마음은 하나님께서 기뻐하시는 마음이었습니다. 하지만 정작 문제는 남편에게 다가가는 방법에 있었습니다. 성도님은 남편이 화를 내면 오히려 같이 화를 내고 싸우는 것이었습니다. 그런 남편을 보고 변하지 않는다고 하나님께서 언제 변화시켜 줄 거냐고 기도하는 모습을 봅니다.

크리스천은 날마다 새롭게 태어나야 합니다. 하나님을 향한 문제의 방법과 문제를 대하는 마음이 무엇이었는지 늘 새롭게 돌아보아야 합니다.

나의 상처를 축복하기

많은 사람들이 육체적·정신적 장애를 겪고 있습니다. 남편과 아내, 부모와 자녀, 연인들, 친구들, 동료들 사이의 깨어진 관계로 인한 커다란 아픔의 상처를 안고 살아가고 있습니다. 거절당하고 무시당하고 경멸받고 있다는 느낌, 홀로 남겨졌다는 느낌으로 인해 고통 받습니다. 뿐만 아니라 자신은 쓸모없고 무가치하고 인정받지 못하고 사랑받지 못한다는 느낌으로 이어지기도 합니다.

다른 사람에게 자신이 특별히 가치 있는 존재가 될 수 없다는 사실은 말할 수 없는 아픔을 주게 됩니다.

우리는 어떻게 이런 상처에 대처할 수 있을까에 대해서 깊은 고민을 하며 신앙생활을 하고 있는지 모르겠습니다. 이런 상처에 대처하는 방법에 대하여 저는 두 가지 방법을 제안하고 싶습니다.

첫째는 상처와 친해지는 것입니다. 둘째는 그 상처를 축복 아래로 가져다 놓는 것입니다. 저는 이 방법이 개인의 상처를 올바른 방향으로 인식할 수 있는 방법이라고 생각합니다.

우리가 가지고 있는 상처를 피하지 말고 정면으로 부딪혀서 그것과 친숙해져야 합니다. 치유는 그 상처로부터 도망가는 것에서 시작되지 않습니다. 상처를 정면으로 직면할 수 있어야 합니다. 그러기 위해서는 믿음의 용기가 필요합니다.

내 삶에 반복되는 악순환은 내 상처로부터 시작되는 것이 많습니다. 나를 안다는 것은 내가 인식하지 못하는 무의식의 세계를 정확하게 파악하는 것입니다.

성도들이 기도를 하면서 안타까운 것이 있다면 우리 안의 상처를 무조건 떠나 가라고 기도하는 것입니다. 나의 상처의 치유는 떠나가라고 해서 치유되는 것이 아닙니다. 그 상처를 있는 그대로 인정하고 보아야 합니다. 이것이 결코 쉬운 것은 아닙니다.

어린 아이가 뛰어 놀다가 상처가 났습니다. 엄마가 아이에게 약을 발라줄 때는 상처 난 부위에 정확히 발라 주어야 치료가 가능합니다. 약을 상처 난 부위에 바르는 것이 아프다고 상처 주변에만 바르게 되면 아무 소용이 없습니다.

하나님의 말씀으로 정확한 나의 상처를 보아야 치료를 기대할 수 있습니다. 나의 상처를 치료하기 위해서 내안의 어두운 동굴을 (무의식) 들어가는 것은 쉬운 일이 아닙니다. 내 안의 세계를 혼자 가는 것보다는 의지할 대상이 필요합니다.

하나님의 손을 믿음으로 잡아야 합니다. 사랑의 손에 붙들림 받아야 내가 나를 볼 수 있습니다. 우리가 우리의 상처 보기를 두려워 하는 이유는 상처를 저주 아래에 두기 때문입니다. 내 안의 상처를 내 삶에 또 다른 기회를 줄 수 있는 축복으로 삼아야 합니다.

상처를 저주 아래 놓고 산다는 것은, 아픔을 끊임없이 상기하며 자신을 억누르고 고립된 상태로 사는 것을 말합니다. 즉 '나에게는 앞으로 좋지 않은 일들이 일어날 것 같은 느낌', '나는 건강하지 못할 것 같은 느낌', '다른 사람들을 신뢰하지 못하는 느낌', '사람들이 나를 욕할 것 같은 느낌' 등등을 가지고 사는 것을 말합니다.

하나님은 사랑받는 자녀들을 영적으로 부르심을 통하여 우리의 상처를 저주의 그늘에서 꺼내어 축복의 빛 아래로 두십니다. 나를 사랑 받기 합당한 존재로 부르시는 음성을 주의 깊게 듣게 된다면 우리의 상처를 무가치한 것으로 여기지 않을 것입니다.

하나님 축복 아래에 놓아둔 정신적 · 육체적 · 정서적 아픔은 저주 아래 있는 정신적 · 육체적 · 정서적 아픔과는 근본적으로 다른 치유의 과정을 거치게 됩니다.

참을 수 없을 것 같은 일이 이제는 도전이 되고, 용서할 수 없을 것 같은 누군가를 위해서 축복을 하게 됩니다. 낙심이 아닌 희망으로 살게 됩니다. 거절의 깊은 상처에서 해방이 되어 더 깊은 교제의 즐거움을 경험하게 됩니다.

4. 바른 정체성에 대한 인식의 회복

나를 사랑하는 분

그리스 신화에 피그말리온(Pygmalion)이라는 못 생긴 조각가 이야기가 나오고 있습니다. 피그말리온은 대리석으로 자기가 사랑하고 싶은 여인상을 정성을 다하여 조각하였습니다. 정말 자기가 사랑하고 싶은 상 자체였습니다. 그는 매일 아침 그 상 앞에 꽃다발을 올려 두었습니다.

그러던 어느 날 지중해 전역에서 자기 소원을 비는 축제가 벌어졌습니다. 피그말리온은 그 축제에 참석하여 다음과 같이 기도하였습니다.

"나는 내 조각상과 같은 여인을 아내로 맞고 싶습니다. 내가 조각한 여인상이 내 아내가 되게 하여 주옵소서."

이렇게 소원을 빌고 집으로 돌아와 자신의 조각상 손등에 입을 맞추었습니다. 그러자 놀라운 일이 일어났습니다. 손등이 따뜻해지고 얼굴에 혈색이 돌더니 마침내 조각상은 아름다운 여인이 되었습니다. 피그말리온은 그 여인과 결혼하여 행복하게 살았습니다.

누군가에게 긍정적으로 기대하면 그가 기대에 부응하는 행동을 하게 되는 것을 심리학에서는 '피그말리온 효과'라 합니다. '잠재력이 있으며 기대 받고 있는 사람'이라는 느낌만으로도 사람은 달라집니다. 관심과 애정이 담긴 기대를 받으면서 '할 수 있다'는 자부심을 갖게 되면 더 많은 노력을 할 수 밖에 없게 됩니다.

"공부도 못하는 놈"이라고 말하는 것보다 "넌 비록 학업성적은 다소 떨어지지만, 마음이 착하고 노래도 잘하는 편이잖니?"라고 장점을 발견해서 말해 주었을 때 공부를 열심히 하게 됩니다. 왜냐하면 긍정적인 기대는 자긍심을 높여주고, 자긍심이 높아지면 스스로 가능성을 탐색하기 때문입니다.

하지만 중요한 것은 "나를 기대하는 존재가 누구냐?"라는 것입니다. 단순히 나를 아는 사람이 나를 기대하면 그 기대가 부담스러울지 모르지만 나를 사랑해 주고 나를 위해서 눈물을 흘려주는 사람이 기대하면 그 기대에 부응하기 위해서 노력한다는 것입니다.

하나님께서는 노예 생활을 하고 있는 이스라엘 백성에게 이사야를 통해서 하나님의 마음을 전달해 주셨습니다.

"두려워하지 말라 내가 너와 함께 함이라 놀라지 말라 나는 네 하나님이 됨이라 내가 너를 굳세게 하리라 참으로 너를 도와 주리라 참으로 나의 의로운 오른손으로 너를 붙들리라 보라 네게 노하던 자들이 수치와 욕을 당할 것이요 너와 다투는 자들이 아무것도 아닌 것 같이 될 것이며 멸망할 것이라 네가 찾아도 너와 싸우던 자들을 만나지 못할 것이요 너를 치는 자들은 아무것도 아닌 것 같고 허무한 것 같이 되리니 이는 나 여호와 너의 하나님이 네 오른손을 붙들고 네게 이르기를 두려워하지 말라 내가 너를 도우리라 할 것임이니라" (이사야 41장 10-13절)

이스라엘 백성이 우상 숭배로 인해 하나님으로부터 벌을 받고 있는 상황이었습니다. 하지만 하나님께서 이스라엘 백성을 위해 행하셨던 징계는 징계를 위한 징계가 아니었습니다. 이스라엘 백성들이 하나님 한 분만을 의지하고 예배드리는 민족이 되게 하기 위한 구원의 큰 계획 속에 속하는 징계였습니다. 그래서 하나님께서는 이스라엘을 향한 기대감을 멈추지 않으셨습니다.

이스라엘 백성들의 삶의 고통과 아픔을 같이 하시는 하나님이 그들에게 사랑의 마음으로 말씀하시는 것입니다.

학기 초에 초등학교 1학년과 2학년 담임교사들에게 몇 명의 학생들 명단을 주면서 이 아이들은 여러 가지 심리검사 결과에서 잠재력이 매우 우수한 것으로 확인되었다고 말해 주었습니다.

사실 이 아이들은 검사 결과나 학업성과과는 상관없이 무작위로 선택된 아이들이었습니다. 일 년이 지나 학년말에 학생들의 학업성적과 행동을 평가했습니다.

평가 결과 잠재력이 뛰어난 것으로 기대되었던 아이들은 그렇지 않았던 아이들과 비교했을 때 전년도에 비해 지능검사의 점수와 학업성적이 현저하게 증진되었을 뿐 아니라, 매사에 호기심이 많은 영리한 아이들로 평가받게 되었습니다.

잠재력이 많다고 기대를 했던 학생들과 나머지 학생들과 능력에 있어서는 별 차이가 없었습니다. 하지만 교사는 잠재력이 있다고 기대되는 아이들에게 관심을 많이 기울였습니다. 또한 잘못을 했을 때도 잠재력을 믿기 때문에 격려를 아끼지 않았습니다.

그런 기대를 받은 아이들은 교사의 기대에 부응하기 위해 더 많은 노력을 기울였습니다. 교사들도 학습효과가 잘 나타나지 않을 때는 스스로 교수방법에 문제가 있을 것이라고 생각해서 이를 개선하려는 노력했습니다. 그 결과 일 년이 지난 다음에는 정말로 잠재력이 계발된 모습을 보여 주었습니다.

'잠재력이 있으며 기대 받고 있는 사람'이라는 느낌만으로도 사람은 달라집니다. 관심과 애정이 담긴 기대를 받으면서 '할 수 있다'는 자부심을 갖게 되면 더 많은 노력을 하게 되고 목표를 성취할 수밖에 없게 됩니다. 자신을 인정해 주고 믿어주면 신바람 나고 못할 것이 없다고 생각하는 것이 사람입니다.

바보 온달도 그랬습니다. 눈 먼 홀어머니에 내세울 것 하나 없는 그를 좋아해서 궁중의 호의호식을 버린 평강공주를 위해 온달은 못할 일이 없었습니다.

"온달은 성실한데다 힘도 세니까 틀림없이 훌륭한 장군이 될 수 있을 거예요."

온달은 그 한 마디에 사람이 달라졌습니다. 낮에는 활쏘기와 칼쓰기를 익혔고 밤에는 책을 읽었습니다. 평강공주를 만나지 못했더라면 온달은 평생 바보로 지냈을지 모릅니다.

기대되어지는 나의 삶

'기대하면 그대로 이루어지리라'는 메시지는 지금의 고통에 의미를 부여하고, 절망에 빠진 사람들에게 무언가를 다시 시작할 의지와 에너지를 심어주는 것입니다.

"이에 백성들이 아침에 일찍이 일어나서 드고아 들로 나가니라 나갈 때에 여호사밧이 서서 이르되 유다와 예루살렘 주민들아 내 말을 들을지어다 너희는 너희 하나님 여호와를 신뢰하라 그리하면 견고히 서리라 그의 선지자들을 신뢰하라 그리하면 형통하리라 하고" (역대하 20장 20절)

기대감이 없는 삶은 하나님에게 집중 할 수 없는 삶입니다.
'파랑새'는 벨기에의 극작가인 모리스 마테를링크가 쓴 아동극입니다. 주인공 치르치르와 미치르 남매는 크리스마스이브에 꿈을 꾸게 됩니다. 요정의 안내를 받아 행복의 상징인 파랑새를 찾아 나선 남매는 여러 곳을 전전하면서 수없이 많은 어려움을 겪습니다. 그러나 그 어느 곳에서도 파랑새는 없었습니다. 잠에서 깨어나니 머리맡 창가의 새장에는 비둘기가 평화롭게 놀고 있었습니다. 치르치르와 미치르는 자기들이 찾아 헤매던 파랑새가 바로 그 비둘기였음을 깨닫게 됩니다.
행복은 멀리 있는 것이 아니라 바로 가까이 있는 것입니다.
"파랑새나 쫓고 있군" 이라는 속담은 자신의 현실에 만족하지 못하고 비현실적인 계획과 희망으로 멀리 있는 행복을 찾아 헤매는 것을 빗댄 속담입니다.

마틴 셀리그만은 아이를 낙천적인 사람으로 키우기 위해 필요한 것을 크게 두 가지로 꼽았습니다. 그 중 하나는 긍정적인 피드백입니다.

"잘했어. 잘할 거야. 괜찮아. 좋아. 너를 믿어" 등과 같이 칭찬하고 긍정적인 기대를 표현하는 말입니다.

아이의 행동을 격려하고 칭찬하는 것이 아이의 낙천적인 성향에 좋은 지지대가 된다는 것입니다. 그러나 셀리그만은 긍정적 피드백만을 중요하게 생각하는 미국 사회와 교육 시스템을 비판했습니다. 무턱대고 잘한다거나 잘하라는 말을 남발하는 것이 오히려 문제가 될 수 있다는 것입니다. 그의 관점에서 한 사람의 낙천성을 구성하는 요소는 알맹이 없는 피드백이 아닌 진짜 알맹이에 해당하는 긍정적 경험, 즉 실제로 무엇인가를 잘 해낸 경험이기 때문입니다.

낙천적이고 적극적인 사람들은 결코 파랑새가 나타나기만을 기다리지 않습니다. 가까이 있는 비둘기를 파랑새로 볼 수 있는 사람은 밖에 나가서도 파랑새를 찾을 수 있습니다.

말씀을 믿고 사는 삶은 미래를 향한 삶입니다. 왜냐하면 자신의 소망이 이루어질 것이라고 기대하고 믿으며 살기 때문입니다. 미래에 대한 기대가 없는 삶은 아무런 의욕을 가질 수 없습니다. 예배도 이와 같습니다. 기적에 대한 기대를 가지고 드려지는 예배를 통해 우리는 기적을 경험합니다. 하지만 아무 기대감 없이 그저 의무감으로 드려지는 예배는 아무런 의미가 없습니다.

기대감이 있는 삶은 어떤 일을 하더라도 의욕적이고 적극적입니다. 우리의 삶은 일회용으로 표현할 수 없습니다. 한번 뿐인 삶이지만 단순히 살다가 멈추는 인생이 아니기 때문입니다.

리차드 갈슨은 "세상 모든 것에 하나님의 지문이 찍혀 있다는 사실을 마음속 깊이 기억해 두도록 하라. 우리가 아름다움을 보고 느낄 수 없다고 해서 실제로 아름다움이 존재하지 않는 것은 아니라"라고 말했습니다.

이는 인생을 사는 적극적인 태도를 말해 주고 있는 것입니다. 여러분의 인생이 명품인생이 되고, 그렇지 못하는 것은 우리들 마음의 자세와 인생을 대하는 마음에 달려 있습니다.

진정한 내 삶의 배경이 되신 예수님

사람들은 어떤 사람의 겉모습이 매력적이면 그 사람은 지적이고, 관대하고, 성격도 좋고, 집안 환경도 좋을 것이라고 생각합니다. 그에 비해 어떤 사람의 겉모습이 매력적이지 않으면 그 사람은 둔하고, 이기적이고, 성격도 나쁘고, 집안 환경도 나쁠 것이라고 생각합니다.

신체적 매력이 개인을 평가하는 다른 요소에 긍정적으로 영향을 미치는 현상을 '후광 효과'라고 하고, 부정적으로 영향을 미치는 현상을 '부정 후광 효과'라고 합니다.

그런 후광 효과는 인간관계에도 나타납니다. 사람들은 신체적으로 매력적인 사람들과 함께 있길 원합니다. 그래서 사람들은 이왕이면 잘생긴 친구하고 어울리려 하고, 매력적인 사람과 결혼하려고 합니다.

매력적인 사람 때문에 자기의 주가가 올라간다고 생각하기 때문입니다. 신체적 매력과 후광 효과의 관계는 크게 발산 효과와 대비 효과로 나누어집니다. 발산 효과는 매력 있는 사람과 함께 있을 때 자신의 평가가 높아지는 현상이고, 대비 효과는 매력 있는 사람과 함께 있을 때 자신의 평가가 상대적으로 낮아지는 현상입니다. 결국 매력 있는 사람과 같이 있다고 해서 항상 좋은 것은 아닙니다. 그 사람과 자신이 어떤 관계이냐가 중요한 것입니다.

  아름다운 용모를 가지고 있는 사람이라고 꼭 내재적인 아름다움을 갖추고 있는 것은 아닙니다.

  후광 효과는 제1차 세계대전 당시 미국의 유명한 심리학자 가운데 한 명인 에드워드 손다이크가 처음으로 주목했던 심리현상입니다. 손다이크는 상사가 부하를 평가하는 방식을 연구했는데, 그는 장교들이 부하의 특성을 평가하는 방식에서 특징적으로 나타나는 현상을 관찰할 수 있었습니다.

  탁월하다고 평가된 병사들은 거의 모든 항목에서 점수가 높게 나왔습니다. 반면에 다른 병사들은 모든 항목에서 평균 이하인 점수가 나왔습니다. 예를 들어 장교들은 미남이고 품행이 바른 병사가 사격실력도 좋고, 전투화도 잘 닦고, 하모니카도 잘 분다고 평가했습니다.

  한두 가지 특징적으로 나타나는 모습을 보고 나머지 영역도 잘할 것이라고 기대하는 현상이 나타난 것입니다. 매력적인 사람을 본다는 것은 우리의 기분을 좋게 하기 때문에, 우리는 매력적인 외모를 가진 사람을 좋아하고 그들에게 더 호의적인 모습을 보이게 되는 것입니다. 어린 아이들도 예쁘게 생긴 사람들을 좀 더 오랫동안 본다고 합니다. 예쁘고 매력적인 사람을 보고 싶어 하는 것은 인간의 자연스런 욕구입니다.

하지만 예수님께서는 우리의 겉모습을 보지 않고 중심을 보시는 분이십니다.

"여호와께서 사무엘에게 이르시되 그의 용모와 키를 보지 말라 내가 이미 그를 버렸노라 내가 보는 것은 사람과 같지 아니하니 사람은 외모를 보거니와 나 여호와는 중심을 보느니라 하시더라" (사무엘상 16장 7절)

다윗 왕은 하나님과 마음이 합해서 쓰임 받았던 사람의 대표적인 인물입니다. 다윗은 이새의 막내아들로서 사무엘 선지자가 이새의 집에 와서 차기 왕이 될 사람에게 기름을 붓고자 했을 때 그 자리에 낄 수도 없었던 인간적으로 보잘 것 없고 내세울 것도 없던 자였습니다.

그런데 기이하게도 하나님은 인간적으로 외모가 출중하고 듬직한 이새의 다른 아들들을 택하지 않으셨습니다. 아직 너무 어려서 들에 가서 양치는 것부터 배워야 하는, 한 나라를 다스리기에는 터무니없이 어리고 연약하고 경험이 전무한 그런 자, 도저히 상식적으로는 납득할 수 없는 다윗을 택하셨습니다.

하나님은 외모를 보지 않으신다고 사무엘 선지자에게 분명히 말쓸하셨습니다. 사무엘 선지자는 인간적인 마음으로 적어도 이스라엘을 다스릴 정도의 왕이라면 외모가 출중하고 다른 사람과는 다른 체격적 조건과 기품이 있어야 하는 것이 아닌가 하고 생각했습니다.

그러나 하나님은 그의 생각과 전혀 다른 생각을 가지고 계셨습니다. 하나님은 이미 외모를 보시지 않겠다고 선언하셨으며 택하신 다윗은 그 마음에 합한 사람이라고 하셨습니다.

"마음에 합한 사람"

하나님이 찾는 사람은 하나님의 마음에 합한 사람이었습니다. 즉 하나님과 마음이 맞는 사람, 소위 말하는 코드가 맞는 사람이었습니다.

"그 후에 그들이 왕을 구하거늘 하나님이 베냐민 지파 사람 기스의 아들 사울을 사십 년간 주셨다가 폐하시고 다윗을 왕으로 세우시고 증언하여 이르시되 내가 이새의 아들 다윗을 만나니 내 마음에 맞는 사람이라 내 뜻을 다 이루리라 하시더니 하나님이 약속하신 대로 이 사람의 후손에서 이스라엘을 위하여 구주를 세우셨으니 곧 예수라" (사도행전 13장 21-23절)

사람은 외모를 보지만 하나님께서는 중심을 보십니다.

예수님을 믿는 사람들은 예수님이 우리의 진정한 후광입니다. 겉포장이 좋아서 순간적으로는 물건을 살 수 있는지는 몰라도 내용물이 마음에 들지 않으면 결국 실망하게 됩니다. 아무리 화려한

조건을 가지고 있어도 사람들에게 후광효과를 보는 것은 순간이지 영원한 것은 아닙니다. 왜냐하면 결국 중요한 것은 그 내용물, 즉 그의 능력이기 때문입니다.

하나님은 우리가 가지고 있는 조건을 쓰시는 것이 아닙니다. 삶을 향한 열정과 태도를 보고 쓰시는 것입니다.

각 분야에서 세계적인 명성과 부를 이룬 사람들의 공통점은 그들이 성공에 이를 때까지 평균 1만 시간 이상 그 일을 연습해 실력을 쌓았다는 것입니다. 유명한 대중 음악가이자 연기자인 월드 스타 비는 단 한 번의 공연을 위해 하루 14시간 이상 춤과 노래 연습을 한다고 합니다. 비를 세계적인 스타로 만든 가수이자 프로듀서인 박진영은 TV 토크 쇼에 출연해 비는 빵집이나 음식점을 차렸어도 성공했을 것이라고 단언했습니다.

가지고 있는 배경이 진정한 나를 보여주는 것이 아닙니다. 하나님이 나와 함께 하시면 나는 반드시 할 수 있다는 고백이 믿음 안에서 실천 될 때 그것이 진짜 나를 표현하는 것입니다.

맺음말

하나님은 우리를 사랑시며 또 사랑받기를 원하시는 분이십니다. 이 사실은 변하지 않는 진리입니다. 하나님께서는 "너는 내가 사랑하는 자라"라고 말씀하실 뿐 아니라, "네가 나를 사랑하느냐?"고 질문하시고, 우리가 그 물음에 언제나 반응하기를 원하십니다.

내가 사랑받고 있다는 진리의 말씀에 "그렇습니다"라고 반응하는 삶으로 변하기를 원하시는 것입니다. 또한 우리의 진정한 영적인 본성을 확인하고 하나님께 속한 삶을 살기를 원하시는 것입니다.

본질적으로 사람은 하나님의 형상으로 지음 받았으므로, 오직 하나님과 연결되어 있는 모습 그대로 내면적 자신에 충실할 때 정서적으로 또는 영적으로 넘치는 행복감이 넘쳐나게 될 것입니다.

우리는 하나님의 자녀로 이 땅에 보냄을 받았습니다. 이는 곧 보냄을 받았다는 것은 우리는 하늘에 속한 신분이라는 것입니다. 이 사실을 깨닫고 세상으로 보냄 받은 사랑받는 자로서의 삶은 언제나 자신감 있고 활력이 있는 삶을 누리는 것입니다.

확신하건대 세상에 있는 모든 좋은 것은 하나님의 자녀가 자녀로서의 권세를 가지고 즐기도록 주어진 것입니다. 그러나 우리가 하나님의 사랑받는 자가 되었다는 진리를 인정하고 인식할 때 이 모든 것들을 즐길 수 있습니다.

우리가 사랑 받는 자로서의 정체성을 말할 수 있기 위해서는 "나는 누구인가?", "나는 무엇을 해야 하는 존재인가?" 하는 영적인 질문에 답해야 합니다.

이 질문은 심리학에서 답할 수 없는 영역입니다. 오직 하나님의 은혜로만이 답할 수 있는 영역입니다. 내가 누구인가에 대해서 알아 갈수록 말할 수 있는 답은 "하나님! 저는 죄인입니다"라고 말해야 합니다. 죄인 된 나는 하나님의 은혜가 없으면 죄 된 것들을 이길 수 없음을 고백해야 합니다. 그런 죄인 된 나임에도 불구하고 하나님께서 나를 사랑하셔서 오늘도 사랑으로 안아주시는 하나님의 사랑에 보답해야 합니다.

인간의 상처로 인해서 인간을 이해 할 수 있는 영역과는 근본적으로 다른 부분입니다. 인간은 자신이 종교가 있든지 없든지 상관없이 영적인 존재입니다. 영적인 존재는 영적인 근원성을 모르고서는 참된 정체성과 행복을 누릴 수 없습니다.

나에 대한 참된 정체성은 나를 사랑하는 분 안에서 발견될 수 있습니다. 나에 대한 편견 없이 있는 그대로를 인정해 주시고 수용해 주시는 하나님의 사랑 안에서 참 된 나를 발견하는 것입니다.

쓸쓸하고 외로울 수 있는 조건들이 없어졌기 때문에 굳건한 삶을 누릴 수 있는 것이 아닙니다. 나를 사랑해 주시는 하나님 안에서 삶의 조건들을 굳건하게 이기며 살아가는 것입니다.

다른 사람들을 신뢰하고 적절하게 의지하기도 하고, 그러면서도 다른 사람들에게 사랑과 나눔을 줄 수 있는 건강한 한 사람으로서 탄생이 되기를 원합니다.

　그리고 그런 참된 정체성은 예수님 안에서만 발견 될 수 있습니다. 왜냐하면 예수님만이 나를 안아 주시는 유일한 참된 분이기 때문입니다.